学前教育专业教育教研成果系列教材

幼儿园课程、说课与评课

主　编　王丽新
副主编　梁　冰

北京理工大学出版社
BEIJING INSTITUTE OF TECHNOLOGY PRESS

版权专有　侵权必究

图书在版编目（CIP）数据

幼儿园课程、说课与评课/王丽新主编. -- 北京：北京理工大学出版社，2018.1（2024.1重印）

ISBN 978-7-5682-5195-2

Ⅰ.①幼… Ⅱ.①王… Ⅲ.①幼儿园-课程-教学研究　Ⅳ.①G612

中国版本图书馆CIP数据核字（2018）第009347号

责任编辑： 武丽娟　　**文案编辑：** 黄丽萍
责任校对： 周瑞红　　**责任印制：** 李　洋

出版发行 / 北京理工大学出版社有限责任公司
社　　址 / 北京市丰台区四合庄路6号
邮　　编 / 100070
电　　话 /（010）68914026（教材售后服务热线）
　　　　　（010）68944437（课件资源服务热线）
网　　址 / http://www.bitpress.com.cn

版 印 次 / 2024年1月第1版第3次印刷
印　　刷 / 定州市新华印刷有限公司
开　　本 / 787 mm×1092 mm　1/16
印　　张 / 12.5
字　　数 / 304千字
定　　价 / 39.90元

图书出现印装质量问题，请拨打售后服务热线，负责调换

前　言

自《3~6岁儿童学习与发展指南》颁布以来，幼儿园课程建设发生了根本性的改变：它逐渐从单一、封闭的课程模式走向多元、开放的课程模式，从最初的更关注于教学活动的结果走向如今的更关注于教学活动的过程，从高结构化的预设课程走向更富于弹性、灵活的低结构的生成课程，从重视普适的知识传授走向重视幼儿的兴趣和经验，从强调教师的权威控制课程走向以幼儿为主体的游戏化课程等等。种种变化，给学前教育专业建设提供了新的发展机遇，也提出了新的挑战。基于此，我们结合国外幼儿园课程的发展趋势以及我国幼儿园教育本土化、园本化教学活动的理论探索和实践尝试，精心编撰了此书。

本书架构的内容编排以"学以致用""教学做合一"为导向，采用说理与经典案例相结合、理论学习与实践训练为一体的方式进行阐述。全书共四个单元，依次为幼儿园课程的基本理论、幼儿园课程的组织与实施、幼儿园说课、幼儿园课程评价。每一单元根据内容需要和特点分成各个单元课。为便于理解和学习，充分实现教材的指导性、实践性、趣味性，我们对课程内容的各个环节进行了改革尝试：

在单元课前，本书通过"单元介绍""知识目标""能力目标""情感目标"等栏目对本单元的内容进行了方向性的引领和概括，便于读者有选择性地对本单元内容进行理解、学习和掌握。

在单元课中，本书从点评"情境案例"入手，让读者对本课内容进行初步了解。"情境案例"具有典型性、代表性，是本课内容的精髓展现。与此同时，对单元课的每一个知识点的阐述，我们都借以经典案例来进行，实现了理论学习和实践应用的无缝连接。

在单元课后，本书通过"相关链接"来拓展读者的知识面，开阔视野，利于读者对国内外相关内容的了解、筛选与融合，在此基础上，以"议一议"的形式帮助学习者解读理论，以"练一练"的形式帮助学习者掌握理论，以"做一做"的形式指导学习者去实践。

本书在编写和出版的过程中，得到了许颖副教授、李国强副教授等同志的大力支持、指导和帮助，在此一并致谢！

编　者

2017年7月

目 录

第一单元　幼儿园课程的基本理论 …………………………………………（1）
　　第一课　幼儿园课程概述 ……………………………………………（1）
　　第二课　幼儿园课程模式 ……………………………………………（17）

第二单元　幼儿园课程的组织与实施 …………………………………（41）
　　第一课　幼儿园课程实施的理念 ……………………………………（41）
　　第二课　幼儿园课程目标 ……………………………………………（50）
　　第三课　幼儿园课程内容选择的原则 ………………………………（62）
　　第四课　幼儿园课程的实施 …………………………………………（69）
　　附：幼儿园课程设计经典案例 ………………………………………（90）

第三单元　幼儿园说课 …………………………………………………（106）
　　第一课　幼儿园说课概述 ……………………………………………（106）
　　第二课　幼儿园说课的内容 …………………………………………（114）
　　附：幼儿园说课经典案例 ……………………………………………（124）

第四单元　幼儿园课程评价 ……………………………………………（141）
　　第一课　幼儿园课程评价概述 ………………………………………（141）
　　第二课　幼儿园课程实施的评价 ……………………………………（150）
　　第三课　幼儿园课程实施效果的评价 ………………………………（179）

参考文献 …………………………………………………………………（189）

第一单元

幼儿园课程的基本理论

单元介绍

本单元基于《幼儿园教师专业标准（试行）》，对幼儿园课程的概念、幼儿园课程对幼儿发展的影响、幼儿园课程对教师的素质要求这三个问题，以案例导引的形式从理论上进行陈述，有利于教师明确任务，科学地指导教学实践。

知识目标

理解幼儿园课程的概念，了解国内外幼儿园课程模式。

能力目标

有意识地按《幼儿园教师专业标准（试行）》学习知识、培养能力。

情感目标

了解学习的重要性，养成终身学习的好习惯。

第一课　幼儿园课程概述

情境案例

午餐之后，孩子们哼唱着《进行曲》的旋律来到室外。在花园里，他们忙着挖土、除草、种植、浇水、呼朋引伴。充满吸引力和趣味的操场就在花园旁边，孩子们冲进操场欢快地蹦跳、打闹，聚在一起玩游戏。他们先是玩模仿小蜜蜂的游戏。刚才在花园里浇花时他们就注意到了在花丛中穿梭的小蜜蜂，现在小蜜蜂变成了他们的游戏内容。一群鸽子飞过他们的头顶，鸟儿的飞翔又引发孩子们玩起了小鸟游戏。

教师提供的游戏材料使孩子们有机会充分表达他们在现实生活中受到约束的感受和情绪。一顶上校的军帽给了一个小男孩做勇敢而独立的首领的机会；洋娃娃则让一个温顺的小女孩有机会成为充满母性的一家之主；在扮演狮子的同伴面前，孩子可以毫无顾忌地表现出自己的害怕。纸上大胆的涂画、色块的堆积，都表达着孩子们用其他形式无法恣意宣泄的情感。

露易丝陪着她最小的孩子到户外漫步，阳光明媚的大院子里满是乐趣。被自行车小径包围着的长满青草的小丘正是孩子们的最爱，他们喜欢在小丘上跑上跑下。院子里还有果树以及爬满藤蔓的篱笆。在院子的一角是两个大型木质攀登架，一个架子上有秋千，另一个架子上有滑梯，角落里有个沙箱。在一个遮阳棚下有一个画架，上面有刚画好的画。伊薇特和布赖恩径直奔向水池玩水。他们准备玩"宝宝洗澡"的游戏，池里有充满泡泡的温水，还有玩具娃娃和浴巾。

豆豆一手拿着放大镜一手拿着一片树叶对琪琪说："你看，这片树叶用放大镜照过以后中间有许多线条！"琪琪凑近了看，点点头说："是的呢，这些线条是什么呢？"豆豆放下手里的树叶，拿起另一片树叶，用放大镜对着看，边看边说："这片树叶上也有！""这些树叶上都有呢，而且还不一样。这些是什么呢？""老师，树叶里面怎么有这么多小线条，这些小线条是什么啊？"老师看了看说："这些小线条叫作叶脉。""是每片树叶都有叶脉吗？""老师，我发现这几片树叶上的叶脉不一样呢，有的细有的粗。"老师笑着说："你们观察得很仔细。叶脉是给植物传输养分的，至于是不是每片树叶都有叶脉，是否不一样，这些问题，留给你们去解决好吗？"

点评：上述四个场片段展现了四个历史时期的学前教育中高质量实践的精髓。在学前教育领域中有诸多理念，这些理念主要集中在对幼年、对环境及对用以施教的课程的特定看法方面。

一、幼儿园课程含义

在我国古代出现"课程"这一专有名词之前，人们就已经认识到要根据学生的不同年龄、学业水平来安排不同的学习内容，如春秋时期的"六艺"，即礼、乐、射、御、书、数。

在西方，课程一词起源于拉丁语，意为"跑道"（curriculum），根据这个词源，最常见的课程定义是"学习的进程"（course of study），简称学程。

国内外学者对课程本质的理解也各不相同：课程即科目、课程即经验、课程即活动、课程即目标。有什么样的教育指导思想，就会相应地设计什么样的课程，开展什么样的教学，从而带来什么样的教育结果。幼儿的"学习"，无论是内容还是方式，都有自己的独特之处。幼儿的学习内容是广泛的，包括与人的交往，如和同伴一起玩、玩沙、玩水、看蚂蚁、捉迷藏，以及参与自己生存所需要的所有活动，如穿衣吃饭、洗手如厕等。幼儿不是主要通过书本以及记忆大量抽象的符号来学习，而是通过实际操作、亲身体验，去模仿、感知、探究，"做中学""玩中学""生活中学"，不断积累经验，逐步地建构自己的理解与认知。游戏是对幼儿极有意义的学习过程和学习方式，幼儿自己的生活是其学习的最重要的途径。正如日本幼教专家本吉圆子所说的那样："孩子仅仅聆听语言的说明是不能学到东西的。孩子要通过自身整个身体与外界事物的接触才能得到教育，通过手及身体的接触使身心和头脑运作起来。""孩子非常热衷于游戏。正因为孩子有这样的热情，他们才会从游戏中得到成长。他们并不只是单纯地玩着高兴，而是专心地投入到一件事当中。只有这样的投入才会产生让孩子震撼的感动和喜悦。"

目前我国幼儿园课程主导的定义是活动论。教育部"九五"教育科学规划重点课题

"中国幼儿园课程政策研究"课题组所认定的幼儿园课程的概念是"幼儿园课程是实现幼儿园教育目的的手段,是帮助幼儿获得有益的学习经验,促进身心全面和谐发展的各种活动的总和"。

二、课程与幼儿的发展

作为人生启始与开端的婴幼儿时期,其生命状态的稚嫩与脆弱,绝非意味着教育与培养的肤浅与简单,而是意味着养育与教化的复杂与艰巨。就如皮亚杰所说:"儿童越小,针对他们进行的教学就越难,对未来的影响就越大"。学前儿童具有在身心各方面发展上欠充分和未成熟的鲜明特征,蕴含着指向未来发展难以推测的无限可能与潜在空间,且处于一生发展中最快速的关键时期,直接决定了这一特殊时期是远比其他成长阶段更能成为承载人类发展之秘密的"集结地",它最集中、最充分地浓缩和积聚着个体身体成长和心智发育的自然秩序与发展规律。由此可见,越是处于人生开端的教育,越要秉守"育人为本"的专业信念,越要用最开阔的视野和最长远的眼光来进行设计、组织与实施。学前教育既要为儿童身心统一的整体发展进行全面而生态化的保教服务与课程实施,又要为其将来延至终身学习和持续性发展所必需的基础素养和基本能力奠定最基本和最关键的经验基础。

课程的好坏影响着幼儿身心是否能得到全面、健康、和谐的发展。国际21世纪教育委员会提出:"教育是对未来的一种关键性投资,是21世纪发展的首要推动力,教育必须围绕四种基本能力来重新设计、重新组织,即学会认知,学会做事,学会共同生活,学会生存。"

学会认知和做事的意义在于:当今知识急剧膨胀,快速更新,知识永远也学不完。联合国教科文组织提出:"明天的文盲不是不能阅读的人,而是没有学会怎样学习的人。"因此,要努力使幼儿学会认知和独立做事,为终身学习和发展做准备。我国传统教育过度强调教师的主导作用,忽视学生的主体地位,也就是说,教育活动过于依靠教师的引导,从而大大削弱了学生的自主权,养成了学生怠惰、依赖的个性。当学生走上社会、需要独立做事的时候,由于没有了拐杖,于是就不知从何做起。所以,现代教育要求充分发挥学生的主体性、主动性和积极性,从而为他们走进社会打下坚实的基础。

学会共同生活的意义在于:中国家庭规模小型化,居住环境从"四合院"变为"单元楼",这使作为独生子女的幼儿更加缺乏同伴,缺少与人交往的机会,产生孤独感,以自我为中心,不尊重他人,缺乏交往、合作能力。在未来世界,随着经济的发展,国家间合作越来越密切,而各种合作都是由人来完成的,所以未来的人要自尊、自立、有责任感、尊重他人、善于合作、适应多变环境。如果幼儿园不注重儿童这些方面的培养,幼儿人际沟通、交流与合作能力的发展便无从谈起。

学会生存的意义在于:研究发现,许多杰出人才成功的关键因素不是聪明,而是他们的坚强自信、勤奋努力、不屈不挠等精神品质;一些天才儿童未能成材,或失败于精神脆弱,或失败于心态失常,或失败于心理障碍。所以,幼儿要知道,生存不只是存在,而是知道如何才能存在。乐观和自信将带人走向成功,我国教育的弱点在于忽视了学生的生存发展教育。

根据国际社会的要求,结合中国的特点,我国幼儿课程应注重培养幼儿积极主动的态度、强烈的学习兴趣、与环境有效地互动的能力、初步的合作意识和责任感等心理品质,这就需要老师根据幼儿身心发展特点，精心设计各个领域的活动，而不是强行地灌输成人的观点、意识，导致幼儿的思维和想象等各种潜能还没来得及孕育，就被成人束缚在他们认为正确的、现成的、起到催化剂作用的固有的框子里面，最终成为我们所说的"小大人"。幼儿没有了思想、方向或个性，就丧失了创造能力，只能按部就班、循规蹈矩。

【案例1-1】渴出来的道理

近些日子，我发现班上常常有孩子浪费饮用水的现象发生。每次经我提醒后情况会好一些，可过不了多久，又回到了原来的样子。为了能够让孩子们改掉这一坏习惯，我想了个办法。我和食堂阿姨商量好，先别给我班送水。

"老师，我要喝水。""老师，为什么今天阿姨不给我们送水？"晨间活动进行不久后，大家都感到渴了。"佳佳，你去食堂问问阿姨是怎么回事。"我假装不知道情况。过了一会儿，佳佳回来说："阿姨说今天食堂里也没有水了，所以没给我们送。""哦，这样呀，那大家只能先忍一忍。"于是，孩子们四散开玩去了。我知道，这时他们还不是很渴，还能忍。9点钟了，我组织孩子们进活动室准备后面的集体活动。这下可炸开了锅，"怎么还没水，我要喝水。""我的喉咙都渴得冒烟了，快给我水。"……孩子们纷纷喊了起来，平时爱玩水的那些孩子似乎喊得更起劲。我想，这时孩子们应该是渴得不行了，于是悄悄地给食堂阿姨打了个电话，请她马上送水过来。"有水了，有水了。""啊，真的有水了！"孩子们冲了上来，眼睛瞪得圆溜溜的，生怕水又消失。

等孩子们喝完水后，我便引导他们讨论："刚才没水喝的时候，你们有什么感受？""很难受，很想喝到水。""很焦急，心想是谁把水喝光了，真可气。""很痛苦，都快渴死了。"……接着，我又问："现在喝到水了，你们又有什么样的想法呢？""好幸福啊，终于喝到水了。""我发现今天的水好甜。""我以后不再浪费水了，以前我常常把水倒掉或者去泼人，以后我一定不这样了，不然水被我们浪费光了就真的没水喝了，那我们就会渴死的。"听了这话，我很欣慰，便对大家说："大家说得真好！我们要珍惜和保护水资源，不能浪费，不然，最后地球上就真的没水了。"

案例1-1说明孩子年龄小，很多时候他们不一定能理解成人的说教，尤其这种节约用水的抽象道理。只有让幼儿亲身体验，他们才能真正理解其中的道理，才能刻骨铭心地记住，从而彻底改变自己的行为。

研究显示，一个人的成功，是智商、情商、逆商、体能等多种因素综合作用的结果。幼儿园只有提供使幼儿生动活泼、主动活动的课程，才能使幼儿阶段的教育真正起到为幼儿终生发展奠定基础的作用。

三、课程与教师素质

在幼儿教育中，幼儿园课程与教师的关系尤为密切：课程为教师提供了展示才华的舞台，在这个舞台上，他们发挥着潜能，奉献着爱心；反过来说，教师又是课程的执行者、组织者、开发者。好的教师、科学的教育会让幼儿健康、快乐、和谐地成长，为幼儿终生发展奠定良好的基础，为国家培养合格的建设者。"幼儿教育将是教育中最尖端的领域"，这势必会对幼儿园教师的职业实践提出更具挑战性的专业标准与素养要求。

专业即意味着一种资质，意味着从事某一特定行业必须具有特定的素质要求和资格条件。不同教育阶段的教师职业，往往载寓着或积淀着各自不同教育阶段的，乃至不能相互替代的专业性特质与内涵。而不同教育阶段所有教师的职业群体中，幼儿园教师的专业性应当是最集中、最浓缩、最厚重的。为促进幼儿园教师专业发展、建设高素质幼儿园教师队伍，根据《中华人民共和国教师法》，特制定《幼儿园教师专业标准（试行）》（简称《专业标准》）。

《专业标准》是国家对合格幼儿园教师专业素质的基本要求，是幼儿园教师开展保教活动的基本规范，是引领幼儿园教师专业发展的基本准则，是幼儿园教师培养、准入、培训、考核等工作的重要依据。幼儿园教师是履行幼儿园教育工作职责的专业人员，需要经过严格的培养与培训，具有良好的职业道德，掌握系统的专业知识和专业技能。

（一）专业知识

幼儿园教师担负着将人类关于世界与自我的一切知识与经验，以适宜于儿童成长状态的方式，转换为儿童可感知与体验、可接纳与理解的学习经验的教育使命，因此，幼儿教师要掌握的知识应该是全方位的。

专业知识主要包括三方面：一是幼儿发展知识；二是幼儿保育和教育知识；三是通识性知识。幼儿发展知识是对幼儿实施保育和教育的前提，它决定了幼儿园教师应对各年龄阶段婴幼儿教育的适宜性、可行性和针对性；反过来，幼儿保育和教育工作实施的好坏，需要靠幼儿发展知识在现实中的应用来体现。二者相互作用，相互影响，缺一不可。

【案例1-2】拥抱时间

幼儿园里每天早上都要点名，对于刚入托班的孩子来说，这是让他们互相熟悉的好机会。我们在点名、喊到之外增加了两个动作：拥抱和亲吻。每当点到一个孩子名字的时候，我们就张开双臂，用微笑和期盼的眼神示意孩子上前来和我们拥抱，师幼之间互相亲一下脸颊。不要小看这简单的动作，它很快拉近了师幼之间的距离。

我们还鼓励孩子用自己喜欢的方式和我们拥抱，有的孩子会像小鸟一样"飞"上来，有的会像小兔、袋鼠一样蹦上来，有的会像小马一样跑上来……活动室里充满了欢声笑语。

根据儿童发展心理学的分析，两岁多正是孩子渴望成人肌肤抚触的时候，他们幼小的心灵需要成人的关心和爱护。案例1-2中的教师用拥抱和亲吻满足孩子的心理需求，也让师幼之间变得亲密无间，让孩子感觉教师就像妈妈一样亲切。幼儿有了安全感，他们会觉得幼儿园就像家一样充满温情。该案例很好地诠释了幼儿教师具备幼儿发展知识、幼儿保育和教育知识的必要性。

通识性知识是指自然科学、人文社会科学和现代信息技术等方面的知识。幼儿园教师是幼儿成长的引导者和支持者，其自身的知识储备和文化素养直接影响着幼儿的成长质量和发展态势。在广义知识观和经验主义知识观的视野下，根本就不存在幼儿不能学习和幼儿园教师不能传授的知识，关键是教学实践中知识呈现与传递的形态与过程是否适宜儿童及其学习的方式与特点。在幼儿教育实践中，幼儿园教师只有具备全面的、广泛的、综合的自然科学与人文社会科学知识与经验，才可胜任心智初开的懵懂孩童的教化职责。

从幼儿发展看，3~6岁的幼儿正处于成长发育阶段，他们既要学习知识，也要学习方方面面的技能。随着幼儿与外部世界联系的范围逐步扩大，他们学习的渠道也开始多元化，再加上他们的求知欲十分旺盛，所提的问题也千奇百怪，涉及天文、地理、文化、数学、宇宙、艺术、生活等方方面面，甚至有些问题还具有前沿性和深刻性。这就要求教师必须拥有广博的知识，积淀丰厚的文化底蕴，掌握支持、引导、促进幼儿成长和发展的策略与方法，并能在保教实践中融会贯通、有机结合、灵活运用。只有这样，我们才能培养出全面发展的儿童。

从教师的个人发展看，教师作为社会的一员，只有广泛学习人类文化各个领域的通识性知识，才能逐渐形成自己对生命、生活、历史、社会的独到见解、感悟和信念。对幼儿园教师而言，通识性知识的多少、文化底蕴的厚重程度，一方面决定了他们文化水平的高低和专业知识的多少，决定了其专业可持续发展的营养是否充足和将来专业持续发展的高度与持久性；另一方面也决定了幼儿对其提供的保教内容、保教方式的喜爱程度和其开展保教活动的质量。

【案例1-3】观雨的教师笔记

下雨了，天公好像有意在施展自己的本领，一会儿瓢泼大雨，一会儿毛毛细雨。雨声、雨景深深地吸引了孩子们的目光。正准备开始教育活动的我也被孩子们的情绪所感染，不由地想：既然孩子们喜欢看雨，我不妨利用这真实的场面进行教育活动。于是，我和孩子们一起走到窗前，同他们一起欣赏这变化的雨滴。随着雨滴的变化，孩子们学会了分辨什么是倾盆大雨，什么是毛毛细雨。随后，我提出了这样的问题："雨滴是从哪里来的？"回答是肯定的："它们是从天上掉下来的，是从黑黑的云中来的。"当我又问："雨为什么会落下来？"孩子们都茫然了……带着孩子们的疑问，我讲了《小雨点》的故事，使他们明白了小雨滴的家在海洋里、在草地上，了解了小雨点是如何在空中旅行的。

雨渐渐地小了，我们一起走出教室，站在房檐下观看雨滴落在地上的情景。徐晓明立即发现："小雨点落在水里变成了一个个小泡泡！"朱建更富有想象力："它像小鱼吐出的泡泡。"结合孩子们说的兴趣，我请他们想一想，说一说。

张鹏："下雨了，下雨了，雨点落到地上，像给地面镶了一面镜子。"

卢哲："下雨了，下雨了，小水珠像一个个小豆子从天上撒下来。"

那佳："下雨了，下雨了，小雨点排着整齐的队伍，从天上落下来，变成了一个个小泡泡。"

李力："下雨了，下雨了，小水珠像一排排的箭从天上射下来。"

赵柯："下雨了，下雨了，天上落下来的小水珠，像一朵朵水晶花。"

王志爽："下雨了，下雨了，小水珠落在水里，变成了一个个小套圈套在地面上。"

付成："下雨了，下雨了，小雨点像一串串项链从天上落下来。"

王影："下雨了，下雨了，雨点落在操场上，操场变成了一条小河。"

牛超："下雨了，下雨了，小雨点像一顶顶降落伞从天上落下来。"

潘磊更有新的发现，他说："小雨点落在地上又被溅起来，像一顶顶美丽的皇冠。"

小雨在不停地下，小朋友们带着各自的想象睁大眼睛望着它，仿佛每个雨滴中都有一个美丽的童话，一个新奇的幻想。孩子们的目光随着小雨滴从天空落到了地上。孩子们的想象真让我感动，让我惊叹。带着这些遐想，我第一次感到了雨的魅力。

放学时，家长专栏中有了一首由全班小朋友共同创编并共同献给爸爸、妈妈的礼物——创编诗歌《下雨了》。我特意为诗歌写了前言，不仅介绍了孩子们创编的过程，表达了孩子们带给我的感动和感想，而且表达了我对孩子们的欣赏和敬意。

从案例1-3"观雨的教师笔记"中我们看出，这位老师不仅掌握了专业的理论知识，而且有一定的文学修养，她机智地把这些知识用在了对幼儿实施的教育活动中，使幼儿对雨的特征有了深刻的认识和体会。

【案例1-4】

在中班语言诗歌创编活动"风和云彩"中,老师问:"为什么云会动?"幼儿1:"因为我在动。"教师:"还有不同的回答吗?"幼儿2:"因为这是动画。"教师:"还有不同的想法吗?"幼儿3:"我动,云也动。"很多幼儿加入讨论,探讨究竟是云在动还是我在动。教师只好叫幼儿坐好。终于,幼儿4说:"是风吹动的。"教师欣喜地说:"我同意这个小朋友的说法,是风吹动了云。"

案例1-4的活动片段让我们感觉到了这位老师通识性文化知识的匮乏以及专业理论知识的欠缺,她在活动中不但没有解决幼儿的疑问,反而造成了幼儿更多的疑惑。

只有根基深厚,才能枝叶繁茂。同样,幼儿园教师的知识越广博、越丰富,文化素养越深厚,在保教工作中往往越有爱心、信心、耐心,更懂得信任和宽容儿童,保教实践更得心应手,更受幼儿欢迎,因为他们不但立足于幼儿现实的发展,而且关注幼儿未来的发展。所以,幼儿园教师需要树立终身学习的理念,不断充实自己的通识性知识、拓宽文化视野、提升文化修养。

(二)专业能力

教师是课程实施中的重要因素,教师的教育观念、素质、教育能力和水平直接影响教育活动的效果。个体在一生成长的过程中,越处于成长的早期阶段,就越受制于天性力量的支配,其身心发展的规律与需求以及学习过程的方式与特点也一定越独特、越不可违逆,其对于日后持续性发展的影响,也就越是根基性的、深远的。所以,为了儿童的学习与发展,幼儿园教师必须投注全部的耐心、细致与热情,最大限度地协调和组织一切主客观条件和因素,让孩子大胆地思考、想象、实践、创造,活泼开朗地成长。为此,幼儿教师应具备以下几种能力:

1. 观察评价幼儿的能力

客观、真实地观察和了解幼儿是有效地满足幼儿的需要和促进其学习与发展的前提。幼儿在日常生活或自由游戏的场景中的表现是最真实的,在类似的两种情境中,幼儿可以自然地、轻松地、由衷地做自己想做的事情,表达自己想表达的想法。因此,幼儿教师要深刻领会《3~6岁儿童学习与发展指南》(简称《指南》)中的发展目标和教育建议,在观察的基础上对幼儿的各种表现做出准确、科学的分析、判断和评价。

观察有时是针对单独活动中的个体,有时是针对群体活动中的个体。对单独活动中的个体进行评价时往往需将其与个体之前的发展状况进行比较,或根据《指南》要求,以当下个体应该具有的发展状况作为标准,然后给予客观的评价。对群体活动中的个体进行评价时,要将个体置于群体中和其他成员进行对比评价,以保证评价的客观、公正。

【案例1-5】拍球

小波(3岁5个月)拿起球拍了起来。1分钟后,小波对我说:"老师,你帮我数。"我说:"好的。"他小步移动,甩动手腕,准确地拍球。我嘴里说着:"1,2,3,4,5,6,7,8,9,10,11,12,13个。"小波说:"我在家能拍100个。"于是,他继续拍球。这次小波的步伐很大,每跨一步都可以拍到一次球,球反弹起来的方向来回变,所以小波只连续拍了4个皮球就滚落了。快步拿回球后,小波继续拍,不同的是他开始小步移动,总共拍了53个。

案例1-5是在生活活动中对幼儿的观察。《指南》"健康"领域中"动作发展"子领域的目标1提到幼儿要"具有一定的平衡能力,动作协调、灵敏"。上述观察记录到小波的拍球表现是:他第一次拍球是"小步移动,甩动手腕,准确地拍球",第二次拍球是"步伐很大,每跨一步都可以拍到一次球",由于第二次拍球步伐大而不易控制球,他第三次拍球"开始小步移动,总共拍了53个"。拍球本身需要很好的身体动作协调和灵敏反应,除了身体各肢体部位的协调,还有手眼的协调。从这一活动我们能了解到小波的动作平衡、协调性和灵敏情况。

【案例1-6】

区域活动时,超超、成成和雯雯都选择玩拼图,成成和雯雯合作玩蘑菇拼图,超超则独自玩耍。成成和雯雯拼得很快,拼好后,两人跑来看超超。雯雯问:"你拼的是什么?"超超低头没有理会。雯雯接着说:"你拼的和我们拼的不一样。"超超仍低头不语。成成便用手动了动拼图,拼图因此挪动了位置。超超马上一脸不高兴,把拼图重重扔在地上,一边踢脚蹬腿,一边高声哭喊着:"都是你动……动坏了,你动的……"

案例1-6显然是区域游戏,人物表现涉及的是社会领域。超超在这次交往中很被动,不仅不理会小朋友们的主动交流,而且不满他们动拼图的行为,出现了摔东西、踢脚蹬腿的行为,以及高声哭的情绪表现和埋怨的语言;也没有理解他人(成成)是否因不小心碰倒他的拼图。可是,从另一个角度,我们看到了超超的注意力非常集中,雯雯两次说话他都没有理会,而是专心做自己的事情,这是一个很好的学习品质。雯雯和成成虽然想主动帮助别人,但没有经过别人的允许就动了别人的东西,这种行为方式也不太恰当。

2. 合理组织和安排幼儿一日生活的能力

一日生活是幼儿在幼儿园一天的全部经历,是幼儿在参与、体验与创造中,利用环境自我更新的过程。从作息的角度看,一日生活包括了幼儿在园生活安排的所有环节;从活动的角度看,一日生活是幼儿自身生命成长需要所展开的一切活动。幼儿通过生活来学习生活,学习与生活相互交融。学习、生活、发展三位一体是幼儿学习最大的特点,也是幼儿的学习与中小学生的学习不同的地方。正因为这一特点,一日生活中的哪段时间属于纯粹的学习,哪段时间属于纯粹的生活,这些对幼儿来讲是没法界定清楚的,即杜威所言:教育即生长,教育即生活。由此我们可以看出幼儿园一日生活的重要性。

首先,生活知识的掌握有利于幼儿自信心的形成。幼儿期是一个稚嫩的、需要成人精心照顾和保护的时期,然而又是幼儿自理、自立、迈向独立需要日益成长的时期。幼小衔接的有关研究表明,在影响幼儿入学适应的诸多因素中,生活自理能力差是其中一个重要因素。在害怕上学的儿童中,有的竟是因为害怕上厕所而不敢上学,因为他们不能自己穿好裤子。在入学后不适应的儿童中,不乏由于"生活本领"差而产生自卑、恐惧等消极情绪,从而严重地影响学习的儿童,有的甚至在性格发展和心理健康上也留下了阴影。成人的过度包揽不但会使幼儿的能力萎缩、习惯变坏,而且会严重地阻碍幼儿自主性、主动性、独立性的发展,挫伤幼儿的自信心、自我效能感,进而影响幼儿形成健康的自我意识,对其社会性的发展,甚至对其今后健全人格的形成,都会带来巨大、长远的不良影响。

其次,生活活动是幼儿获得直接经验的重要途径。生活活动帮助幼儿独立学习生存的本领,幼儿在亲自实践过程中获取了各方面的直接经验,为学习知识和技能、丰富情感提供了感性的基础。抱有错误认识的家长和教师更要明白这个道理。成人如果把幼儿过早地驱赶到学业轨道上,并为此做出包揽幼儿生活的错误举动,那将如教育家斯宾塞所警告的那样:成人以爱的名义对孩子所犯下的错误,可能让孩子用一生的痛苦来承担。

【案例1-7】

我和王化敏老师到甘肃敦煌的一个幼儿园,看到大班的教室墙面和黑板上张贴着很多加减法算式,老师说,孩子们已经完全掌握了20以内的加减法。但当天给我们看的是一个操作活动,孩子们用瓜子皮、玉米皮、小棍、豆子等,粘贴妈妈的头像。我问身边的一个男孩:"你知道3+5等于几吗?"孩子立刻回答:"8。"我又问:"那3+8等于几呢?"孩子也很快回答:"11。"此时,老师走过来听我们的谈话。我接着问:"你看你粘贴的画,这个妈妈左边的眉毛用了几个瓜子皮?"孩子从左到右用手指着数:"1,2,3,4,5。5个。"我又问:"右边的眉毛用了几个瓜子皮?"孩子再一次从左到右用手指着数:"1,2,3,4,5。5个。""那么,两个眉毛一共用了几个瓜子皮?"孩子从左到右用手指着数:"1,2,3,4,5,6,7,8,9,10。10个。"我便回头问老师:"你看出什么问题来了吗?"

案例1-7说明幼儿没有生活中数量的感性经验,教师直接对幼儿进行了抽象的、灌输性的数字加法学习,以致幼儿无法理解数字的含义,他们的学习是机械的记忆学习,这种学习只能固化和束缚幼儿思维的发展。

幼儿从生活和游戏中获得的直接经验是学习知识的起点,是幼儿建构认知结构不可或缺的基础性材料,是他们感悟和理解知识的"产生过程"及其意义并将之转化为自己的知识的宝贵经历。幼儿的知识只有经历真实生活的实际运用才能得到提升。

3. 支持与引导幼儿游戏的能力

游戏是幼儿生活的主要内容,甚至非游戏的活动也会带着游戏的意味。游戏不是幼儿的全部生活,但没有游戏或者游戏很少绝不是幼儿的生活。支持幼儿游戏表现在教师能够提供符合幼儿兴趣需要、年龄特点和发展目标的丰富、适宜的游戏材料,鼓励幼儿自主选择游戏内容、伙伴和材料,主动地、创造性地开展游戏,使幼儿在游戏活动中获得身体、认知、语言和社会性等多方面的发展。

引导幼儿游戏的关键是把握游戏介入的时机。教师对幼儿游戏的指导常常表现出两种极端态度:要么放任不管,要么过度干预。放任不管是教师不知道怎么管或没有责任心,于是放任自流。过度干预表现出两种情况:一种是盲目性干预;另一种是功利性干预。盲目性干预是指教师只是积极参与幼儿的游戏,而并不清楚自己参与的目的。功利性干预是指教师过于在乎预设的目标,只要幼儿的行为与教师所预期的行为不一致,教师就马上进行纠正。或者,教师在游戏中捕风捉影式地寻找插入个别化指导的机会,将教学目标强加于幼儿游戏。结果,教师所到之时就是幼儿自己的游戏终止之时。这就是教师缺乏观察和分析,直接干预幼儿游戏所导致的不适宜介入。

怎样判断教师介入和指导的有效性?国外研究表明,成人介入儿童的游戏,可产生正面影响,也可产生负面影响。"如果教师以一种敏感的、相应的、支持的方式与儿童进行互动,那么教师的参与就能提高游戏水平;如果教师对游戏进行操纵控制,提供太多的结构性限制,或为教学目的而打断游戏,那么教师的参与通常就会损坏游戏。"这是因为成人在游戏中过度地行使权力,减少了儿童在游戏中探索发现、解决问题、承担风险和进行同伴交往的机会。教师介入幼儿游戏的频率与幼儿的发展并非成正比,介入游戏的有效性表现在两个方面:

第一，你的介入是否尊重幼儿的游戏意愿。如果你的介入是通过观察，在顺应幼儿游戏意愿的前提下支持并推进了幼儿的开展，那么你的介入就是"正效介入"；如果你的介入干扰和转移了幼儿自己的游戏，使幼儿的行为变得被动而无趣，那么你的介入就是"负效介入"。

第二，你的介入是否帮助幼儿获得了新的经验，提升了游戏水平。如果你的介入能使幼儿在积极情绪的体验下，充满兴趣地得到一个新的知识或信息，懂得一个新的道理，学会一种解决问题的办法，那么你的介入就是"正效介入"；如果你的介入要求太高，幼儿接受时感到困难，游戏变成了一种教学和训练，那么你的介入就是"负效介入"。

【案例 1-8】

建构区里，圆圆正在用长方体小积木为小动物搭建一个动物园的围栏。她利用拐角让围栏两边靠墙，一条边她全部用了红色的积木，另一条边她用了红黄——红黄——红黄……的规律来搭，积木竖立着并紧挨着排列了很长一段。但是搭到最后一段的时候，红色和黄色的积木没有了。她犹豫了一下后，开始不加选择地使用其他颜色，毫无规律地接着搭，但是很快她就推倒了还未完成的这一小段无排列规律的围栏，试图离开，这时老师介入了……

根据这个游戏情景，教师一般会用什么方法支持和指导幼儿的游戏呢？

通过观察分析，幼儿的游戏意图已经很明确了：她要完成围栏的搭建，且已经具备了AB模式排序的能力（红黄），此时她遇到的困难是红黄积木没有了，且不满意自己用其他颜色搭建的无规律的一段围栏，但又想不出其他办法，所以她推倒了围栏。教师这时的介入应该是一个合适的时机，其目的是帮助幼儿完成围栏的搭建，从而帮助幼儿实现游戏意愿。

可以用什么样的方法指导幼儿完成这一段围栏的搭建呢？关键在于教师的目标意识是否清晰。因为实际上有多种解决问题的方法，如：拉开积木之间的距离，进行等距排列；增加一种颜色的积木，如红黄蓝排列；将积木从竖着排列变成横着排列……每一种方法都蕴含着一种发展：如果拉开积木之间的距离，使之增加长度，这是数量守恒（也是单位长度与总长度关系的一种测量经验）；如果增加一种颜色，就是模式排序的扩展，使幼儿从原来的AB模式扩展为ABC模式。此外，教师还可以让幼儿用绳子量一量，需要搭多长的围栏，再用量出来的绳子放在已经搭好的围栏处比一比，数一下还差多少块积木。

对幼儿来说，无论哪一种方法，教师都用不着讲很多道理，只要幼儿采用了自己能够接受的方法，并且非常乐意地完成了围栏搭建，就能获得发展。但对教师来说，是否清楚自己采用的方法与幼儿发展的关系则是一种专业素养，是教育行为自觉性的基础。

【案例 1-9】

活动区有一小筐玻璃珠、好几个碗和一把筷子，老师的预设目标是让孩子用筷子把玻璃珠从筐里夹到碗里，以练习手眼协调。一次，几个男孩子分别把碗倒扣过来，各自用手把玻璃珠摆到自己碗底的小口里，小心翼翼地摆起来，比谁放的珠子多。结果珠子不小心散落到地上，老师看见后立即制止，要幼儿好好用筷子夹珠子。幼儿没夹两下，便感到无趣而离开了该活动区。

在案例 1-8 幼儿游戏的过程中，教师的介入使幼儿获得了新的经验。而在案例 1-9 幼儿游戏的过程中，教师的介入不但没有得到幼儿的积极回应，而且导致幼儿不欢而散。所以，教师在介入和指导游戏时要有目标意识：①我为什么要在这个时候介入？②通过我的介入和指导，幼儿将获得怎样的经验和发展？

4. 制订计划、设计组织集体教学的能力

幼儿园教育活动计划就是活动实施计划，是将教育思想、教育活动目标和教育内容转化为幼儿园一日生活和一系列具体教育活动的设计，是幼儿园教育活动实施的开端，是教师日常工作的依据。教育活动计划包括学年计划、学期计划、月计划、周计划、一日活动计划。这一系列教育活动计划的制订和实施，保证了幼儿教育的阶段性、连续性和实效性。

幼儿教师要根据国家教育的目的和幼儿园的要求，制订与教育活动有关的各种计划，并按照计划进行各种教育活动。其中，集体教学活动（详见第二单元第四课）是幼儿园必不可少的活动之一，是幼儿教师综合素质的体现。

5. 有效利用资源进行环境创设的能力

幼儿园环境是指幼儿园促进幼儿身心发展所必须具备的一切物质环境和精神环境的总和。物质环境主要包括教学设施、生活设施的色彩、光线、风格等；精神环境主要包括文化环境和心理环境，其中教育观念、活动安排、园内组织制度等归为文化环境，师幼关系、教师的教风和人格特征归为心理环境。幼儿园环境创设主要是指教育者根据幼儿园教育的要求和幼儿身心发展规律、需要，充分挖掘和利用幼儿园环境中的教育因素，并创设幼儿与环境积极相互作用的活动场景，把环境因素转化为教育因素，促进幼儿身心主动发展的过程。环境创设是幼儿园教育最重要的课程资源。重视幼儿成长和学习的环境，积极开发和利用环境因素对幼儿成长、发展的巨大潜力是当今幼儿教育改革的一大趋势。

幼儿园环境创设体现了幼儿园的内涵。环境创设，特别是室内环境创设，让幼儿参与玩具、材料的投放，共同商量、共同制作、共同摆放能够提高孩子的兴趣和创造性，增强其责任感和成就感，同时也是进行爱惜劳动成果教育的良好时机，使幼儿真正成为环境的主人。陈鹤琴先生指出："通过儿童的思想和双手布置的环境，可使他对环境中的事物更加了解，也更加爱护。"幼儿园创设的环境有时伴随着课程对幼儿的发展发挥着显性的教育作用，有时对幼儿的成长起隐性的潜移默化的教育作用。所以，幼儿园在实施教育活动时，要合理有效地运用和发挥显性与隐性教育资源的作用，共同促进幼儿潜能的开发、良好习惯的养成和科学态度的形成。

【案例1-10】

四岁的晨晨和阳阳在同一个班上，由于他们俩是邻居，因此两个孩子的关系比别人更亲近些。晨晨的性格外向、活泼，虎头虎脑的，特别招人喜欢。而阳阳呢，虽然很聪明，但由于体弱，性格显得比较内向，平时言语也不太多。有一天，阳阳回家问妈妈："妈妈，什么叫小可爱？"妈妈说："小可爱是说小孩子很讨人喜欢。"阳阳想了想说："妈妈，我是不是小可爱？"妈妈说："当然是了，小孩子都是很可爱的。"阳阳说："那为什么陆老师总叫晨晨小可爱，而只叫我的名字呢？"阳阳妈妈一时无语。看来老师一声亲切的称呼，已使孩子感受到自己在老师心目中的地位是有差别的。我们不要惊讶于孩子的这种感受，因为他们的心是敏感的。

案例1-10说明隐性环境中的师幼关系会对幼儿产生影响。幼儿园的环境创设潜移默化地影响着幼儿的方方面面。在幼儿园，教师的一个眼神、一个动作，都可能对幼儿的心理产生巨大的影响，这种影响对幼儿而言是无意识的，但教育者必须意识到这一点。因此，幼儿

教师一定要充分地认识和重视自己的一言一行和环境创设的重要意义。

6. 沟通与合作的能力

沟通是为了家园之间存小异求大同，从而促进家园合作。每个家庭的教育理念不同，对很多事情的看法就不一样，这往往是矛盾产生的根源，但只要我们都以"爱"为前提，用"爱"开启沟通之门，就会形成一股教育合力。

首先，建立"互联网+"时代的家园共育。通过"互联网+"，可以开设名家讲坛、爸妈学院讲座，即时传递幼儿在园信息、分享不同职业家长的教育资源等；"互联网+"给家长工作趋向开放性和多元化提供了条件，有利于家园的沟通与合作，通过幼儿园网站、幼儿园微信公众号、幼儿园微博、亲子俱乐部群与班级QQ群等多种形式，有利于家长与教师和幼儿园的双向互动交流。因此，家园沟通不再是教师与家庭的单向交流，而是一种"教师与家长、教师与幼儿、家长与家长、家长与幼儿、幼儿与幼儿"之间的多角度沟通，使家庭和幼儿园统一认识、互利合作，共同促进幼儿的健康成长。

其次，沟通中教师的评价方式要适宜。在家园沟通中，每天教师都会针对幼儿的表现给予评价，这也是家长渴望得到的信息。教师不同的评价方式、口气往往会使家长产生不同的心理反应。因此，教师在评价时，一要做到捕捉细节夸优点。教师要善于观察，捕捉一日活动中幼儿有价值的细节，并及时反馈给家长，不要笼统地说"你的孩子今天很乖，今天表现很好"，因为类似的沟通不但不能打动家长，反而会给人一种敷衍的感觉。二要做到温馨提示，要做到适宜。教师不要在家长接、送孩子，甚至有别的家长在场的时候沟通。三要做到"春风化雨"。教师在沟通时要巧妙使用语言，根据家长的心态说话，使家长容易理解，千万不能仅停留在告状的表面上。教师要让家长感受到自己在工作上踏实、仔细并具有专业性，让家长产生信任感。

【案例1-11】

新学期开学了，中、大班的孩子们有说有笑地踏入了幼儿园的大门，和家长道别后很快就和班上的其他小朋友玩了起来。小班的门口却聚集了不少新生家长，有的家长送完孩子后不肯离去，总想在班级里多陪陪孩子；有的不放心，偷偷躲在幼儿园一角观望；有的孩子在哭闹，家长也在一旁哭。虽然教师们经历了家访和亲子课堂，但在新生正式入园的第一周，还是会遇到种种乱象。教师们不仅要照顾好每一位新生，还要应对不放心的家长，大家都很疲惫。

案例1-11展示的是孩子入园后家长的担心、幼儿的焦虑。由于教师每天与家长见面的时间主要是早上送孩子和下午接孩子这短暂的一段时间，教师无法与每位家长进行深谈，有的幼儿还是保姆或老一辈代接送，因此更加不便沟通。

【案例1-12】

中二班的老师在组织体育游戏"小猴子种桃"，孩子们在老师创设的情境下积极地参与。在去"桃园"浇水的路上，两个小男孩大闹起来，老师及时制止了孩子们的行为。可是晚上家长来接孩子时，其中一位家长来办公室投诉，说自己家孩子经常被另一个孩子欺负，今天活动时孩子又被打了，当班老师都不管。

案例1-12展示的是以往家长只是通过孩子了解幼儿园发生的情况，这种单向的联系往往是片面的、不准确的，沟通滞后就会造成家长的误解。

【案例 1-13】

中班的杰杰在小肌肉的活动上不如同龄小朋友灵活,老师让杰杰的妈妈准备一个圆头剪子,有意识地让杰杰在家进行训练,可杰杰妈妈一直也没在意。在以后的几次活动中,杰杰还是不会使用剪刀。这几天,为了教会杰杰使用剪刀,老师有意识地在美工区投放了画有不同粗细实线的报纸,让他在区域活动时剪一剪面条,要求不断掉。他小心翼翼地剪,虽然一开始总是到一半就断了,但最后终于剪成完整的一根。他激动地拿着那根又细又长的面条给老师看,老师奖给他五角星,杰杰可高兴了。老师把这个情景讲给他妈妈听时,妈妈点点头,也很赞同老师的做法。相信这次沟通将会使家园的合作更顺畅。

案例 1-13 反映出在幼儿园集体教学活动中,孩子们的个体会有差异,个别差异较大的孩子更需要家长的积极配合。家长应每天在家投入一定的时间,有意识地帮助孩子练习,从而缩小孩子在某一领域或某方面与同龄孩子的距离。

上述三个案例说明,为了让家长了解孩子入园后的表现和存在的一些问题,有针对性地配合幼儿园进行教育,教师学会利用"互联网+"的方式进行沟通就显得非常重要。

家园沟通是一门艺术,只有建构在爱的基础上的家园桥梁才能通向心灵深处。面对不同的家长,教师应选择性地用一些策略,让家长体会到教师对孩子浓浓的爱、对孩子的责任心,用爱开启家园沟通的和谐之门,聆听孩子的成长故事,谱写家园共育的和谐篇章。

相关链接　　美英幼儿教师专业标准之对比分析及其借鉴意义

制定和推行幼儿教师专业标准,成为近年来世界各国提高幼儿教师队伍整体素质的重要举措。2012 年我国颁布的《幼儿园教师专业标准(试行)》(简称《专业标准》)是国内首部幼儿教师专业发展的基本准则,它进一步提高了各界对幼教师资质量的关注度。我国教育部在 2014 年工作要点中将"提高教师综合素质"作为年度工作的着力点,并强调要"全面构建教师队伍建设标准体系"。由此,提高幼儿教师专业素质、制定和推行科学的幼儿教师队伍建设标准,成为当前学前教育领域的重要研究命题。在研究过程中,积极吸收、借鉴国外优秀文化成果,保持对国外幼儿教师专业标准制定和实施情况的关注是非常必要的。美国和英国作为走在世界学前教育改革前列的国家,其幼儿教师专业标准的发展历程、主要内容和实施成效等都值得研究和学习。

一、美英两国全国性幼儿教师专业标准简介

(一) 发展历程

美国和英国的全国性幼儿教师专业标准分别经历了以下发展历程:

美国幼儿教师专业标准按照其制定主体,分为国家标准和地方标准。根据研究需要,下文以全美幼教协会(National Association of Education for Young Children,简称 NAEYC)制定的幼儿教师专业标准为例进行介绍,从中管窥美国全国性幼儿教师专业标准的发展历程。早在 1982—1988 年,NAEYC 就先后颁布了几个与幼儿教师专业标准相关的文件,包括《服务于 4~5 岁幼教方案的幼儿园教师教育指南》(NAEYC's Early Childhood Teacher Education Guidelines for Four-and Five-Year Programs,1982)、《副学位院校中的幼儿教育计划指南》(Guidelines for Early Childhood Education Programs in Associate Degree Granting Institutions,1985) 和《高级学位项目指导纲要》(NAEYC's Guidelines for Early Childhood Teacher Education Programs），体现出美国对幼教师资专业化的重视。后来，根据美国幼儿教师发展情况和幼儿教育改革需求，NAEYC 分别于 20 世纪 90 年代先后三次对幼儿教师专业标准进行了大规模修订，并颁布了三种针对不同学历的幼儿教师专业标准。2009 年 7 月，NAEYC 第四次修订并出台的《幼儿园教师专业准备标准》（NAEYC's Standards for Early Childhood Professional Preparation Programs）成为美国现行的全国性幼儿教师专业标准。

英国也非常重视幼儿教师队伍的专业化问题，这一点突出表现在英国政府近十年来的相关举措中：2005 年 4 月，正式成立儿童工作者发展委员会（Children's Workforce Development Council，简称 CWDC），专门负责英国早期教育专业教师的构建工作。2006 年 4 月，儿童工作者发展委员会发布了《早期教育专业教师身份标准（草案）》（Early Years Professional Status Standards Draft），并在全国范围内广泛征询各界人士的意见和建议。以收集到的大量建议为依据，儿童工作者发展委员会于 2006 年 11 月颁布了正式的《早期教育专业教师身份标准》（Early Years Professional Status Standards，以下简称《身份标准》）。《身份标准》作为英国早期教育专业教师身份认定的依据，规定了英国早期教育专业教师所应具备的专业知识和专业技能。为提高《身份标准》的详细性和操作性，儿童工作者发展委员会配套颁布了《早期教育专业教师资格认定标准指南》（Guidance to the Standards for the Award of Early Years Professional Status），为早期培训机构和早期教育专业教师资格申请者详细了解《身份标准》提供了依据。2012 年 5 月，英国教学署（Teaching Agency）制定并颁布了最新的《早期教育专业教师身份标准》，并于同年 9 月在全国范围内正式施行。

（二）内容与实施

NAEYC 第四次修订并出台的《幼儿园教师专业准备标准》（2009）作为美国幼儿教师准入的重要依据，由 6 个核心标准（Core Standards）组成：①促进幼儿的发展与学习；②建立与家庭和社区的联系；③观察、记录和评价；④与幼儿及其家庭有效沟通；⑤运用课程知识建构有意义的幼儿园课程；⑥成为专业人员。每一个核心标准后都有支持性阐述（Supporting Explanations），明确该条标准的重要性。此外，每个核心标准中所包含的 3～5 个关键要素（Key Elements）具体说明了该标准的内容，并强调了达到该标准所需的条件。美国在该标准的实施方式上，实行的是教师专业标准与教师资格标准分离的模式，即个体取得了教师资格，但不一定就达到了专业标准所要求的程度。

英国教学署 2012 年颁布的《早期教育专业教师身份标准》作为全国早期教育专业教师身份认定的重要依据，主要包含 8 大标准：①帮助 0～5 岁婴幼儿实现健康成长与发展；②对幼儿直接开展工作，并与幼儿家庭紧密合作；③保障并增进幼儿的福祉；④对幼儿抱有较高的期望，并能为其提供激励及挑战；⑤使用观察和评价以满足每个幼儿的个性化需要；⑥根据幼儿的个体差异制订计划；⑦积极履行更广泛的职业责任，加强与其他机构之间的合作；⑧引领并树立不断进取的文化氛围。每个大标准由 3～5 条子标准组成，其内容涵盖教师领导力等方面，促进教师的管理、反思以及与家长和同事的合作水平，以确保所有幼儿享有高质量的保育和教育。英国在该标准的实施方式上，将教师专业标准与教师资格标准挂钩，具体而言，幼儿教师进入每一个职业阶段都需证明自己达到了该阶段专业标准的要求，且不同职业阶段的评价程序不尽相同。

二、美英两国全国性幼儿教师专业标准的对比分析

在了解了美英两国标准的大致概况后，我们从结构体系、内容设置、实施和评价机制三

个角度对两国标准进行简要的对比分析,发现存在着以下异同点:

(一) 结构体系

美英两国均有全国性的幼儿教师专业标准,但美国幼儿教师专业标准的结构体系较英国的更为复杂。美国幼儿教师专业标准分为国家标准和各州标准两个层面,而英国推行的是全国统一的幼儿教师专业标准。从标准涉及的对象进行划分,美国的标准分为职前、入职和在职标准三类,而英国的标准主要为幼儿教师专业身份认定标准。

(二) 内容设置

从内容设置来看,美英两国的标准均包含以下三个维度,但是各维度中的内容各有侧重:

第一,专业品质。美国的标准对幼儿教师专业品质的要求是"成为专业人员",包括幼儿教师的专业精神、专业发展、反思教学能力、沟通与合作精神等。英国的标准主要是从教师与幼儿、家长、同事三方面的关系对新教师应具备的专业品质进行概述。

第二,专业知识。美国的标准重视幼儿教师对知识的运用能力,而英国的标准则对教师应具备的专业知识做出了明确要求。

第三,专业能力。美国的标准中关于专业能力的规定主要包括幼儿教师在环境创设、活动设计、观察、评价、沟通合作等方面的专业技能,而英国的标准重在要求幼儿教师能与时俱进地提升自身综合能力,自觉加速专业发展。

(三) 实施和评价机制

在实施模式上,美国采取的是教师专业标准与教师资格标准分离的模式,采用了档案袋评价与评价中心评价结合的方式对幼儿教师进行多方面综合评价。而英国采取的是教师专业标准与教师资格标准挂钩的模式,采用英格兰普通教学委员会、校长、指导教师、外部评价者多方联合评价机制,分别对不同专业发展阶段的幼儿教师进行评价。此外,美国和英国的专业标准中都体现出对幼儿教师话语权的尊重,即幼儿教师在专业标准的实施和评价过程中,都有机会发表自己的观点和体会。

三、对我国的借鉴意义

我国教育部于2012年颁布的《幼儿园教师专业标准(试行)》(以下简称《专业标准》)包含基本理念、基本内容和实施建议三大部分,体现出理念先进、维度清晰等特点。然而,对比其他国家相关资料,我国《专业标准》还可以进一步加强内容设置的针对性和操作性,更加完善实施和评价机制等问题。笔者认为,在借鉴美国和英国幼儿教师专业标准发展经验的基础上,可从以下几方面着手进一步完善我国的幼儿教师专业标准,以推进我国教师队伍建设标准体系的构建:

(一) 针对不同专业发展阶段幼儿教师,进一步细化专业标准

可以进一步细化我国幼儿教师专业标准,针对幼师生、新手型教师、熟手型教师等不同学历、不同专业发展阶段的幼儿教师,分层提出针对性更强、更有操作性且贯穿整个教师职业生涯的专业标准,而不是采用笼统、划一的基本标准。同时,这种细化还表现在《专业标准》对教师专业要求的表述方面。对比美英两国幼儿教师专业标准不难发现,我国标准在具体要求的详细性和操作性上有待进一步加强。这样能使相关的标准和要求更明确,便于幼儿教师的深入了解和贯彻。

（二）根据国家标准的基本要求，制定地方性专业标准细则

由于我国东中西部、城市和农村幼儿教师专业发展水平存在显著差异，因此可以借鉴美国幼儿教师专业标准的分层结构，尝试构建"国家标准＋地方细则"的实施模式，即以《专业标准》为基础，全国各省市结合当地幼儿教师专业发展水平的实际，制定出具体的标准实施细则。

（三）针对不同性质的标准，采取差异化管理、实施、评价模式

美国采取教师专业标准与教师资格标准分离的模式（申请者取得了教师资格证之后，要经历一个漫长的过程才能达到专业标准的程度），体现出对幼儿教师的较高要求。英国采取教师专业标准与教师资格标准挂钩的模式（达到专业标准的教师才能取得教师资格证），体现了国家对幼儿教师管理的重视和加强。我国应吸取上述两种模式在管理和评价方面的长处，采取兼顾合格性、高标准化的国家管理并对不同专业发展阶段的幼儿教师实行差异化管理的模式，即可以尝试采用职前和入职标准与教师从业资格证挂钩、在职标准与教师资格标准分离的复合模式。同时，应更加重视过程性评价。可以通过设置独立的学前教育行政管理机构，采取教育管理部门、高校教师、实习园指导教师多方联合评价机制对幼儿教师专业性进行评价，这也是对落实《专业标准》的监控。

议一议

利用本课的理论知识解读下列案例中所蕴含的教育理念或教师素质。

【案例1－14】

有一位著名的节目主持人，在一个谈话节目中设置了这样一个情景：一架飞机满载乘客，飞行途中没油了，可飞机上只有一个降落伞。他问参与做节目的孩子："你看这伞给谁用？"孩子几乎不假思索地回答："给我自己用。"这时，台下一片骚动，很多观众想：多么自私的孩子啊！可是主持人没有立即评论，而是蹲下来，耐心地问孩子："为什么呢？"孩子满脸泪水，清晰地说道："我要跳下去，找到油后，回来救飞机上所有的人。"

【案例1－15】

有这样一个调查，北师大一位教授问参加会议的师生："树上有5只鸟，猎人开枪打死1只，还有几只？"结果被调查的师生中，99%回答一只也没有了，因为鸟都吓跑了，但有一个孩子做了精彩的回答："还有3只。因为5只鸟是一家人，打死了爸爸，吓跑了妈妈，还剩下3只不会飞的鸟宝宝。"

【案例1－16】一句话改变命运

"我一看你修长的小拇指就知道，将来你一定会是纽约州的州长。"一句普通的话，改变了一个孩子的人生。

此话出自美国纽约大沙头诺必塔小学校长皮尔·保罗之口，话语中的"你"是指当时一名调皮捣蛋的学生罗杰·罗尔斯。

小罗尔斯出生于美国纽约声名狼藉的大沙头贫民窟，这里环境肮脏、充满暴力，是偷渡者和流浪汉的聚集地。因此，他从小就受到了不良影响，读小学时常逃学、打架、偷窃。

一天，当他又从窗台跳下，伸着小手走向讲台时，校长皮尔·保罗将他逮个正着。出乎意料的是，校长不但没有批评他，反而诚恳地说了上面的那句话，并给予他语重心长的引导

和鼓励。

当时的罗尔斯大吃一惊，因为在他不长的人生经历中只有奶奶让他振奋过一次，说他可以成为5吨重的小船的船长。他记下了校长的话并坚信这是真的。从那天起，"纽约州州长"就像一面旗帜在他心里高高飘扬。罗尔斯的衣服不再沾满泥土，语言不再肮脏难听，行动也不再拖沓和漫无目的。在此后的40多年间，他没有一天不按州长的身份要求自己。51岁那年，他终于成了纽约州的州长。

【案例1−17】

美国幼教专家凯茨认为，幼儿教师的专业素质应表现为：在教育工作中，能运用高级缜密的知识作为判断和行事的标准。具有这种素质的幼儿教师能抓住孩子抛过来的球，并且能够以一种巧妙的方式抛回去，让孩子想继续跟他玩游戏，并在玩的过程中不断创造出新的游戏来。

练一练

(1) 幼儿园课程的本质是什么？
(2) 课程与幼儿教师之间的关系是怎样的？
(3) 幼儿园教师应具备哪些专业知识？各专业知识之间是什么关系？
(4) 通识性知识对幼儿园教师有什么作用？
(5) 幼儿教师应具备哪些专业能力？

做一做

参照课程对幼儿教师素质的要求，对照一下自己在哪方面欠缺，然后制订一个适宜的学习和训练计划。

第二课 幼儿园课程模式

情境案例　　　　**最不好玩的玩具是玩具**

当长辈的欲讨小孩子的欢喜，最简单的办法是给他买个好玩具。每逢年节，父母、爷爷奶奶、叔叔阿姨们都不惜重金，在网上把精心挑选的玩具放进购物车。

但是，我家那位10个月的小爷偏不领大人这份情。拆开漂亮包装盒之初，还有3分钟热情，抓抓、捏捏、咬咬、舔舔，之后呢，随便你怎么卖力演示，怎么堆着笑意推荐，他都脑袋一扭，一巴掌打翻在地。然后，忙着去撕一张破报纸，或者乱摁台灯开关……对着已经积下的一大箱玩具，他爹娘每每叹息：你有这么多玩具，怎么就是不好好玩呢？

一

有个叫米歇尔·恩德的幻想文学作家认为，越是大人以为高大上的玩具，越难赢得那些清澈明亮小眼睛的青睐。在童话《时间窃贼》里他议论道：

"自然，那些东西都是非常贵重的玩具……每一个细小的部位都是那么完善，因此根本不需要人再有什么想象。就这样，孩子们在那儿常常一坐就是几个小时，入迷的同时又厌烦地望着某一件玩具。那些玩具，有的不断地发出隆隆声，有的眨巴着眼睛，有的转着圈子发出呼啸声——面对这些玩具，他们什么也想象不出来，最后便又玩起他们那些从前的游戏。只要有一两个纸盒子，一块破桌布，或者一把小石子就足够了。玩这些东西，他们可以展开丰富的想象力。"恩德先生观察得不错！高级玩具的特点就是"毫无用处"。

前几天，我看到一辆豪华的电动幼儿模拟座驾，浑身嵌着亮闪闪的彩灯，家长得意而热心地陪着，一个小孩愣愣地坐在驾驶座上，既不用蹬也不用调方向，就那么一动不动地"被运动"。我猜小车的小主人恐怕想换个最普通的脚蹬车或者滑板车玩儿。

二

我家小东西心目中好玩的"玩具"，外延可比大人眼中的"玩具"大太多了。

一边扭着屁股往上蹭，一边兴奋地大喊着"爬！"的时候，楼梯是他的玩具；像小兔子一样钻进桌椅下和窗帘背后时，这些狭小的藏身之地都是他的玩具；当他像个私闯民宅的大侦探，把家具、门、窗玻璃、电视屏幕……软的、硬的逐一摸过、敲过时，被摸、被敲的都是他的玩具；当他夺下你手里的遥控器，胡咬乱摁的时候，遥控器当然更是他的玩具。某日心血来潮，他把堆在纸箱里的玩具全丢出去，自己爬进去坐在里头当玩具，"嘿嘿"傻乐。

此外，孩子们还喜欢各种就地取材的"玩具"，正如恩德所说，"一两个纸盒子、一块破桌布，或者一把小石子"在孩子们心中的分量，一点都不亚于宇宙火箭、小机器人。对小东西来说，自己从餐桌椅上拧下来的塑料螺丝、墙角晾着的一把伞、忘了收起来的一块小板子、一枚果核、一个吃光了的泡芙小桶……这些都是宝贝。不光我家小娃这样，朋友家的三岁娃儿最近相中的是棕榈叶，那东西可以当扇子摇，当垫子坐，当帽子戴，还可以舞将起来，成为独门兵刃，和小朋友们一阵乱打。

总之，比起大人们特别置办的那些玩具，最合孩子们心意的，反倒是这些"非玩具"。孩子们经由反反复复触摸它们来试探自己的世界，在这样的"玩"中，他行动的困难一天天消除了，他进不去的禁区一天天缩小了，玩着玩着人就长大了。

点评：孩子们对玩具的态度，提醒着玩具设计师，别拿高科技挤占想象力的空间；也提醒着家长，别让奢侈昂贵的玩具占领孩子的玩具箱，那只能满足大人的虚荣心而不是小家伙的成长需要。这个案例为我国幼儿教育模式何去何从提供了很好的借鉴。

一、国外幼儿园课程模式

当代国外幼儿园课程五花八门、纷繁复杂，这些课程与这些国家的政治、经济、社会、文化及教育的理念密切相关，并随着社会的发展而发生改变。

（一）国外幼儿园课程的发展趋势

21世纪初期，在教育民主化、个性化等浪潮的冲击下，发达国家纷纷对幼儿教育课程进行了改革，并呈现出以下五大发展趋势：

1. 课程设置规范化

21世纪初期，在促进幼儿教育公平和提高幼儿教育质量的背景下，发达国家改变过去零乱的幼儿教育课程设置，开始制定统一的国家课程或出台幼儿教育课程标准，课程设置出现规范化的趋势。规范化的前提是尊重所有幼儿的权利和价值，为所有幼儿建立发展目标。课程规范化的主要目的在于规范幼儿园的教育内容，提高幼儿的教育质量。

美国虽没有统一的国家课程，但从2001年布什政府颁布《不让一个孩子掉队法案》（No Child Left Behind Act）的教育蓝图后，美国便对幼儿的学习标准进行了立法。到目前为止，美国的 50 个州中已有 46 个州建立了从幼儿园到高中的学习标准。加拿大由各州或行政区制定课程标准。新西兰在 1996 年就颁布了面向 0~5 岁幼儿的国家课程，目前正在积极实施。

2002 年，英国政府先后颁布了面向 0~3 岁和 3~5 岁幼儿的国家课程，对相应机构提供信息和指导，以提高幼儿教育的质量。此外，葡萄牙、挪威、瑞典等欧洲国家也出台了国家统一的幼儿教育课程。

2. 课程目标全人化

发达国家主张培养"完整的儿童"，强调采用主题、单元或领域等各种形式整合学科，从而使知识之间，认知、情感、体验之间，学科和幼儿生活之间形成有机的联系，促进幼儿的全面发展。在课程目标方面，虽然世界各发达国家幼儿教育课程的目标各不相同，但大多强调课程要促进幼儿的全面发展，设立众多的发展领域。

美国幼儿教育的课程目标既注重学术目标也注重社会性目标，将幼儿的社会性发展、认知发展、情感发展和身体发展确定为幼儿教育的目标基础。以美国的河滨街课程模式为例，该课程认为幼儿的发展包括身体、智力、社会、情感和审美各个方面。各个方面的发展都是相互关联、不可分离的。

英国的幼儿教育也强调幼儿的全面发展，并将教育内容划分为交往、语言和读写、数学发展、个性、社会性和情感的发展、创造性的发展、身体的发展、了解和理解世界等领域。

新西兰新的国家课程的培养目标同样强调促进幼儿的全面发展，强调课程要使幼儿成长为有能力和自信的学习者，成长为思想、身体、精神都健康的公民，成长为建立了牢固归属感和获得了为社会做出贡献所需要的知识的人。

日本文部省 1999 年对《幼儿园保育大纲》进行了全面修订，2000 年开始全面实施。新大纲强调幼儿的个性化和保持幼儿本色，要让幼儿表现出愉悦的情绪情感及自发性与主动性，并要求教师在指导中要以幼儿为本，以情感、态度的培养为重，反对抹杀个性的、成人化的教学。

3. 课程内容多元化

在教育民主化的浪潮之下，发达国家纷纷把实现教育公平作为幼儿教育的目标，相应的幼儿教育课程内容呈现出多元化的发展趋势。幼儿教育课程内容的多元化不仅包括多模式、多领域，而且包括多元文化的渗透，尤其是在一些移民国家和多民族国家。

美国幼儿教育的课程模式有多种，主要包括海伊斯科普课程模式、河滨街课程模式、直接教导模式、发展适宜性课程和显性课程等。"先行计划"、海伊斯科普课程模式等都很关注多元文化背景的幼儿。

英国强调多元文化教育。威尔士等地普遍实施双语教育，并鼓励开办以威尔士语教育为主的保教机构；同时，关注机构中有特殊教育需求的幼儿，如天才幼儿、学习障碍幼儿、单亲家庭幼儿、移民家庭幼儿、少数民族幼儿等，为他们及其家庭提供多元文化教育观念指导下的专业支持和帮助。

挪威的"幼儿园架构计划"强调幼儿园活动必须体现当地的文化价值观和国家的文化传统，特别提到了沙米人社区应以沙米语言和文化作为基础。

在丹麦的幼儿教育机构中，政府给移民幼儿安排相同国籍讲同种语言的教育和教育辅助人员，同时还专门为移民幼儿培训教师，使教师了解不同国家的文化、会讲不同国家的语言。

加拿大政府已开始关注土著幼儿的教育，思考如何实现教育公平、构建融合课程等问题。

新西兰的幼儿教育课程重视多元文化教育，关注原住民的融合问题。如新西兰政府2002年出台了幼儿教育的"10年战略计划"，着重体现了多元文化和反偏见教育的理念，为毛利人和太平洋岛国人提供了公平的受教育机会。

4. 课程实施游戏化

国外的许多研究表明，幼儿通过与他们周围的人、事物、环境的互动进行学习，幼儿的学习是建立在游戏和意义建构的基础之上的。因此，在课程实施途径方面，许多发达国家都强调让幼儿在活动和游戏中学习。

美国的幼儿教育机构也以活动和游戏为主。如美国比较有代表性的海伊斯科普课程模式以主动学习为核心，围绕发展所必需的一系列关键经验，创设学习环境，引发幼儿与环境相互作用的活动，从而促进其发展。

英国幼儿园所有的学习都以有目的的、自由的和有组织的游戏为基础，教师的重要任务是选择材料和提供设施。幼儿在游戏中积累了学习的经验。教师通过干预、评论和提问的方式，鼓励幼儿通过活动来学习。

意大利著名的瑞吉欧课程采用结构化的游戏活动。瑞吉欧的游戏材料丰富，游戏品种繁多，既有社会戏剧游戏和建构游戏，又有精细运动和大动作活动。

德国的幼儿园一般没有正规的课程，不进行读、写、算等基础知识的教学，也不教授外国语言，而是以游戏等自由活动为主。有组织的教学活动包括教师讲故事、教唱歌、做手工、绘画和带领幼儿接触大自然等。

日本幼儿园正规教师组织的知识性教学极少，他们重视开展游戏，特别注重让幼儿在户外进行活动性游戏和密切接触大自然的游戏。

韩国的幼儿园既有活动区（包括积木活动区、角色活动区、语言活动区、操作活动区、科学活动区、艺术活动区、电脑活动区），也有多种多样的室外游戏。

5. 课程资源社区化

幼儿的发展是幼儿与学校、家庭、社会等各种因素相互作用的结果。要促进幼儿的最终发展，就必须把各种教育因素统一起来，综合利用教育资源，发挥教育合力作用。幼儿教育机构与社区的沟通和结合正在被越来越多的国家政府所重视。幼儿教育社区化正成为世界幼儿教育发展的重要趋势。各国不仅以社区为基础开发幼儿教育课程方案，而且充分地利用社区资源。

美国和加拿大教师经常带幼儿到博物馆、动物园、电脑房、展览馆等地参观学习。英国的幼儿教育注重幼儿园与家庭、社区的亲密合作，鼓励家长参与幼儿的教育，鼓励幼儿园充分利用社区资源。

日本鼓励幼教机构建立与社区的双向联系网络，根据实际情况灵活运用幼儿馆、公民馆等公共设施，积极参加社区的节日活动，并从社区中招募幼儿教育志愿者。

韩国幼儿教师会有目的、有计划地利用社区资源，定期带领幼儿参观、游览。如组织幼儿参观首尔国立民俗博物馆，对幼儿进行爱国主义教育，培养幼儿的民族自豪感；到美术馆看画展、学绘画，以提高幼儿的审美能力和创造能力等。

(二) 国外幼儿园课程模式

1. 英国幼儿园的课程设置与实施

2008年5月,为了促进幼儿基础阶段的发展,英国儿童、学校和家庭事务部(Department for Children,Schools and Families,简称DCSF)向幼儿教育机构提供明确有效的帮助,以确保来自不同背景的幼儿能够拥有平等的机会去获得良好的发展。英国幼儿园的课程设置注重为每个幼儿提供全面发展的机会。为促进幼儿在某一领域的发展,教师需要做好主题活动的规划,与家长建立密切的联系,采用灵活多变的教学活动方式,促进幼儿主体性的发展以及自我的主动建构。在课程内容方面包括以下六大领域:个性、社会性和情感的发展,交流、语言和读写,解决问题、理解和算术,认识和了解周围的世界,身体发展,创造性发展。

英国学前教育机构都围绕上述六个领域的目标而设置课程:英语语言学、数学、科学、美育与创造、体育、信息技术、精神、道德、人类与社会。一些条件较好的学校还为幼儿增设了外语课,主要以法语教学为主。校方在课程的安排方面还注意到它们之间的协调,并参考国家课程标准进行调整和增删。英国幼儿园内较常见、颇具特色的几门课程有:阅读课、识数和算术课、信息技术课、历史课、艺术课、活动课。

英国幼儿园教师很重视计划,年度计划、学期计划、周计划和日计划环环相扣,系统地规划着幼儿园的日常课程。

【案例1-18】英国森林幼儿园一日生活——外面的世界很精彩

(1) 幼儿园概况。

森林幼儿园在斯堪的纳维亚半岛上存在已经超过25年了,后来扩展到欧洲的其他地方,包括英国。森林幼儿园也被称为"自然幼儿园"。它的特色在于让幼儿在自然林地中通过游戏运用多种感官进行学习,不管天气如何,一整年都不间断。进入这所幼儿园的幼儿来自不同的地方,有本地的,也有其他地区的。这所幼儿园的师幼比很高,如果幼儿超过3岁,比例是1:6;如果2岁,那就是1:4。这所幼儿园所选的林地为私人所有,在保育委员会的帮助下,该幼儿园获得了使用权,本次活动就是在这块林地的山腰上进行的。

(2) 活动过程。

※早晨9:30

孩子们从镇上的游乐场出发,由教师凯茜(Cathy)和布莱尔尼(Bryony)带领。他们刚刚在游乐场玩了一会儿,教师嘱咐他们穿上外套和安全背心,然后背上书包就上路了。当一辆车驶过的时候,所有的人都在马路边等,其他时候都是幼儿自己带路。教师推着一个双人幼儿车,两个2岁的孩子坐在车里,其他5个孩子(3~5岁不等)正在展示他们安全爬墙的技巧。

在去森林的路上有两道车辙,不知什么原因,里面积了一些水,孩子们可以用脚让水溅起。凯茜还遗憾地说,这块林地唯一的不足是没有一条小溪,孩子们不能进行一些与水相关的拓展游戏。路上,凯茜与孩子们讨论要去森林的哪个地方,最后他们决定去"水晶矮人洞穴",随后仍由孩子们带路前往。花费了二三十分钟,到达了这个林地的边缘。教师将双人车放在路边,两个2岁的孩子将从这里开始步行,当然,他们两个也有自己的背包。步行到山上时,有一部分路比较陡,但是在教师的帮助下,孩子们都能自己爬上去。只有一条小径环绕在森林周围,其他不明显的小道错综复杂地穿插在树林里。一些重要的岔路口挂有白色的绸带作为标记。

树林里有很多树枝，不大平坦，但是所有的幼儿，包括两个 2 岁的孩子都能克服这些困难。凯茜不时地环顾四周，以保证所有的幼儿在视线范围之内。也有孩子会摔倒，但是地面被厚厚的树叶覆盖，所以孩子不会有太大的危险。凯西在他们摔倒之后总是鼓励他们自己站起来。

到达"水晶矮人洞穴"之后，布莱尔尼用保存在附近的独轮车装多余的包和实物，并存放在指定的位置。所有人在这里进行自主游戏和探索活动，他们将自己的包挂在一个掉落的树枝上。这些包大小合适，并且配有外部的口袋和坐垫。

自主游戏——练习攀爬倒下的树木。

探索和运输游戏——既可以是个人活动，也可以是合作活动。

幼儿在独轮车里找到了一只蜈蚣还有一些松果，教师给他们拍下照片作为记录。

这片森林中有很多事物可以激发幼儿的好奇心。例如路边的这个洞，我们不妨想一下，到底谁住在这个洞里呢？

※11 点左右

到了吃点心的时间，大家要停下来吃些点心，而且要喝一杯热饮。背包的坐垫被取下来摆放成一个圆圈，在坐下之前，所有的孩子一起唱一首歌。

然后就有更多的自主游戏活动，午餐也在同样的地方。

※如厕安排

两个 2 岁幼儿的尿布是在一个可移动的弹出式帐篷里更换的。凯茜发现年长的孩子们对于统一的如厕时间安排适应良好（在点心时间或者午餐之后）。他们在树林里也挖了一个厕所，但是为了防止过度使用，排泄物都是用可回收的黑色袋子装起来，然后带到指定的地点处理。此外，还可以使用可折叠的简易马桶。

※午餐之后

孩子们决定将活动地点转移到"螺旋洞穴"，继续在那里进行游戏。

孩子们都很喜欢展示他们爬上爬下的技巧。出于安全考虑，树下的树枝被移开。一个男孩靠在了枯枝上，一不小心从树上掉落到了落叶层上。但他恢复得很快，并且在这个过程中，了解到了枯树枝的特性。

孩子爬的高度没有超过 1.8 米，选择这个高度是因为 1.8 米教师仍旧能够用手触到幼儿，而且这个高度也被写入了幼儿园的保险条例当中。

之后他们聚集在一起听故事，有个男孩选择坐在树杈上听故事。

一个男孩自己拿了一本书，坐在树叶做成的地毯上静静地读着。

一个有趣的现象是，幼儿能够很好地穿插动静两种活动，进行了一会儿攀爬游戏之后，他们就会选择较为安静的活动。

一个 2 岁的孩子花了很长时间玩一个木栓，他想把一块树皮装饰在木栓的周围。另一个男孩则试着在有裂纹的树皮上挂上一些东西。

回到"水晶侏儒洞穴"，总结活动。凯西坐下，手里拿着黑色笔记本，并且要求幼儿安静地围绕在她周围，询问他们是否有需要记录下来的事情。不同的幼儿要求记录的东西是不一样的，可以是游戏、看到的新事物或者天气等。

幼儿也可以在本子顶端画画。有个孩子画了一截原木，并且说："应该有 skin（人的皮肤）在这截原木上"。凯茜问："我们把树木的'skin'叫作什么？"幼儿回答说："bark（特指树皮）。"

笔记本电脑也被教师带到了这里，老师把记录孩子一天活动情况的照片传到了电脑上，以便和幼儿的家长分享。

※下午3：45

老师让幼儿穿上辨识度高的背心，准备离开树林。然后回到出发的那个游乐场，等待家长4：30把他们接走。

2. 德国幼儿园的课程设置与实施

1919年，德国企业家依米尔·默特（Emil Molt）邀请鲁道夫·史代纳（Rudolf Steiner，1860—1925，奥地利科学家、思想家和教育家）为他的华德福（Waldorf）烟草工厂员工子女创立一所学校。史代纳在世期间，华德福幼儿园还没有创立。第二次世界大战后，伊丽莎白·冯·格鲁勒丽根据史代纳的人智学理念，邀请医生和华德福学校的教师根据0～7岁儿童的特点，配合当时的社会情况，开发出华德福幼儿教育课程，并于1926年创设了第一所华德福幼儿园。

华德福幼儿园的总体目标是努力使用各种教育手段和方法，促进幼儿身、心、灵整体的健康发展，为幼儿未来的发展奠定基础，也为他们以后的学校生活做好准备。具体要做到：照顾好每个幼儿的生活，向幼儿介绍身体的基本知识，促进幼儿身体的生长；激发幼儿的好奇心，给幼儿提供接触社会的机会，帮助幼儿认识客观世界、熟悉周围生活；培养幼儿的主动性和独立性，发展幼儿的思维能力和表现能力；丰富幼儿的想象力，支持幼儿的发明创造。

华德福幼儿教育的课程内容主要包括自由游戏与远足、艺术活动、故事与晨圈、生活活动、节日庆典与生日会。

德国学前教育没有统一的教育大纲，但是幼儿园每个学期都会制订学期计划和周计划，教师也会根据幼儿的发展水平，为自己的班级制订教学目标和活动计划。德国的教学不采用读、写、算的练习，不要求幼儿进行基础知识的学习，大部分课程以游戏、唱歌、听故事、户外活动等形式展开。在教学活动的组织上，教师也不采取集体教学或集体活动的方式，多以个别指导或小组活动的形式进行。教师一般在上午9点到11点半组织教学活动，其余时间均为幼儿的自由活动时间。

【案例1-19】德国华德福幼儿园一天的教学活动

在这个幼儿园中的生活可以和在一个大家庭中的生活与工作相比。幼儿教师负责施行的每日作息具有韵律性、组织性，包括家事、庭院管理、手工和艺术活动。此外，还有配合时令和节庆的活动与工作。

华德福小学7：40开课，而幼儿园7：30开园。所有的幼儿教师约7：10就到园中，先做一个小小的聚会。7：30—8：30孩子们陆续来园，直到9：15都是自由游戏的时间。在这段时间内，孩子们可以随着自己的喜好即兴游戏。有时他们会在娃娃角或积木角聚成小团体，搭建房屋、消防车或油轮。有些孩子会主动参与幼儿教师的工作。年纪最小的孩子通常玩自己的，或是由年纪大的孩子把他们带入游戏中，例如，扮演"诊所"的病人、当布娃娃生日宴会的客人或是当学校的小学生。有些孩子会先在幼儿教师身旁坐一阵子，然后才开始有游戏的主意。

自由游戏时段接近尾声时，幼儿教师会先行整理自己的工作桌，并将用具、工具放回原位，必要时还会打扫一下自己的工作场地。如此以"行动"引导孩子们进入"整理、收拾"的时段，孩子们则会依自己的年龄主动参与不同的整理、打扫工作，收拾各种游戏的角落。

接着上洗手间洗手。先盥洗完的孩子可以帮忙准备早餐、布置餐桌餐具等。但在共同用餐之前，大家会围成一圈做韵律游戏。游戏的内容结合了诗歌、舞蹈，并配合四季节令。幼儿教师或说或唱，并且加上与所述内容一致的动作，让孩子们可以很容易地模仿。

然后大家一起用餐。这是先前由幼儿教师和几位小朋友共同准备的早点。每天的食谱不同，但每周重复：自己烤的蜂蜜面包、黄米粥、小麦粥、水果麦片、小面片和粗面包，还有当季的水果茶和水果。

接下来是第二个时段的户外自由活动，大约至11：30。花园中有沙坑、铲子、水桶、跳绳、球、手推车和耙，孩子们可任选所需。在较寒冷的天气或冬天，我们会散步到附近的公园，一起跑步或玩捉迷藏的游戏。

约11：30，户外的用具都收拾好后，孩子们会先换鞋、洗手，再进入室内，坐在"说故事角落"，有些孩子也会抱着布娃娃一起，倾听回家之前的"童话故事"。（幼儿教师通常会连续几天或一周重复同样的童话，之后才说下一个故事）

12：00—12：30家长会陆续来接孩子回家。（有些幼儿园由于家长的需求也有下午班，孩子们会留到16：00或17：00）

3. 意大利幼儿园的课程设置与实施

瑞吉欧·艾米利亚是坐落于意大利东北部平原的小城（人口13万），这个地方的奶酪、葡萄酒、香醋都非常有名。除了它的富裕和高质量的生活方式以外，这个地区有政治自由的传统。马拉古兹（Malaguzzi）的很多观点影响了这个城市对家庭和儿童做出回应的方向和进程：他相信儿童有多种多样的、未展现出来的能力；他相信有效的家校关系的复杂性和必要性；他确信教师必须研究儿童。

瑞吉欧没有固定的课程内容，他们把日常生活作为课程设计的来源，课程内容由儿童讨论决定。瑞吉欧的课程组织与实施过程有自己的特色和方法，包括弹性计划、合作教学、档案支持、深入研究、小组工作、图像语言。对于瑞吉欧而言，家庭参与的形式和其教育目的是直接紧密联系的。在教育过程中，三个主要的参与者——儿童、教育者和家庭被认为是平等、紧密相连、缺一不可的。教师扮演的是儿童的观察者、倾听者、伙伴、向导、记录者、工作实践的反思者。这些特点结合起来，创造了一种参与意识，而非提供了一种看待儿童学习的固定立场。在瑞吉欧，好奇是受到高度重视的元素。

许多瑞吉欧学校的参观者都惊讶于这里物质环境的极度美好。入口处放满了儿童在游戏时的照片、家长在理事会上的照片、教师和员工摆着幽默姿势的照片；映入眼帘的是被照看得很好的植物、舒适惬意的适合儿童大小的家具，以及更多的儿童作品的展示。瑞吉欧的教师们总是时刻准备着，可随时照下或摄下游戏中的儿童。教师们也倾听儿童的对话（有时通过小心放置好的录音机录下），参与他们的对话，以更好地了解他们的思想和感受、他们所理解的事物、他们的情感。教师们相互之间或与儿童的家长分享他们的见地、设想。这些谈话的结果经常带来短期或长期的方案。

【案例1—20】 项目活动——以"人群"的主题为例

学期快结束时，教师与一群四五岁的孩子讨论如何将他们在假期拥有的记忆与时间保存下来，最后每个孩子都赞成在假期旅游时随身带一个空盒子，收集一次次的发现与充满情感经历的记忆。到了秋季孩子们回来上学时，教师以问问题的方式帮助孩子们回顾他们所带来的记忆："你们的眼睛看见了什么东西呢？你们的耳朵听到了什么声音呢？"

教师本来期待听到孩子们述说在海边看到的浪花、帆船或在山林里游玩的日子，结果这个班的孩子带来了非常特别的记忆。一个小男孩与大家分享了他的经历："有时候我们去码头，走过一条很长、很窄的街道，叫做羊肠街。那里的商店一家接一家，到了晚上，到处都是人，挤来挤去的，你不能看见任何东西，只能看到一大堆人的腿、手和头挤在一起。"这时教师立刻抓住"人群"这个词，并询问其他孩子对这个词的理解，就这样，一段有关"人群"话题的学习探索开始了。对孩子们而言，"人群"变成了一个丰富而奇妙、几乎具有爆炸性效果的词语。孩子们七嘴八舌地表达自己所理解的"人群"：

"一个装满人而且全部都挤在一起的袋子"；

"一大堆人都粘在一起，而且每个人都靠得很近"；

"有人跳到你身上，也有人推你"；

"假日的时候，一个人全都塞在一起的地方"；

"一大堆挤来挤去的人，就好像赶着要缴税"。

集体讨论后，教师要求孩子们把他们对人群的想法都画出来。看了孩子们的作品后，教师发现孩子们所画的与他们的语言文字表述有差异，于是等了两天再把前天孩子们说话的录音重新放给他们听，让他们对自己第一次的画做些反思。结果孩子们第二次绘画呈现的内容变得更精细与详尽了。在活动的开展过程中，教师发现孩子们有一个共同的愿望，就是希望学习如何画出人的背影和侧面。于是教师请一位小女生站在教室中间，其他小朋友围绕在她身旁，从不同位置观察她，从前、后、左、右四种角度画出她，这时，孩子们学到了不同观察点的复杂概念。之后教师带孩子们到市中心的广场，让他们观察并拍下来来往往的人流，并加入人群。回到教室后，孩子们开心地看着自己所拍的人群录像，并画出了更多的画。这时，让他们自豪的是他们能画出多种角度的人群。后来孩子们用剪下来的人像玩人偶游戏、戏剧游戏以及皮影游戏等。他们也用纸黏土做人像雕塑。最后孩子们对这次探索做了总结，把所有的作品集合起来，放在一个盒子里，创造出了"人群"。

4. 美国幼儿园的课程设置与实施

美国是世界上幼儿教育最发达的国家之一，整个幼儿园教育体系非常完善。早在1985年，美国就开始把5岁幼儿的教育纳入公立学校体系，目前正进一步向下延伸至4岁幼儿，以提升幼儿教学质量，更好地实现幼儿教育公平。近年来，众多源于幼儿发展与学习理论的优质课程方案与模式以及早期学习标准，明确规定了幼儿所需掌握的学习内容和应该达到的水平，为幼儿园的课程设置提供了参考和依据，对推动美国幼儿教育民主化、优质化和现代化的进程发挥了重大作用，并成为当代美国幼儿园课程发展的显著特色。

美国是一个移民国家，来自不同国家和地区的移民为美国带来了众多的民族传统节日。在美国弗吉尼亚州大瀑布城（the Great Falls）私立幼儿园、绿色乡村学校（Village Green Day School），经常可见来自世界各地、不同肤色、不同种族的幼儿在一起嬉戏学习，他们带来了各自特殊的文化。因此，美国的幼儿园很注重围绕各国的节日开展教育教学活动，节日活动很频繁，几乎每个月都有。这些节日中，有些是美国传统的节日，有些是从外国"移植"过来的，有些是为了增加学习的趣味性而由教师、专家自创的主题活动，约定俗成。

在美国幼儿园中开展的主要节日可分为六大类：①季节类节日，包括春趣（Spring Fun）、夏乐（Summer Fun）、秋乐（Fall Fun）、冬趣（Winter Celebrations）等；②民族类节日，包括汉尼康或烛光节（Hanukkah or Chanukah）、幸运草节（St. Patrick's Clove）、狂欢节（Mardi Gras）、万圣节（Halloween）、复活节（Easter Day）、圣诞节（Christmas）、感恩节（Thanksgiving Day）、愚人节（Fools' Day）等；③文化学习类节日，包括文化遗产日（the Heritage Day）、苏思博士日（Dr. Seuss's Day）和地球日（the Earth Day）等；④娱乐类节日，包括反向日（Backward Day）、衣服反穿日（Inside Out Day）和睡衣日（Pajama Day）等；⑤爱国类节日，包括选举日（Elections）、总统日（Presidents' Day）、国旗日（the Flag Day）等；⑥爱心类节日，包括父亲节（Fathers' Day）、母亲节（Mothers' Day）、情人节（Valentines' Day）和拥抱节（Hugging Day）等。

这些节日教育的共同特点是寓教于乐。这里撷取两种有代表性的、对我国幼儿教育有启发和借鉴意义的节日活动加以阐述。

【案例1-21】"我爱春夏秋冬！"——季节类节日

一年有春夏秋冬，草木枯荣。为了让幼儿更好地体验季节间的不同变化，幼儿园普遍开设了春趣、夏乐、秋乐、冬趣活动。幼儿围绕着春夏秋冬开展各种各样的室内和户外活动。春天，他们会在教师的组织下扛着花锄，手提花籽，到幼儿园的小花园里耕种；夏天去附近的公园里游玩，观察大自然的山山水水、鸟兽鱼虫；秋季去采摘劳动果实；冬季则去踏雪、剪雪花。一般来说，季节更替，教室的布置也会呈现相应季节的物品。如在春季，教师会放上种子和春天里开的第一束迎春花，而在夏季，教室会变成昆虫标本的世界。教室里的阅读角也都会摆放上与这个季节有关的故事书和科普读物。

【案例1-22】"我爱大家！"——爱心类节日

拥抱节——"抱抱我！"美国有些父母忙于工作，往往把孩子交给保姆，很少甚至无暇顾及自己的孩子。美国的社会强调个人独立，这无形中加大了人与人之间的距离。拥抱节的出现旨在培养幼儿相互友爱、相互合作的意识。教师学生以拥抱作为见面礼，彼此增加了一份亲切感。

海伊斯科普课程（High/Scope）在当今世界上是具有广泛影响的幼儿教育方案之一。它始于1962年，由美国儿童心理学家戴维·韦卡特（David Weikart）创立的海伊斯科普教育研究机构研制，是美国"开端计划"中第一批通过帮助处境不利的学龄前儿童摆脱贫困而编制的一个特殊学前教育课程。20世纪70年代以后，海伊斯科普课程被广泛应用于所有经济背景和所有能力水平的儿童，遍及世界很多国家，并取得了成功，成为当代主要的学前儿童课程模式之一。海伊斯科普课程为儿童创设了一个具有丰富刺激而又井然有序的学习环境，整个教室根据儿童的兴趣以及材料的特点被分成若干个活动区，幼儿的游戏与学习贯穿一日生活的各个环节，教师从来不用传统的讲述和示范给幼儿"传授"知识。相反，他们是通过在幼儿的活动中不断向幼儿提问、给他们提供新的材料来鼓励、丰富和支持幼儿自己选择活动，从而促进幼儿的学习。因此，教师是幼儿主动学习的支持者、协助者和引导者，同时，也是课程的开发者。海伊斯科普课程的实施是由"计划—工作—整理和回顾"三个环节及其他一些活动组成。通过这三个环节和活动，儿童有机会充分表达自己参与活动的打算，也能使教师密切地参与到整个活动过程中来。

【案例1-23】 约翰做方向盘

一天早上，约翰在积木区搭了一辆汽车，然后在周围找方向盘。忽然他不想找了，似乎想放弃原来的计划，这时教师走了过来。

"你能用什么东西做方向盘呢？"

"它必须像这样。"（约翰用手比画着方向盘的转动）

"他必须能转动，对吧？"

他们一起在教室里找。对约翰来说，一块圆柱形积木是不能充当方向盘的，因为它不符合他给方向盘留的空间位置。

"用什么东西刚好能装进去呢？"

"娃娃家的扫帚！"约翰很现实地说，"但是还需要一个圆盘。"

他们又继续寻找。他们能找到的圆的东西是一个纸盘子。

"你怎么能把它装上去呢？"

"我知道，中间打一个洞。"

在教师的协助下，约翰成功地完成了他的计划，并邀请许多小朋友来坐他的汽车。

5. 加拿大幼儿园的课程设置与实施

加拿大教育是省政府和地方政府负责制，各个省份幼儿课程标准及实施风格不一。幼儿园课程将幼儿的学习划分为5个领域：语言、数学、科学和技术、个人和社会发展、艺术。课程目标的价值取向注重培养幼儿的非智力因素；强调知识的实际应用，注重培养幼儿解决问题的能力；注重培养幼儿的自我意识及独立意识。下面这个案例也证明了这一点。

【案例1-24】 中西家庭的"教育差异"

我的两个儿子都是在加拿大出生的，一个8岁，一个5岁，但见过他们的朋友都说，老大更"中国化"，而老二更"西化"。就拿学习来说吧，老大各科文化成绩都很不错，但他颇有中国孩子"敏于行而讷于言"的风范，不太善于表达和表现自己，以至于明明是"全校音乐素质最好的一个"（音乐老师离任时亲口所言），却连着两个学期仅得了刚刚及格的3分；而老二明明学习不怎么样，却特别善于当众表现，结果幼儿园老师和同学家长都大赞他"聪明好学""能歌善舞"，其实他连一首能从头唱到尾的歌都没有，学习也只能算马马虎虎。

教育的基础

两个孩子的学习习惯差异并非在家里养成，而是在不同的幼儿园：老大因未排到当地西人办的正规幼儿园，所以上的是华人办的小型幼儿园，接受的自然是和中国差不多的一套幼教熏陶；老二则很幸运地刚到年龄就进入正规幼儿园，所接触的老师、同学大多是西人。

西式教育很注重所谓的"社会行为能力"，比如怎样和人交往、如何与人互动等，并且将这些能力放到非常重要的地位。如果孩子在学校里朋友不多，或和老师交谈时不直视对方，都可能被当成天大的事，家长会被老师甚至校长约谈，而这些在中国家长、学校眼里或许根本不算个事。相反，孩子课堂文化成绩糟糕在中国家长、学校看来是头等严重的问题，而加拿大这边的公立小学往往连说都懒得去说，一句"素质教育"便带过了。

之所以如此，是因为加拿大七年级以下都实行所谓"打分制"，即没有考试，无论文化课还是其他表现课，都是由科任老师按1~4分去打分，学生文化学习特别突出没有什么好处（比如一个三年级学生，会算三位数进退位加减法和会解二元一次方程，得分都是3分或者4分），甚至未必表现得出来。而"社会行为能力"却可以一目了然，在学校资源有限的情况下孰轻孰重便不言而喻。十年级以上的公立学校和大多数私立学校因为有了专门的文化考试，且资源充足，所以它们对学生文化学习的重视程度不亚于中国高中，甚至有过之而无不及（因为加拿大十一、十二年级每个学期的成绩都影响升学）。

重视"契约精神"

相对于华人，西人家长更加注意对孩子的"契约性"灌输。西人孩子很少承诺别人某一件事，但一旦承诺就会尽可能做到，且相对于口头承诺，书面承诺显得更加郑重。曾有一次，一位西人家长邀请包括我大儿子在内的许多同学去家里玩，邀请函随附一张"免责声明"（即同意"自己孩子在某某家游戏期间安全责任自负，邀请家庭概不负责"），愿意自己孩子去玩的家长必须同时在"免责声明"上签字交回。很显然，这种习惯也会潜移默化地影响子女。

相对于文化学习，西人家长、学校都更重视给低龄孩子教授更多实用性知识，如怎样拨打"911"应急电话，如何应对陌生人，如何辨别街上交通标志等。

加拿大课程实施方式不拘一格。加拿大和美国类似，以多元文化著称，幼儿园将各民族的各种节日活动与当时的季节和节日主题紧密结合，以开展手工主题活动；室外自由活动时间通常去操场，幼儿到操场上可以自由选择玩什么。在加拿大幼儿园有一堂"选择"教育课，值得我们借鉴。

【案例1-25】

某一天，幼儿吃下午点心，教师拿来两个盒子：一个美丽的大盒子和一个普通的小盒子。教师说："这两个盒子里分别装着一种点心，小朋友愿意吃哪种就在哪种盒子前排队。"然后，班上大多数幼儿都在美丽的大盒子前排队，只有少数幼儿在普通的小盒子前排队。排在大盒子前的幼儿每人只得到了一小碗饼干，而排在小盒子前的幼儿每人得到了一大块蛋糕。孩子们吃完点心，教师告诉幼儿："这是你们自己的选择。记住，以后你们在做出选择的时候，先要仔细想想，再做决定，不要随波逐流。"

6. 日本幼儿园的课程设置与实施

1999年日本文部省颁发的新《幼儿园教育大纲》中明确指出，幼儿园教育要进一步贯彻这一基本原则：通过以游戏为中心的生活进行综合指导，因人施教。原规定的教育活动五个领域（健康、人际关系、环境、语言、表现）维持不变，但要从为培养生存能力打下基础这个角度出发，改革、充实教育内容。在教育目标和内容上要重视并努力实现以下几点：积极开展促进身心健康的活动；重视自然体验、社会体验等直接具体的生活体验；明确与幼儿相适应的促进智力发展的方法；根据萌发自我意识、自控能力等幼儿期发展特点进行细致的指导；注重幼儿在集体生活中实现自我，求得发展。

在日本幼儿园的日常户外活动中几乎看不到训练式的体育教学，幼儿身体素质、运动机能的发展主要是在幼儿各种自主游戏中、在教师的相应援助下逐步实现的。日本幼儿园户外活动重视的不是幼儿运动技能、技巧的发展，而是幼儿多种体验的获得，是积极的情感、态度的形成。

【案例1-26】

两个小女孩从保育室中拿出前几天制作活动剩下的彩纸条在廊下舞着玩。教师注意到后，转身从保育室中拿来小收录机和几盒磁带。两个小女孩看到后马上跑去选了一盒磁带播放起来，然后随着音乐在空地上模仿拉拉队员的动作欢快地跳舞。这样的环境构建是建设性的，给幼儿留下了自我发挥的余地。幼儿可以根据自己的想象，对游戏器具进行移动、重组，拓展自己的游戏内容。日本幼儿园教师不像我们的幼儿园教师那样花费大量精力为孩子制作各种活动器具，更不会煞费苦心地进行装饰（比如在钻爬用的小拱门上装饰彩纸做成的花，在投球用的小背篓边上用金色的纸粘上穗子等）以期引起孩子的活动兴趣，但是，由于他们不严格限定器材的使用方法、活动区域和游戏方式，因此最朴实、最简单的材料也能引发孩子的游戏兴趣和活动热情。

【案例 1-27】

转椅周围浅槽状的沙地上积聚了一摊雨水。三个男孩光脚踩着积水，推着转椅飞跑。其中一个趁势跳上转椅，脸朝外坐下，用脚掠过水面。教师注意到这三个孩子的游戏，观察了一会儿也脱下鞋袜，挽起裤腿，踩着积水帮孩子推着转椅跑。教师对这三个孩子看似"粗野"的玩法并没有加以制止，而是理解、接受了孩子自己的愿望：在转椅的旋转中体验和感受脚与地面上的水的高速接触，并以自身的行动对孩子的体验活动给予援助。

【案例 1-28】

三个男孩在空地上忙着用长条木板、废旧轮胎和废塑料食品箱搭桥，园长加入了其中。一个蹬两轮车的男孩驶到桥前停下来，好奇地观望着。"可以从上面过去啊！"园长指着刚搭好的桥笑眯眯地说。小男孩接受了建议。不一会儿的工夫，"小桥"就吸引了七八个骑着各种小车的孩子。桥上渐渐拥挤起来。搭桥的三个孩子中有两个也忍不住加入了过桥的队伍，但另一个似乎对搭桥更感兴趣。于是园长和他一起商量，着手对桥进行加长和加宽，并引导桥上的孩子顺利通过。原本只是建构性游戏，却因为其他孩子的加入而增添了新内容。园长的建议连接起了孩子们的游戏，使他们在群体活动中各取所需。

日本幼儿园的孩子之所以能够尽情、充分地在户外开展各种游戏，除了跟教师的教育观念、教育原则等密切相关外，一些辅助措施的运用也为户外活动的顺利开展提供了保障。比如，幼儿每天来园后，通常穿着便于运动的服装，在上衣外罩上统一的罩衣进行户外自由活动，一块写有幼儿名字的标记别在衣服胸前或袖子上；孩子在户外活动时戴上一顶布帽子（班级不同，帽子的颜色也不同），既可以遮阳、挡风，也便于教师根据帽子颜色识别在园中各处活动的不同班级的幼儿。

户外自由活动结束后，教师会及时帮孩子脱掉被汗浸湿的脏衣服，简单冲洗一下身上的泥沙，然后从里到外换上孩子从家带来的干净衣服。从户外入室内时必须换上室内专用的鞋。这样不管孩子在户外怎样玩泥、玩沙、玩水，都不会影响室内环境的清洁卫生。

7. 韩国幼儿园的课程设置与实施

韩国教育部1999年颁布了新的《全国幼儿园课程》，于2000年3月1日生效实施。《全国幼儿园课程》明确指出："幼儿园教育是促进幼儿全面发展，使幼儿掌握日常生活中所需的基本技能的基础性教育。"幼儿园的教育目标有五个方面：促进身心健康发展；帮助幼儿获得基本的生活习惯，培养与别人合作的态度；使幼儿学会以创造性的方式表达自己的思想和感情；使幼儿学会适当地使用语言；让幼儿学会独立思考日常生活中所面临的问题。幼儿园课程内容包括五个领域，即健康、社会交往、表达、语言和探究。

韩国课程大纲明确要根据幼儿的兴趣和发展水平恰当地选择实施内容；活动的安排要考虑季节和当地的条件状况；强调教育活动应当以游戏为中心，采用诸如陈述、讨论、观察、实验、调查、野营等方法，注重幼儿的参与性、兴趣，提供较多的直接经验。

【案例1-29】在韩国备受青睐的"森林幼儿园"

釜山国立大学附属幼儿园是韩国首家对幼儿进行森林生态教育的幼儿园。釜山市每年都会选派十几位具备专业生态知识的森林导师去5所森林幼儿园进行指导。一般幼儿园的幼儿可以申请组成20人的小班，在森林幼儿园接受1~2天的森林教育。

森林幼儿园开课时，孩子们身着户外服，在森林导师的带领下在林间徒步行走、玩耍。导师们还会教孩子们利用森林里的枝叶、花瓣等各种资源制作玩具或各种艺术品，培养他们的动手能力。

安全教育也是森林幼儿园的重要项目。哪些植物比较危险不能触碰、在森林里的防火常识及遇到突发事件的应急反应等户外活动注意事项，是教师们要给孩子们着重讲述的知识。韩国林区内很少有垃圾桶，但也看不到随意丢弃的垃圾，人们都用塑料袋将垃圾带回家分类处理。体验森林幼儿园项目的小朋友也被教育要注意保护环境，将垃圾随身带走。有时，家长也会被邀请一起参加森林幼儿园的亲子活动，通过与孩子的互动，加深对孩子身心状况的了解，增进感情。

釜山市民金文萱5岁的儿子曾参加过森林幼儿园的一日教育项目。一开始，她还担心儿子的安全问题，但在森林导师的带领下，儿子和小伙伴们玩得非常开心，回家后还很兴奋地向她展示了用林中落叶制成的书签。

参与项目前，金文萱的儿子喜欢待在家里看动画片，上了森林幼儿园之后，他常常央求妈妈带自己到森林间玩耍，性格更加活泼了，身体也更加健康了。

相关统计数据显示，2013年，共有45万名幼儿在韩国的141处场所进行了森林教育体验。韩国山林厅2013年新设立了8所具备游戏设施和安全设施的幼儿森林体验园，并计划到2017年在全国再设立250所这样的幼儿森林体验园。

专家认为，森林幼儿园所涵盖的教育领域是非常多元的。除了认知教育以外，还包括体能教育、艺术教育、感官教育、社会教育、健康教育和环境教育等。

韩国国立山林科学院博士河西永表示，森林幼儿园可使幼儿从幼儿时期就开始自然地了解人与自然的和谐关系，培养他们的求知欲和探索欲，是一种帮助幼儿身心全面发展的教育方式。

研究人员多年的跟踪调研发现，相比没有受过森林教育的幼儿，受过森林教育的幼儿在自信心、注意力、学习积极性、语言能力、交流能力、行为习惯、主动思考及身体素质方面更为突出。此外，森林教育对身患自闭症、焦虑症等心理疾病的幼儿也有很好的治疗效果。

但河西永同时指出，近几年来，韩国森林幼儿园的数量快速增加，但既具备专门科学知识、又能针对幼儿特点进行教育的森林导师人数却没有相应增加，今后专门机构应更注重这类人才的培养。此外，森林幼儿园的场地也应当进一步开拓，并开发更多适合幼儿身心发展的体验项目。

8. 澳大利亚幼儿园的课程设置与实施

从2009年5月澳大利亚国家课程委员会（Australian National Curriculum Board）颁布的国家课程总框架、第一批课程框架以及2011年1月颁布的第二批课程草案来看，澳大利亚幼儿园的课程设置主要呈现以下几个发展趋势：缩减课程内容，增加学习难度；加强课程整合，突出跨学科主题；重视多元文化，关注差异与平等；统一课程标准，确保儿童学习权利。新课程改革中，澳大利亚把八大关键学习领域作为幼儿园的主要学习课程：艺术、英语、健康和体育、外语、数学、科学、社会与环境常识、技术。课程理念坚持"以儿童为中心"；课程目标关注全面发展；课程内容突出基础性和实用性；课程结构强调综合性和灵活性；课程设计注重生成性和持续性。

20世纪90年代以来，墨尔本大学学前教育系附属幼儿园一直实施以幼儿为中心的自然生成课程，即课程是由教师、幼儿和家长共同建构的，通过"自然生成"的教学活动，促进幼儿认知、体能、社会性和情感方面的发展。与传统的以教师为中心的教学方法相比，"自然生成课程"最大的特点就是承认幼儿在选择教学内容和教学方法过程中的积极作用。它要求教师安排适当的时间和场所听取幼儿讲述自己的想法、意愿和生活经历，并以此作为设计课程的出发点。这样课程设计无论在内容、形式还是教学效果上都可能是事先无法计划，甚至无法预料的。现以"古埃及人"主题生成活动为例，介绍自然生成课程的实施。

【案例 1-30】活动主题的生成

比利是墨尔本大学学前教育系附属幼儿园中班的小朋友，在他4岁生日那天，祖父将一本有关古埃及的书作为生日礼物送给比利。第二天，比利把这本书带到幼儿园，想让老师和小朋友看。刚开始，四五个小朋友和比利挤在一起翻看，他们对书中的内容很感兴趣。而教师本来没有打算选取"古埃及人"作为教学内容，因为她自己对这部分内容的了解并不多。但是当她看到孩子们如此感兴趣时，她还是问道："你们愿意知道更多一些吗？我愿意帮助你们。"于是，一个新的课程开始了，越来越多的小朋友被吸引到有关"古埃及人"的学习中。此后，这个课程在这个班延续了将近一年的时间。

从案例1-30中可以看出，教师并没有预先设计"古埃及人"这一课程主题，促进教师展开这一主题活动的是幼儿的"兴趣点"，即班上这位小朋友随身带到幼儿园的一本图画书。

【案例 1-31】活动目标的生成

在学习过程中，教师带领孩子们用沙土建造各种各样的金字塔，学习物体的不同形态，有的孩子甚至可以在纸上画出有立体感的金字塔。他们尤其感兴趣的是图片上的木乃伊以及他们的头饰，于是教师又教他们画头饰，并按自己的意愿涂上不同的颜色。最后，教师组织孩子们用大型积木和纸箱建造金字塔中的密室和通道。孩子们从"长长的通道"钻"密室"，又穿过"层层密室"，再从通道的另一端爬出来……孩子们快乐极了！

随着活动主题的转变，教师自然地将活动的目标转到使幼儿了解古埃及人的历史和文化上来，具体目标是：通过画"木乃伊的头饰"并涂上不同的颜色，幼儿学会了观察，获得了有关绘画的技能技巧；通过建造"金字塔"、钻爬"密室和通道"，幼儿锻炼了体能和身体协调性，同时培养了探险精神。

【案例 1-32】活动材料的生成

我们看到，当全班的幼儿都围绕古埃及人参与各种各样的活动时，也有个别幼儿在玩其他游戏。比如，其中一个幼儿借用投影仪往墙上打手影——当教师看到他对这种游戏感兴趣时，就特意准备了投影仪并在教室为他安排了一块场地。案例同时包含活动材料的生成，即另一个"生长点"：探究影子的形成。

"图画书"和"投影仪"等活动材料都是根据幼儿的兴趣和需要而临时生成的，教师的鼓励和支持使幼儿的生成活动朝着纵深的方向发展。

二、我国幼儿园课程模式

20世纪初，我国的幼儿园开始建立，从教育内容、方法，到设施和玩具，幼儿园课程主要照搬外国的教育模式，先效仿日本，后仿效西方。我国一些教育家洞察了幼儿园教育照搬国外所带来的弊病，开始着手研究本国的幼儿教育，从幼儿园课程改革入手，使幼儿园教育科学化、本土化。

（一）当代中国幼儿园课程发展趋势

当今世界进入了信息化时代，这给教育带来了机遇，同时也提出了挑战。面对新的世纪、新的时代，我国幼儿园课程改革呈现出以下的趋势。

1. 幼儿园课程管理多元化、自主化

全球化趋势和教育的多元化发展方向，使幼儿园课程在管理层面上应该而且必须走向多元化和自主化。中国地域广大，经济和文化发展不平衡，教育资源不均等，要在全国范围内实现课程的统一性和标准化是不切实际的。同时，国家课程改革的基本导向强调满足幼儿的兴趣和需要，让每一个幼儿在原有水平上得到发展，只有多元化、自主化的课程管理才能保证课程改革朝此方向发展。《幼儿园教育指导纲要（试行）》（简称《纲要》）规定了总的教育目标、教育内容和实施原则，要求地方政府制定指导意见，由幼儿园根据自身情况确定自己的课程。因此，我国的幼儿园课程改革朝着多元化、自主化的方向发展。

2. 幼儿园课程改革更多地将立足点放在幼儿一边

在充分顾及中国社会文化背景和知识性质的前提下，我国的幼儿园课程不仅在理念上，而且在实践上更多地将立足点放在幼儿一边。尊重幼儿活动的权益、满足幼儿的需要、关注幼儿活动的过程、关注每一个幼儿在原有水平上的发展已成为共识，同时幼儿园也会运用适合幼儿的方式，将社会认定的有价值的知识和技能传递给幼儿。近二十年来，幼儿园课程改革的经验和教训使我国的学前教育工作者逐渐懂得如何摆脱传统思维方式，有效地将理性认识演绎为教育实践。例如，在教育实践中，课程改革已将注意力放在处理好幼儿生成的任务和教师预定的任务之间的关系等方面，在此基础上，一些既适合中国社会文化背景，又有利于幼儿发展的课程必然会不断地涌现。

3. 0～6岁学龄前幼儿教育课程一体化

脑科学研究的新进展让人们认识到0～3岁是人一生发展最为迅速和关键的时期，是开发人的潜能的最佳时期。世界上不少国家都有协调主管0～6岁幼儿的保育和教育的各种机构，使0～6岁幼儿的保育和教育能得到一体化的管理。我国近年来由于出生率的下降，以及幼儿园教育服务功能的扩大等因素，一些幼儿园开始招收3岁以下的幼儿，并以亲子学苑、家长学校等形式服务于幼儿和家长。尽管我国一直以来认为幼儿园课程是为3～6岁在幼儿园接受教育的幼儿设计的课程，但由于以上的种种原因，幼儿园课程开始向下延伸，为3岁以下的幼儿和家长服务，使0～6岁幼儿的教育出现了一体化的趋向。0～6岁学龄前幼儿教育课程的一体化，使原本以养育为主的0～3岁幼儿教育模式转化为保育和教育相整合的教育模式，也使0～3岁和3～6岁这两个年龄段之间产生了自然衔接。

4. 幼儿园课程与社区教育和服务相融合

我国幼儿园的发展有逐渐依托社区发展的趋向。社区的服务功能正在扩大和加强，社区资源的综合运用正在受到关注。幼儿园依托社区、融入社区，其价值不只是限于运用社区资源，更重要的是在更宏观的层面上加强了学龄前幼儿及其家庭的教育和服务，而这种教育和服务是全方位的、多层次的和多功能的。幼儿园课程与社区教育和服务相融合会给我国幼儿园课程改革带来新的思路和发展契机。

在未来的时代，每个人都必须以自己的方式去适应和改造变化多端的世界。知识性质的变化，使教育不再将价值放在知识的传递和积累上，而是将价值放在知识的共同建构和创造上，放在人文精神的加强上。换言之，教育要让幼儿学会生存、学会学习、学会生活；教育不但要将人培养成为成功的人，而且要将人培养成为幸福快乐的人。

(二) 我国幼儿园课程模式

我国学前教育的发展相对较晚。1903 年秋，湖北武昌诞生了第一所公立幼教机构——湖北幼稚园（现湖北省实验幼儿园）。1904 年颁布的《奏定学堂章程》设立了专管学前教育的"蒙养院"，在我国历史上第一次把学前教育列入正规的学制之中。1922 年制定的壬戌学制把实施幼儿教育的机构称为"幼稚园"，确立幼稚园教育制度。我国幼儿园课程模式具有代表性的时代有三个，分别是 20 世纪 20 年代至 30 年代、50 年代和 80 年代至今。

1. 20 世纪 20 年代至 30 年代的幼稚园课程模式

在 1919 年的新文化运动中，我国一些教育家受西方教育思想影响，提出了幼儿园教育科学化、中国化的主张，主要代表有陈鹤琴、张雪门。

(1) 陈鹤琴的"五指活动"课程。

1923 年，陈鹤琴先生在南京创办鼓楼幼稚园，开始了他探索中国化幼儿教育的改革之路。陈鹤琴先生曾留学美国，师从克伯屈、孟禄、桑代克等名师，深受美国进步主义教育思想的影响，反对传统的灌输式教学。他针对当时国内幼儿教育的弊端，提出了"活教育"的理论体系，作为其课程编制的基础。以"做人，做我国人，做现代我国人"为目标，以大自然、大社会为中心选择和组织课程内容，以"做中教、做中学、做中求进步"为课程的实施方法。

陈鹤琴认为大自然、大社会提供给儿童的知识是最为生动的、直观的和鲜明的，没有人为的扭曲，切合儿童的生活实际，能激发儿童的兴趣，容易被儿童所接受和理解，因此编制了所谓的"五指活动"：

健康活动：饮食、睡眠、早操、游戏、户外活动、散步等。

社会活动：朝夕会、周会、纪念日、集会、每天的谈话、政治常识等。

科学活动：栽培植物、饲养动物、研究自然、认识环境等。

艺术活动：音乐（唱歌、节奏、欣赏）、图画、手工等。

语文活动：故事、儿歌、谜语、读法等。

陈鹤琴认为，虽然这五种活动是分离的，但它们就像人的 5 个手指一样，构成了具有整体功能的手掌，即"五指是活的，可以伸缩，互相联系""课程是整个的、连贯的。依据儿童身心的发展，五指活动在儿童生活中结成一个教育的网，有组织，有系统，合理地编织在儿童的生活上"。

陈鹤琴强调"做"，为的是确立儿童在教学中的主体地位。陈鹤琴说，"凡是儿童自己能够做的，就应该让儿童自己做""凡是儿童自己能够想的，就应该让儿童自己想""你要儿童怎样做，就应当教儿童怎样学"。

陈鹤琴先生的五指活动课程的思想、观点和方法，对我国现阶段幼儿园课程改革和编制仍有借鉴与指导意义。我国20世纪80年代中期开始的幼儿园课程改革中形成的"幼儿园综合主题课程"，就是对陈鹤琴先生的五指活动课程的继承与发扬。当然，五指活动课程也有一些局限性，如在理论层面虽然努力避免课程中的知识中心倾向，但在实践层面仍然比较注重教材，对幼儿的注重程度不足；尽管陈先生一再强调五指活动课程中的"五指"不是五个学科，应整合成一个有机整体进行，但在推行时仍被误解而分科进行，这是我们在借鉴时应注意的。

（2）张雪门的"行为课程"。

张雪门，浙江宁波鄞县（今为鄞州区）人，早在20世纪三四十年代，他就与我国的幼儿教育专家陈鹤琴先生有"南陈北张"之称。他一生潜心研究幼儿教育，针对当时幼稚园以教材为中心的状况，提出了行为课程的基本思想"生活即教育""行为即课程"。行为课程"完全根据生活，它从生活而来，从生活而开展，从生活而结束""儿童先有了生活，然后有教材的需要；不是有了教材，再去引导儿童在生活中做机械的反应""课程未经行为的活动，其所得到的经验，不过是表面的、机械的，绝不是有机的融化"。

行为课程的内容来源于儿童的直接获得。张雪门先生认为，教材在儿童生活上的功能是一种开始，而不是结果。作为教材的经验来源有三个方面：一是个体本身发展而得，即儿童自身发展中所进行的一些活动；二是和自然环境相接触而得，即儿童周围生活中一切有关自然界的事物与知识，如植物、动物、旅行，儿童接触各种自然现象的活动；三是与社会环境交际而得，即与儿童现在生活与未来生活相关的社会生活知识，如家庭、邻近的地方、各种职业活动等。行为课程具体的科目包括手工、美术、言语、常识、故事、音乐、游戏和算术。由此可以看出，行为课程的内容就是儿童周围生活的自然环境与社会环境中能为儿童所接受并有助于其身心发展的各种经验。

张雪门先生认为，幼稚园课程的组织与中小学、大学有所不同，具体有三点：第一，整体性。幼稚园的课程应是整体的，不应是分科的，是"一种具体的整个活动"。第二，偏重于儿童个体的发育。教育既要适合儿童身心发展的需要，也要培养儿童成为符合社会需要的人，而在幼稚园阶段，教育应偏重个体发展。"幼稚生时期，满足个体的需要，实甚于社会的希求……"。第三，注重儿童的直接经验。张雪门认为，直接经验具有生动、切实的特点，虽然它与间接经验相比，显得零碎和低层次。

幼稚园行为课程是张雪门先生一生实践与智慧的结晶，也是他与同事们在长期的教育实践中集体工作的结果。行为课程体现了教育生活化、生活教育化的基本理念。它采用单元设计教学法，以行动为中心，通过动机、目的、活动、活动过程与工具材料等环节进行，它的实施是一个有计划、有组织的过程。

张雪门先生创立了当时幼稚教育崭新的课程模式，对当前的幼儿园课程改革有一定的借鉴价值与启发意义。

2. 20 世纪 50 年代的幼儿园课程模式

1949年10月，中华人民共和国成立，在教育全面学习苏联的背景下，学前教育也全盘接受了苏联的理论和实践经验。教育部于1952年制定的《幼儿园暂行规程》和《幼儿园暂行教学纲要》规定了幼儿园接收3~7岁的幼儿；幼儿园课程有体育、语言、认识环境、图画手工、计算、音乐6科，不进行识字教育。教育部同时颁发了各科教学纲要，建立了分科课程模式（20世纪50年代，我国的学前教育虽然不再使用课程一词，但实际上反映的是苏联教育学对课程的狭义理解，即把课程看作学科，通过幼儿园各科的教学对幼儿实施教育）。学科课程重视集体教育，否定了"单元教学法"，这种注重结果、容易操作的学科课程体系迎合了当时的需要。

3. 20世纪80年代以来的幼儿园课程模式

20世纪80年代以来，随着改革开放的不断深入，国外先进的教育思想和课程理论不断地被引入我国，我国幼教工作者结合学前发展的历史进行了反思。幼儿园课程改革从各地开始，各地自发进行试验，形成了现今我国多种形式的课程模式。

1979年10月教育部颁发了《幼儿园教育纲要（试行草案）》，将1952年的"幼儿园教学"改为"幼儿园教育"，并就此编写了配套教材和挂图，分别于1982年由人民教育出版社和上海教育出版社出版，这是中华人民共和国成立以来第一次全国统编幼儿园教材。1989年6月和1996年国家教委分别制定并颁布了《幼儿园工作规程（试行）》和《幼儿园工作规程》，至此，课程多样化格局初步形成。

2001年6月29日教育部颁发了《幼儿园教育指导纲要（试行）》，为幼儿教育和课程改革指明了方向，以"幼儿为本"的教育理念正在成为所有幼儿教育工作者的共识。2012年10月9日教育部正式颁布起着导向性和引领性作用的《3~6岁儿童学习与发展指南》（简称《指南》）。《指南》的制定工作经过了四年多的时间，是研制组在对全国3~6岁儿童学习与发展状况进行深入调研的基础上，面向全国幼教界、家长和全社会多次征求意见，通过和全世界几十个发展中国家相互学习与借鉴，并获得国际一流专家持续的技术性支持完成的。它的颁布使我国当前的幼教工作突飞猛进，又上了一个新的台阶。

目前我国幼儿园课程模式归纳起来大体分为：综合主题活动、游戏化课程、领域课程、方案活动。

相关链接　　　　**用适宜的材料鹰架师幼发展**

幼儿园的游戏活动区域，是幼儿园课程与活动的重要组成部分，也是贯彻落实《3~6岁儿童学习与发展指南》（以下简称为《指南》）目标的有效途径。那么，在今天的幼儿园环境和课程建设中，我们如何进一步认识游戏活动区域的内部关系，如何进一步创设良好的游戏活动区域环境呢？

近期，华东师范大学教授周兢、副教授柳倩和广西师范大学教授侯莉敏、讲师吴慧源等学者组成的团队，对幼儿园游戏活动区域玩具与材料配置进行了研究，《中国教育报》记者特邀团队核心成员介绍最新研究成果。

材料是鹰架师幼发展的桥梁

记者：为什么要重视游戏活动区域的玩具与材料配置？这些物质材料跟幼儿游戏的关系是什么？

周兢：我们认为，任何游戏活动区域，从学前教育的角度去分析，都必然存在着儿童、教师和资源（游戏玩具和材料）三个方面共存的关系。可以说，游戏活动水平的提升，与游戏活动区域资源配置关系极大。研究者不仅要考虑支持孩子的学习，也需要考虑支持教师的教学，因为那些游戏活动区域的玩具与材料，实际是鹰架幼儿发展与教师发展的桥梁。

教师是游戏活动区域组成的重要因素。一方面，借助于游戏材料的桥梁，教师可以将教育意图自然地传达，萌发儿童的游戏兴趣和游戏行为，以推动儿童的发展；另一方面，儿童又通过与材料的互动，及时向教师反馈发展的水平，以促进教师的反思和进一步的专业探索。因此，给幼儿创设适宜的学习情境，首先要给幼儿提供丰富的、适宜的材料，让幼儿以适宜的形式与材料展开互动，获取多方位的经验，进而促进幼儿的学习和发展。

记者：有的教师难免会质疑，游戏是强调幼儿自主性学习的活动，如何处理教师"有准备的教"和儿童"主动的学习"之间的关系？

侯莉敏："有准备的教"不是随意发生的，它一定是有目的、经过精心设计的。一名有准备的教师一定能通过自己的知识、判断力和专业技能为幼儿组织学习经验，当任何意外情况出现时，都能发现教学契机并能利用这种机会合理地组织教学。所谓"主动的学习"，是指儿童通过亲眼去看、亲自去尝试，通过与人、材料、事件和观点互动获得直接经验，主动进行自我建构的过程。

在儿童主导的学习经验中，教师能够有准备地"教"，在教师主导的学习经验中，儿童也能够积极参与其中。所教与所学并不对立，只要在教师主导下的学习和孩子的自主学习之间找到平衡点，就能够给儿童提供更优质的教育。在区域游戏活动中既强调儿童的自发自主，又强调教师的支持和指导；既强调儿童的生成与发展，又强调教师的预设与准备；既强调自主游戏，又强调有目的的游戏：这是我们在这项研究中形成的核心观点。

基础、拓展、创意三类材料不可少

记者：那么，在当前我国幼儿园游戏活动区域的玩具与材料配置方面，你们有什么具体想法？

周兢：为适应我国幼儿园不同经济发展区域、不同类型水平的共性要求，为了能够给大部分幼儿提供普惠性质的、丰富适宜的游戏活动区域玩具与材料，我们建议在近阶段研究配置三种类型的区域材料。

第一，要考虑基础材料，即幼儿开展各种游戏区域活动必需的材料；第二，应当有一些拓展材料，即结合儿童具体游戏主题或区域活动大类内容提供的各种辅助材料；第三，还应当有相当部分的创意材料的存在。

记者：比如，自主性游戏区的玩具与材料配置，考虑到这三类材料，具体要关注些什么问题？

周兢：儿童自主性游戏传统上受到比较广泛的重视。这一大类游戏包括儿童角色游戏、建构游戏和表演游戏等。

以建构积木游戏为例。基础材料是指幼儿开展建构活动所必需的单位积木。原木色以及倍数关系的低结构特征，使其可以引发幼儿各种建构行为。幼儿用这些积木平铺、垒高、围合、架空等，体验着做小小建筑师的乐趣。

拓展材料的投放可以结合幼儿园的课程主题，也可以兼顾儿童当前的学习兴趣与经验，以游戏主题内容方式提供，例如开展"城市"主题时需要的任务模型，开展"交通"主题时需要的各种汽车、标志模型。教师可以考虑提供主题特征较为鲜明的拓展材料，便于激发幼儿结合材料的功能和特征，拓展游戏情节，增加游戏主题的复杂性。

在积木游戏中，创意材料是一种结构性低的辅助材料，可以根据游戏的发展情况由幼儿自发寻找，或者由教师与幼儿自主制作，例如美工类材料、废旧材料、自然材质材料等。我们可以观察到中班幼儿在搭建高楼的时候，用手工纸剪一扇"窗"贴在造好的高楼上；我们也可以观察到大班幼儿将各色彩泥黏在大楼楼顶，表示高速公路服务区楼顶的彩灯。这些创意材料通常更好地反映了幼儿的生活经验，表现出儿童为了搭建更具建构细节的作品而发挥的想象能力。

科学区：在幼儿兴趣和关键经验间建立联系

记者：在有目的的游戏如科学区材料的配置问题上，教师如何追随幼儿的科学探究兴趣进行材料投放？

侯莉敏：与角色游戏、表演游戏等自主性游戏中发散性的兴趣不同，科学区幼儿的兴趣是聚焦型的，随着活动开展的时间进程不断深入，他们会由最初漫无目的地探究、尝试、边想边做慢慢过渡到对几个问题感兴趣，然后有目的、有计划地先想后做。

我们需要弄清楚，探究兴趣、探究能力和科学经验非但不矛盾，还恰恰不能割裂。因此，科学区材料配置的关键点是在幼儿的兴趣和关键经验之间建立联系，教师必须了解和把握幼儿应该获得的关键经验，把它物化在适宜的材料及其结构之中。

也就是说，当幼儿对某个事物或现象表现出兴趣时，教师要善于从幼儿提出的问题中进行总结，提炼出这些问题指向的科学经验，再把这些科学经验与幼儿的年龄特点、已有经验进行比对，进而思考要获得这些科学经验，需要以哪些探究方法为途径，再提供相应的材料。

记者：科学区的材料具有什么特点？教师投放时应注意什么？

侯莉敏：从科学领域来说，科学是包罗万象的，每一个科学现象的引发所需要的材料各不相同。因此，我们不妨换一个视角，从幼儿科学探究行为发展的角度进行思考。

以"多米诺"游戏为例。该游戏主要指向"力的传递"科学经验，在投放基础材料时，不应局限于多米诺，所有能引发这一经验的材料都可以使用，如有一定重量的实木积木、叠叠高等。随着探究的推进，幼儿对于力的传递引发的物体运动越来越感兴趣，有的幼儿开始探究不同摆法对多米诺倒下后运动方向的影响，这时就可投放拓展材料——"多米诺机关十件套"，使幼儿进一步综合感知重力、力的作用与物体运动的关系、摩擦力、惯性等物理现象。在探究过程中，幼儿可能产生许多疑问——"我摆的多米诺有多长？""多米诺能让玻璃弹珠滚动起来吗？"……为了支持幼儿亲自验证他们的疑问，教师可以和幼儿一起讨论收集绳子、尺子、秒表、弹珠、胶带等辅助材料。

益智区：观察幼儿表现，及时跟进与调整

记者：从字面上看，益智有开发智力的含义。通过与益智材料的互动，真的能促进幼儿思维能力的发展吗？

吴慧源：可以肯定地说，丰富多样的益智游戏既蕴含了成人对幼儿成长的要求与期待，也影响着幼儿的思维发展。例如，在益智游戏的棋类活动中，当幼儿不满足于已有的棋谱或筛子带来的游戏体验时，他们甚至会自绘棋谱、设计规则，创造出数字筛、颜色筛、形状筛、点子筛、文字筛等丰富多样的游戏材料，他们在游戏过程中最大限度地展示着自己的创造性，并促使这种创造性迁移到其他活动中去。

记者：在投放及使用益智区材料时，如何实现由浅入深、由易到难的过渡呢？

吴慧源：这就需要教师在材料投放及使用的过程中，对接幼儿的已有经验，并通过观察幼儿的表现，及时跟进与调整材料或玩法。以益智区拼图游戏的七巧板为例。七块不同形状的板可拼成各式各样的图案，这就能够给予幼儿连接实物与形态之间的桥梁，对于培养幼儿辨认颜色、领悟图形的分割与组成，提升其观察力、任务意识等具有重要意义。在材料不变的情况下，教师完全可以通过从自由造型、依图造型过渡到以影造型，从单人游戏过渡到双人或多人游戏，从平面建构过渡到立体建构等方式，不断增加游戏的任务难度，给予幼儿挑战。

记者：在任务性极强的益智游戏中，教师作为幼儿的引导者和支持者，如何更适当地介入呢？

吴慧源：过度介入会影响幼儿独立思考，剥夺幼儿的探索空间，不介入则容易导致幼儿的焦虑和暴力行为。那么，这就需要教师展开有效的观察，根据幼儿的表现判断幼儿的游戏水平、面临的实际问题和需要的帮助，适时、适宜地介入指导。当然，游戏指导过程中把握一定的应对策略也是非常重要的。例如，一些游戏材料具有较高的挑战性，个别幼儿总是不愿意尝试，教师就应及时分析是材料确实超出了幼儿的实际能力，还是材料的玩法没有符合幼儿的接纳程度，等等。一旦确定了产生问题的原因，就可以采取更有针对性的策略帮助幼儿解决问题。

运动区：配置玩法多样的适宜器材

记者：《指南》将学前儿童粗大动作发展的目标聚焦于身体素质，创设运动区时应该如何考虑提高身体素质的目标？

柳倩：身体素质是开展区域运动游戏的出发点和落脚点。一般来说，可以通过创设不同运动区实现发展多种身体素质的目标。运动区中既要有主要发展平衡、灵敏、协调等素质的走跑区、骑行区、平衡区、球区等，又要有主要发展力量、耐力的拖拉区、悬吊区等。同时，考虑不同年龄身体素质的差异性，如小班平衡区中可以提供地面走线、不同高度的凳子、四轮车等器材，中大班的平衡区中可以提供高跷、两轮车等器材。

同样的运动器材，随着环境、玩法的改变，能够使幼儿的运动方式发生变化，促进不同身体素质的发展。因此，可以通过配置玩法多样的器材、引导幼儿尝试多种运动方式，从而引起身体素质发生改变。

记者：教师在配备运动器材时，需要遵循哪些基本原则？

柳倩：教师在配备运动器材时，第一要考虑安全性。一般器材会采用木质、塑料（泡沫塑料）、布质或棉质的材料。木质接触面要光滑。

第二要考虑适宜性。依据幼儿身心发展的特点，教师应注意运动器材投放的种类、规格、材质、数量、难易程度等的适宜性，让幼儿能按照自己的运动能力发展水平和兴趣选择器材，以满足不同幼儿的需要。在种类和数量上，投放的运动器材不宜过多或过少，过多会分散幼儿注意力，过少会使某些幼儿无法顺利进行运动，影响幼儿的运动兴趣。在难易程度上，给年龄小的幼儿提供结构性较强的器材，避免选择过小过细、结构功能复杂的器材；为年龄稍大的幼儿提供功能较复杂、能够尝试多种玩法的运动器材。

第三要考虑文化性。教师在运动区域中投放器材时，还应适当考虑投放一些融入中国传统文化元素的运动器材，如滚圈、高跷、短绳等，让幼儿在潜移默化中受到中华文化的熏陶，增强民族归属感和自豪感。

议一议

1. 利用本课学到的知识分析下面案例中教师扮演的是什么角色。

【案例 1-33】彼得玩玩具车

彼得已经发现，在他按住玩具车并将它向后拖动之后，一松手，玩具车就会自动向前行驶。一块塑料板的一端被搁在三块平木板上，构成一个塑料斜坡，彼得试图使上了发条的玩具车冲到这个斜坡的顶端，但这辆玩具车并没有冲到顶端。他重试了一次，情况并没有发生任何改变，然后他又试了一次。在做第四次尝试时，他将玩具车向后拖得更远，似乎是为了使发条上得更紧。结果玩具车恰巧在斜坡顶端停住了，没有到平台上。他重新将发条上得更紧，但结果一样。这时，他暂停尝试，去观察斜坡的一端是如何搁在三块木板上的。他移走了其中一块木板，因而降低了斜坡的坡度。而后他胸有成竹地使玩具车冲了出去，看到玩具车上了斜坡的顶端并且冲到平台上。期间老师只是看，没有进行任何指导。

【案例 1-34】

时间是早上 9：23，地点是 3 岁儿童的教室，早上的会议刚结束。在这个会议上，老师已经告诉了整个班级今天早上的活动，这些活动的主题都与他们目前所关心的"春天"有关。

会议结束后，一位老师带了 8 个儿童去学校广场做黏土。另外一位教师则留在教室里看剩下的 12 个儿童活动。她不断地鼓励儿童去进行某项活动，然后她在每个小组中花一些时间帮助儿童开始学习活动。例如，老师向一个 4 人小组介绍材料："摸摸看，这张纸跟其他纸是不一样的。""它是凉的，"一个孩子说。"它是凉的。"老师说，"它是凉的，不过这一张纸和其他纸还有一些不同。"

她从一张桌子走到下一张桌子，看着那些还没准备好的儿童，问："你们是想要在小工作间中用绿色的纸做东西呢，还是想要用剪刀和胶水呢？"

她又走到了另外一张桌子旁，有两个儿童坐在那儿，他们面前摆着一些白纸和一个个装着叶子、花瓣的小篮子，这些叶子和花瓣都是今天早晨采来的。老师说："看，这是什么？你们找到了绿叶和草，还有今天早上摘来的花。如果喜欢的话，可以把它们贴在纸上。一张纸不够贴的话，可以在它右边再放一张，好不好？"当老师离开后，儿童玩得很快乐，他们彼此交谈："你想要这个吗？""我也拿这种。""看这个多漂亮。"

9：26 老师回来看时，赞美地说："我非常喜欢这个。你还可以再多用一张纸。如果你们还想要什么东西，跟我说。"……

【案例 1-35】

有一个小朋友已经连续三天制订玩消防皮带的计划，教师在帮助他丰富、充实自己的计划时，尝试了以下一些方法：

①问幼儿什么东西容易着火，然后建议他把容易着火的东西找出来或制作出来；

②建议他假想娃娃家或积木区着火了，需要扑灭；

③为了让幼儿更好地了解消防队工作，教师决定尽快给幼儿组织一次到消防队参观的活动。在参观活动后，可以组织孩子玩扮演消防队救火的游戏。

2. 从教师对幼儿活动的控制程度分析下面三个活动分别属于什么游戏。

【案例 1-36】

早晨户外活动，小、中、大共五个班来到操场上。操场上既有固定的运动设施——大型多功能组合性以及单一功能的运动设施，也有各种可移动的运动器械——可任意组合的宽窄高低不等的平衡木、球类、拖拉玩具、轮胎、大大小小的木箱和纸板箱、投掷物、小车等。孩子们选择自己喜欢的项目活动起来，打破了班级的界限、场地分块的界限、活动内容的限制，教师则以定点与流动相结合的方式进行观察与指导。

【案例 1-37】

中班户外活动，活动内容为玩轮胎。孩子们可以任意搬弄二十几个轮胎：有的滚轮胎，有的叠轮胎，有的钻轮胎，有的将轮胎排成队用来练跳跃，有的把轮胎组合起来搭成碉堡，有的把轮胎当成轮船，等等。孩子们自发地想出了十几种玩轮胎的方法，教师则顺着孩子的玩法加以指导。

【案例 1-38】

小班户外活动，活动内容为跨轮胎。教师将二十几个轮胎排列成多种形式，要求孩子们模仿教师学习跨轮胎，教师则个别指导孩子如何保持身体平衡，如何交替、并列使用双脚，如何使脚不落地，等等。最后，幼儿戴上头饰，手持小篮，跨过一条轮胎路去拔萝卜。

练一练

(1) 国外幼儿园课程的发展趋势是怎样的？
(2) 从英国、德国、意大利幼儿园的课程设置和模式中，你学到了什么？
(3) 从美国、加拿大幼儿园的课程设置和模式中，你学到了什么？
(4) 从日本、韩国幼儿园的课程设置和模式中，你学到了什么？
(5) 从澳大利亚幼儿园的课程设置和模式中，你学到了什么？
(6) 我国幼儿园课程发展有怎样的趋势？
(7) 简述陈鹤琴先生的"五指活动"课程及方案。
(8) 简述张雪门先生的"行为课程"及方案。

做一做

(1) 实地参观本地幼儿园，观察幼儿园课程的内容及实施方法，并用实例说明在活动中幼儿和教师所充当的角色。
(2) 参观某一幼儿园，说说它所采用的是何种课程。

第二单元

幼儿园课程的组织与实施

单元介绍

本单元在《指南》的引领下，联系案例，从宏观上对幼儿园教师应持有的教育理念进行一一解读；针对当今幼儿园教师理不清的各种教育活动之间的关系进行说明，并就主题引领下的高结构化教学活动的设计、目标的表述要求、内容的组织及实施策略，结合实例分条进行阐述，以幼儿为本，以便教师更好地组织实施各种教育活动；方案活动是我国幼儿园未来发展的趋势，本单元就方案活动进行了说明。

知识目标

树立科学的教育理念，掌握目标的表述要求。

能力目标

会设计、组织和实施幼儿园各种教育活动。

情感目标

喜欢孩子，愿意以孩子能接受的方式实施教育。

第一课　幼儿园课程实施的理念

情境案例　　　　　　　　你向孩子问了什么？

当您把孩子从幼儿园接回家时，问孩子的第一句话通常是什么呢？有人曾经做过调查，将中外父母的问话进行了对比：

在中国，父母把孩子接回家时说的第一句话通常是：

今天幼儿园吃什么了？

你们今天学什么了？

有人欺负你吗？

今天老师布置作业了吗？

国外父母问孩子的第一句话通常是:

今天你快乐吗?

今天有什么有趣的事吗?

你有什么作品吗?

今天和大家玩得高兴吗?

点评: 不同的问话体现了不同的教育观念和方法。中国的父母较多地关注孩子的生活情况和学习情况,而国外的父母则把注意力更多地放在孩子的情绪、情感、兴趣、能力及孩子自身成功感的建立和与伙伴的交往上。前者的关心本来是无可厚非的,但忽视了幼儿情绪情感的变化、成功感的建立等,可能会让孩子自己对生活和学习过程产生更多的关注。而后者的问话,更容易让孩子有倾谈的欲望,有表达的意愿,会让孩子对自己的作为有所感触,并且会对今后的幼儿园生活产生向往之情。

《指南》提出幼儿各年龄段学习与发展目标和教育建议,旨在指导幼儿园和家庭实施科学的保教实践。该指南在其"说明"中提到"关注幼儿学习与发展的整体性""尊重幼儿发展的个体差异""理解幼儿的学习方式和特点"等,鲜明地传达出教师应具有遵循儿童学习与发展规律和特点的根本立场与专业意识。这里的"关注""尊重""理解"所指的就是教育工作者应如何对待童年及其身心成长的特殊性。由此,幼儿园教师教育教学行为的发出与掌控是否是科学的、适宜的、合理的、规范的,是否是有质量的、有水准的,在根本上取决于幼儿园教师对待儿童的态度与方式是否尊重并适应了儿童特殊的学习方式与发展特点。

就实践的操作层面和教育职责的具体践行来说,学前教育和幼儿园教师职业的专业性就是根植于以儿童为本位、以成长为依据、顺应童年状态的价值立场与策略性原则之中。

一、尊重儿童的人格和合法权利

首先,尊重是一切教育的基础,也是现代教育的基本价值尺度之一。"尊重幼儿人格"就是要将幼儿视为平等的人格主体予以尊重。《儿童权利公约》的基本精神就是强调幼儿不仅是被保护和教育的对象,而且是具有积极性和主动性的"权利主体"。

幼儿园教师对幼儿人格的尊重体现在三个层次:第一个层次是幼儿园教师要认识到,幼儿虽然年龄小、思维不成熟,但也是一个有着自己想法、观点的能动个体,幼儿的人格、观点和想法以及权益应该受到尊重和重视;第二个层次是幼儿园教师要将幼儿的想法和观点、权益作为自己设计、组织教育活动的起点和依据,教师所采取的教育教学行为不能无视甚至损害幼儿的合法权益;第三个层次是及时制止不尊重幼儿人格、侵害幼儿权益的行为和现象,或依靠自己的能力向相关部门反映,用自己的实际行动保护幼儿的人格和合法权益。

其次,幼儿有自己的权利。他们具有生存权、受保护权、受教育权、游戏权等合法权益。任何遗弃幼儿,拒绝残疾儿童入园,挤占幼儿游戏时间,用"不准玩"惩罚幼儿,偏爱一些幼儿、歧视另一些幼儿等行为,都是对幼儿权利的侵害。幼儿和成人一样,他们有生存、安全、爱与尊重等需要,只有这些需要得到满足后,他们才能萌发好学、好问、尝试、探索、追求成功的需要。因此,我们要坚持正面教育,严禁体罚,用平等的态度和幼儿说话,爱每一个幼儿。

【案例 2-1】画家的诞生

法国有个孩子从小就喜欢画画，14 岁时已小有成就。父亲带他去见好友毕加索，想让大师收他为徒。毕加索看了他的作品后，拒绝了。

毕加索说："如果您想让孩子成为一个真正的画家而不是毕加索第二，您就把他领回去，让他自己去创作，他很有前途。"

大约 40 年后，当年那个孩子的一幅画作第一次进入苏富比拍卖行就拍到了 160 万英镑，他成了有名的视幻艺术派的鼻祖。

另一个画家出自中国，他也从小喜欢画画，少有所成。他的父亲又恰巧与国画大师张大千是好朋友。恰好也在他 14 岁时，父亲带他及他的画作去见大师。张大千看了这个孩子的画作后，欣然收他为徒。

也是大约 40 年后，这位张大千弟子的画作也进了苏富比的拍卖行，并且有一幅画被拍到 30 万人民币。

就这样，在 20 世纪几乎同一个年代，法国美术界多了一个开创新流派的大师级画家，中国美术界多了一个大师的真传弟子。

案例 2-1 说明，只有尊重一个人所拥有的一切权利，这个人才能成为真正的自己。

二、尊重儿童发展的全面性和差异性

儿童发展的全面性包括两个方面。

一是教育要适合大多数幼儿的发展水平和需要。我们设计一系列的教育活动，主要是从大多数儿童的一般发展水平和需要出发，通过教育活动，促进他们向高一级水平发展，这是现代教育思想所要求的。教育普及思想强调提高大众科学素养，认为一个民族的科学素质不是取决于少数"英才"，而是取决于全民素质的提高。

二是教育要面向儿童发展的每一个方面。教育不能忽视孩子的多种需要。儿童的各方面潜力还未被充分发掘就被抑制，过早地分化、培养单方面发展的儿童，这些都有背于马克思主义关于人全面发展的教育思想。现在很多人借早期开发的名义，通过举办特色班为孩子过早定向，把孩子纳入一个狭窄的教育领域，这显然是剥夺了一个完整儿童全面发展的权利。当然，我们并不否认特色教育，只是强调应该如何看待特色教育的问题。我们应该在满足孩子多方面发展需要的基础上谈特色，而不应该将单项技能的训练看成幼儿发展的唯一途径。特色项目可以渗透到全面发展的教育中，而不是单个特色项目的强化训练。

儿童发展的差异性也包括两方面。

一是儿童的发展具有不同的水平。每个儿童虽然都具有相同的心理现象，但这些心理现象的表现并不同步，有的儿童的某些心理表现得早些，有的儿童的某些心理表现得晚些，即存在着发展水平上的差异。

二是即便是相同的心理现象也要通过不同的个体去表现，而每个儿童所受的遗传、环境、教育的不同导致他们有自己的特色，这就是儿童之间存在的个别差异。所以，幼儿教师要承认、尊重和接受每一个幼儿在认知、情感与社会性甚至外貌等各方面的独特性和差异性，特别要避免在日常工作中对外貌较好或者能力较强幼儿无意有意的偏爱，努力让所有儿童的各种潜能都得到充分的发展。

所以，尊重儿童的发展，既要注重全面性又要注重差异性。我们能做到的就是创设一个丰富多样的、多功能多层次的、具有选择自由度的环境，让每个孩子都有机会接触符合自身特点的环境，用自身特有的方式同化和吸纳外界；教师在此过程中要了解孩子、敏锐地观察孩子之间的差异、个别指导孩子，以满足不同孩子的发展需要。

【案例 2-2】支招比批评更有效

一天上午，我巡班到三楼时听到二楼有女孩的哭声，下到二楼一看，一位年轻的妈妈正想方设法把女儿往中（5）班王老师手里推。

"怎么了?"我走上前问。

"这孩子不愿意上幼儿园，都两个星期了，天天一到大门口就哭，不愿进来。"孩子的妈妈一脸为难地对我说，王老师同样为难地看着我。

"王老师，你把孩子先带进班。请家长到我办公室来跟我说说情况，看我能不能帮到你们。"出于专业的敏感和多年的管理经验，我意识到一定是成人的教育出了问题，至少她们没有读懂孩子。

我把孩子的妈妈请进办公室，听了她的描述，发现果然是成人的原因。原来小玉是个性格内向甚至执拗的女孩，妈妈在开放日时发现自己的孩子不愿意举手回答问题，开放活动结束后就建议老师以后多提问小玉。王老师果真经常有意识地提问小玉，可是她很不愿意起来回答问题。一次，王老师很生气地用书拍了小玉的头，她回家说王老师打她，第二天就不愿来幼儿园了。王老师事后也意识到自己的行为失当，主动和小玉妈妈沟通了自己的过失。善解人意的妈妈没有怪罪王老师，但回家经常逼问小玉今天有没有回答问题，如果回答了就奖励等，可孩子越发不愿来园了。

"这孩子太拗了，都两个星期了，我一点儿办法也没有。"小玉的妈妈叙述完，用求助的眼神看看我。

"交给我吧，我来试试。"

中午，没等我找中（5）班王老师，王老师先来找我了，怯怯地说想和我谈谈小玉的情况。我很欣慰王老师主动找我沟通，也理解她作为老师不希望家长到园长这"告状"的心情。我静心听了王老师的叙说，和家长讲的基本一致。于是，我们一起分析了事情的原因：第一，孩子性格执拗是内因；第二，家长的逼迫是外因；第三，前两个都不是主要原因，主要原因在老师这里。老师应该懂得根据孩子不同的个性特点采取不同的教育方法，而不是打孩子。

对家长而言，教师更专业，应给家长的教育行为以指导。王老师认同我的分析，只怪当时自己太心急，伤了孩子的自尊。

我接着给王老师支招：首先，对小玉这样内向、执拗的孩子要多些关爱，主动接近她，让她接纳你，对孩子要勇于承认自己的错误，比如说"老师上次错了，不该用书打你的头，老师还是很喜欢你的"。其次，合适的时候在全班小朋友面前说"老师也犯过错。有一次，老师用书拍小玉的头，这是不对的，老师要跟小玉道歉。对不起，希望小玉原谅老师"。王老师虽然年轻，但马上领会了我的意图：自己让小玉在全班小朋友失了面子，就要帮她找回面子，因为孩子和成人一样是有"尊严"的；公开道歉对于全班孩子恰恰是一次很好的教育契机。

第二天，王老师满面轻松地走进我的办公室，"园长，您的方法太灵了。谢谢您！我按您说的做了，效果太好了，小玉今天没哭，愿意来上幼儿园了。"说着，王老师眼睛湿湿的。"园长，我真想抱抱你。"说着，给了我一个拥抱。我的眼睛随即也湿润了。我欣喜孩子不哭了，欣慰老师给我的拥抱，更欣赏王老师的悟性和成长。

这件事虽然过去一段时间了，但我仍然记忆犹新。它是我在园长岗位上成功处理家长"告状"的一个案例。它告诉我，园长一定不能只是一个批评者，而要积极做一个引导者，因为支招比批评更有效。

三、保教结合

保教结合是一个整体概念，体现教育对个体发展的整体影响。"保"指保育，是保护幼儿健康，为增强其体质、促进其生长发育而进行的各种活动。其中既包括体育锻炼，又涉及营养、生活环境、预防疾病和事故、建立科学作息制度等内容。"教"指教育，通常是指有目的、有计划、有系统地影响幼儿身心发展的活动。"保教结合"即合理安排幼儿的生活，培养良好的生活卫生习惯，丰富知识经验，发展智力、语言，促进良好的社会适应能力，培养积极情感和个性品德等全面发展的教育。

保中有教，教中有保，即在保育工作中要注意教育的因素，在教育工作中注意保育因素，使两者达到有机的统一。"保中有教"要求教育的因素要渗透到保护儿童身心健康发展的领域，强调保护和增进幼儿健康，注重发展幼儿的积极自主性，培养活动兴趣，增强幼儿生活自理能力和自我保护、安全意识。"教中有保"要求教师在教育过程中注重创设宽松、有助于幼儿健康发展的教育氛围，教师和幼儿之间应形成良好的人际心理环境。只有保教结合，才能促进幼儿身心全面、和谐、健康地发展。

四、以游戏为幼儿的基本活动

尊重幼儿的身心发展规律，就要尊重幼儿的天性。游戏是幼儿的天性，可以说，没有游戏就没有发展。游戏能够让幼儿沉浸在操作的学习中，发展"观察力和发现力"，培养"想象力和创造力"，锻炼"身体操作能力"，学习"分类与选择"，进行"尝试、试错并获得成功"，与同伴"交流合作"，发展"理解、推理和记忆能力"。游戏与幼儿发展的关系可以概括为三句话：游戏反映发展，游戏巩固发展，游戏促进发展。

（一）游戏反映发展

游戏是幼儿已有经验的表现活动，也就是说，游戏往往是幼儿力所能及的活动，每个孩子在大多数情况下都是根据自己的能力进行玩耍，他们不会选择难度高于自己能力的活动内容。他们在选择玩伴时，也往往寻找与自己水平相当的伙伴，这样才能玩得起来，所以观察孩子在游戏中的语言、动作和社会合作行为，就能看出他的发展水平。

（二）游戏巩固发展

重复性行为是幼儿游戏的一个明显特点。研究发现，当幼儿刚获得一种新经验，或刚学会一种新技能时，他们就会通过游戏反反复复、不厌其烦地重现。如，当他们刚接触一种新玩具和新材料时，会不断地重复这种玩具和材料的玩法，直到完全掌控它们。

（三）游戏促进发展

尝试性行为是幼儿游戏的另一个常见表现。根据维果斯基的观点，儿童在游戏中往往不满足于已经达到的行为水平，他们总是以略高于日常的水平来尝试新的游戏行为。每当幼儿尝试一种新的玩法时，他们总能准确地估计自己的能力，并调整自己的行为水平。正如维果斯基所说，游戏是儿童自己创造了最近发展区（而教学需要教师估计儿童的最近发展区）。可见，儿童在游戏中是小步、递进地自我发展的。

【案例2-3】

当幼儿已经玩惯了滑滑梯游戏的常规玩法，并且对于爬上去滑下来已经很熟练时，他们便不再满足于已有水平，而是开始尝试一种新的滑滑梯方法：他们或许不再从楼梯爬上去，而是从滑板侧面攀上去；或许不再坐着滑，而是趴着滑。当他们小心翼翼并成功地尝试了新的玩法后，便开始重复这种新玩法，直到玩腻，而后又开始新的尝试。

五、幼儿园、家庭、社区合作教育

随着经济、文化、科技的发展，家庭生活与文化水准的提高，电视、录像、电脑、通信设备等的普及，幼儿在幼儿园以外获得了越来越多的信息，家庭、社会对幼儿的影响越来越大，与幼儿教育的关系也越来越密切。

（一）家庭对幼儿发展的作用

家长是幼儿的首任教师。血缘关系使孩子接受了父母遗传基因带来的特质，家庭的熏陶使幼儿习得了最初的行为、个性、语言和能力。家庭与父母给孩子留下深深的烙印，这种烙印在孩子的一生中不可磨灭，这是公认的事实。大多数时候，"家长教师"是在自然状态下无意识地教，在日复一日的日常生活中、在其乐融融的亲子游戏中，通过不知不觉的言传身教，对孩子产生巨大的教育影响。而随着社会的进步，家长望子成龙的心情越来越迫切，有意识的教育越来越多，对幼儿的发展产生了更大的作用。然而，也有的家长因期望过高、不懂教育、拔苗助长，而对孩子产生了许多负面影响。

（二）社区对幼儿发展的影响

社区是幼儿认识社会的第一课堂。社区主要是指家庭和幼儿园周围的自然社会环境，它是距离幼儿最近、最直接的小社会，是幼儿熟悉、给幼儿带来童年的欢乐和留下美好回忆的地方，这些记忆将伴随幼儿的一生。对故乡的怀念之情也大都源于童年的经历与感受。

社区给幼儿园教育提供大量资源。幼儿教育家陈鹤琴先生早在20世纪30年代就批评过当时的幼稚园："周围既有街市，又有田园，却不带幼儿去走一走，整天将幼儿关在小房子里，简直是幼稚监狱。"半个多世纪过去了，这个教诲仍不失其现实价值。街道、商店、草地、公园、学校、动物园、博物馆、名胜古迹等，都是幼儿教育的好课堂、好教材。应该充分利用社区资源，带孩子出去，丰富他们的生活，让他们从中获得经验，更多地接触社会和人群，促进其发展交往能力、增长知识、了解社会、学习做人。有条件的社区可以开办儿童图书馆、儿童乐园、亲子活动站，为幼儿园提供支持和帮助，这样更有利于幼儿的学习、生活和发展。

（三）幼儿园在幼儿教育中的地位和价值

幼儿园是专门的幼儿教育机构，它承担着对幼儿实施全面发展教育的重任，根据幼儿特点与教育科学理论，开展有目的、有计划的教育活动。尤其是入托幼儿大部分活动时间都在幼儿园，它必然对幼儿发展产生深刻影响。

幼儿园教育不等于幼儿教育。随着经济、文化、科技的发展，家庭、社区（社会）对幼儿的影响越来越大，与幼儿园教育的关系也越来越密切，幼儿园、家庭、社区构成了幼儿教育的"金三角"，他们的合力制约着幼儿发展的方向与水平。幼儿园应做教育"金三角"中的"主角"。幼儿园、家庭、社区之间的合力大小，取决于三者之间的关系。而协调三者之间关系的主导是幼儿园。幼儿园要主动与家庭、社区联系，取得家庭、社会的理解、支持、配合。

六、坚持教育的活动性和活动的多样性

幼儿是在与周围环境的交互作用中得到发展的，活动是幼儿心理发展的基础和源泉。在幼儿园教育活动中，教师要为幼儿提供主动活动的机会和环境，引导幼儿充分开展活动，要给幼儿充分操作、尝试、体验的时间和空间。环境要具有刺激性，让幼儿在动口、动脑、动手的活动中学习。

活动是环境和幼儿发展之间的中介，只有通过幼儿的自身活动，才能使幼儿与周围环境发生作用，从而影响幼儿的发展。婴儿分不清主体和客体，只有无意识的活动：当小手偶然碰到挂在床上的铃铛而发出声响时，才发现了自己的存在；当咬了自己的脚趾感到疼痛时，才分清自己与外界物体的不同。随着生活范围的扩大，幼儿逐步把自己与环境区分开，正是这种不停地运用自己感官的活动，形成了对外部世界的映像。

因此，教师要为幼儿提供多种多样的活动。教育学家杜威说过："要想改变一个人，必须先改变环境，环境改变了，人也就改变了。"幼儿的发展是一个在与周围环境交互作用中主动建构的过程，教师的主要责任是观察、研究幼儿，尊重儿童的人格、尊重儿童的需要，创造和谐轻松的环境气氛，激发幼儿主动活动的内部动机。教师不是"司令"，不能不停地组织指挥，而应留给幼儿自由的时间；教师也不是"法官"，不能不断地指责评价，而应帮助幼儿在交往中自己解决问题；教师更不是"保姆"，不能事事包办代替，而是幼儿自己能做的，尽量让他自己去做。

【案例2-4】寻找鞋子的主人

那天上午，孩子们在小树林里给落下来的树叶宝宝找大树妈妈。突然顾晟誉喊了一句："这儿有双鞋子。"他的喊声引来了其他孩子，大家七嘴八舌地说着。

"这鞋子好大！"陈译洋说。

"这鞋子黑黑的。"杨恩琦说。

"这鞋子是爷爷的。"杨哲说。

"为什么你说是爷爷的?"我追问了一句。

杨哲说："它好大，好黑。大人穿的鞋子很大，爷爷的鞋子是黑黑的。"

"嗯，有道理。那我们幼儿园里有没有爷爷?"我问。

"门口有保安爷爷。"陈译洋说。

"鞋子是不是保安爷爷的，我们怎样才能知道?"我说。

杨哲说："去问问。"

"好呀，我们去问问。"我笑着说。

孩子们连忙跑到门房，去问保安爷爷。陈译洋说："保安爷爷，树旁边的鞋子是不是你的?"

"不是。"

孩子们有点失望，从门房里跑出来。
我说："那我们幼儿园还有没有爷爷了？"
张恩瑞突然说："厨房里还有爷爷。"
"我们去问问。"大家兴奋地说。
孩子们朝洗衣房跑去。
我说："这是厨房吗？"
"是厨房。"孩子们说。
"那我们进去看看吧。"我说。
跑进去，大家看到了洗衣机、水池。
"这里有什么？"我问。
"洗衣机、水池。"孩子们说。
"是厨房吗？"我问。
"不是，是洗衣房。"
"那我们再去找厨房。"
孩子们这次找对了。陈译洋急着对厨房里的爷爷说："老爷爷，树旁边的鞋子是不是你的？"
"是的，谢谢你们！"
孩子们很开心，还和老爷爷合影呢！

案例2-4是一次户外活动，整个过程围绕着鞋子展开。从一开始发现，到七嘴八舌地讨论鞋子，分析、比较鞋子的款式、大小、特征，孩子们运用已有的经验来猜测这双鞋子的主人可能是一位老爷爷，从中孩子们明白猜测要有依据。随后，老师支持孩子，跟随孩子一起去寻找鞋子的主人。此案例正是幼儿运用各种感官进行活动的示例，这类活动提高了幼儿发现问题、分析问题、解决问题的能力。

七、发挥一日生活整体教育功能

幼儿园一日生活是指幼儿每天进行的所有教育活动。幼儿园在教育活动的实施过程中应关注幼儿在园一日生活中的各类活动，并注意各类活动之间的联系与整合，发挥这些活动的互补作用。

首先，教师必须关注幼儿生活的各种形态，不能将有目标、有计划的教育狭隘地理解为"教学活动"，或将游戏活动和生活活动当作各种教学活动的"过渡环节"。其次，幼儿园教师必须有意识地对幼儿在园一日生活进行充分利用和有效干预，在内容上充分拓展，创设丰富多样的环境，将教育拓展到幼儿在园一日生活的方方面面，甚至延伸到家庭和社区中去。

目前在很多幼儿园中，教学之外的幼儿生活基本处于被忽视的状态，没有引起教师的重视；教师对相关活动的组织和实施没有明确的目标；生活活动与教学活动相脱节；教师未能在幼儿的生活与幼儿的发展之间建立起必要的实质性的联系。只有改变这种状态，幼儿在园的生活才能真正回归幼儿生活的本质——一种具有自在性和游戏性的生活。

总之，婴幼儿阶段是一个积淀、孕育、需要成人耐心等待的阶段。苏联教育家马卡连柯（1888—1939）指出："教育的基础主要是在5岁以前奠定的，它占整个教育过程的90%。在这以后，教育还在继续进行，人（像花一样）进一步成长、开花、结果，但精心培植的花朵在 5 岁以前就已绽蕾。"

> **相关链接**　　　　　　**幼儿园教育的基础性**
>
> "人生百年，立于幼学。"幼儿园教育作为基础教育的有机组成部分，是学校教育的奠基阶段。幼儿园的教育对象正处于人生发展的起始阶段，这一阶段获得的学习经验不仅会影响他们当下的发展，还会影响他们在小学、中学、大学甚至大学以后的发展。所以，幼儿园教育具有基础性。
>
> "埋墙基为基，立柱墩为础"，本义指的是建筑物的根基。如果人生如同修建一座高楼大厦，那么幼儿园教育就是构筑这座大厦的地基。幼儿园应该为儿童的终身发展奠定怎样的基础呢？或者说，幼儿园教育的基础性体现在哪里呢？
>
> 有记者曾经问一位诺贝尔奖得主："您在哪所大学、哪个实验室学到了您认为最重要的东西？"这位白发苍苍的科学家沉思片刻，回答道："在幼儿园。"记者追问："在幼儿园学到了什么重要的东西呢？"科学家答道："把自己的东西分一半给小伙伴，不是自己的东西不拿，东西要放整齐，吃饭前要洗手，做错事情要表示歉意，午饭后歇息，要学会观察周围的大自然等。"科学家的回答出人意料，在他看来，是幼儿园而不是大学或实验室给了他最为重要的教诲。从中我们不难发现，对幼儿发展起重要作用的不是各门学科的基本概念，不是第二语言，不是智力开发，而是人的基本行为习惯。
>
> 陶行知先生曾说过：什么是教育？行为习惯的培养就是教育。习惯是人在一定条件下完成某项活动的自动化的行为模式。习惯如果遭到破坏，当事人便会产生不愉快或不安的情绪体验。习惯的力量是巨大的，人一旦养成一个习惯，就会不自觉地在这个轨道上奔走。童年期是形成习惯的关键时期。孩子的心灵很神奇，可塑性极强。我们应该花十分的力气在孩子年幼时帮助他们养成好习惯。因此，俗话说"积千累万，不如养成个好习惯"。
>
> 幼儿园与其去承担保护国家或地方文化的重任、千方百计地帮助儿童学习第二语言、为此一时彼一时的教育风潮所困扰，不如坚守以儿童行为习惯培养为重点的基本立场。虽然注重习惯养成的教育很难让人看到漂亮的过程或超常的结果，但是，或许正是这种注重根本、外表朴实的做法最有可能送给孩子一个美好的未来。

议一议

根据给出的材料比较分析两位教师的儿童观。

【案例 2-5】

小强是一个活泼的孩子，不爱午睡。到了午睡时间，他没法静静躺在床上，东转西翻，在床上手舞足蹈，我觉得有点儿影响其他小朋友，所以制止了他，但他的表情看起来很难受，一会儿又开始动来动去，就是不肯入睡。好不容易睡着了，可是又醒得早，接着又是不断地翻身，甚至和旁边的小朋友说笑。于是我坐到他的床上陪着他，悄悄地和他说话，让他停止说话、停止动，安静地听一会。他也发现原来午睡室很静，听得到大家的呼吸声。我告诉他如果动的话会影响其他小朋友，如果午睡不睡好就会影响小朋友的身体，还会影响下午的活动精神，午睡室是大家的，所以要一起遵守安静的规则。他朝我点点头。在午睡结束后，我在班级里表扬了他，说他为了让大家安静睡觉，他即使睡不着，也努力不让自己发出声音。

【案例 2-6】

　　班上有一个动作特别慢、废话特别多的孩子,我在刚刚接手这个班级的时候就听说了。然而,他给我的第一印象是白白胖胖的,特别可爱,于是我对他充满了新鲜感,心想一个小孩总能收服吧。时间一长,他的老毛病就冒出来了:上课精神不集中,每次教育他他都能虚心接受,态度很好,可是屡教不改。渐渐地,我失去了耐心,放任他,任其自生自灭。

练一练

　　(1) 为什么要尊重幼儿的合法权利?
　　(2) 如何理解保教结合?
　　(3) 幼儿园教育中的全面性和差异性的意义是什么?
　　(4) 游戏与幼儿发展的关系是怎样的?
　　(5) 家庭、社区和幼儿园在幼儿教育发展中起什么作用?
　　(6) 幼儿教育为何要坚持教育的活动性和活动的多样性?
　　(7) 为什么幼儿园要坚持整体性教育功能?

做一做

　　调查当地公立幼儿园和私立幼儿园,就其各自开展的活动,比较它们所持有的理念有何不同。

第二课　幼儿园课程目标

情境案例　　　　　　　　　　不同的主题目标

大班综合主题活动"小水滴旅行记"的活动目标

　　(1) 在玩水游戏中,积累有关水的特性(无色、无味、透明、流动的液体,有浮力、张力、渗透、溶解等现象)的感性经验。
　　(2) 通过科学小实验,感受水的三态变化,产生探索欲望。
　　(3) 联系生活经验,初步了解在不同的天气状况下水的不同状态,了解它们与人们生活的关系。
　　(4) 了解水与人类的关系,增强节约用水、保护水资源等环保意识。

大班教育活动"看不见的水中大力士"的活动目标

　　(1) 在戏水中感受水的特性,知道水有浮力。
　　(2) 乐意与同伴交流活动的感受和发现,体验戏水的乐趣。

　　点评:大班"小水滴旅行记"是关于"水"的一系列活动的总称,这种综合主题活动的目标表述范围大、笼统,不具有可操作性;大班教育活动"看不见的水中大力士"是关于"水"这一主题下的一个低结构化活动,其目标表述具体、具有可操作性。由此我们看出,不同的活动,其目标是有区别的。

一、幼儿园教育目标体系

　　目标是主体对活动所要达到的最终结果的预期,它引领着活动的方向,支配着具体的行为。教育活动有了目标,学习活动便不再盲目;生活有了目标,活着就有了乐趣和意义。

在教育活动中,只有准确地理解和把握教育活动目标,对不同层次的教育活动目标进行分析,使之转换成符合幼儿身心发展特点、具有可操作性、与教育活动内容密切相关的教育目标,才能促进幼儿身心发展。

幼儿园要明确《纲要》及《指南》对各年龄阶段幼儿教育目标的要求。幼儿园教育目标的层级关系,即幼儿园教育目标、幼儿园领域(主题)目标、年龄阶段目标、学期目标(月、周)、具体教育活动目标的关系如图2-1所示。

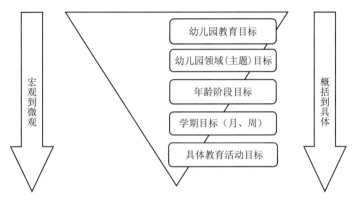

图 2-1 幼儿园教育目标体系

在制定某一层次教育目标时,要依据上位目标,并充分结合幼儿身心发展的特点和教育内容的性质,对活动内容层层细化与分解(幼儿园各层次目标的内容可参考《指南》)。

【案例 2-7】

具有初步的阅读理解能力的年龄阶段目标:

3~4 岁:会看画面,能根据画面说出图中有什么、发生了什么事等。

4~5 岁:能根据连续画面提供的信息,大致说出故事的情节。

5~6 岁:能根据故事的部分情节或图书画面的线索猜想故事情节的发展,或续编、创编故事。

【案例 2-8】

具体语言活动"认识春天"阅读理解的活动目标:

3~4 岁:能根据图片的特征识别"这是春天"。

4~5 岁:能用口头语言描述出图片中春天的特征。

5~6 岁:会用美丽的词汇有条理地讲述图片上的春天以及图片以外与春天有关的事物。

案例 2-7 是案例 2-8 的上位目标,根据上位目标及幼儿年龄特点,案例 2-8 制定了某一具体教育活动中对不同年龄幼儿在阅读理解上的目标要求。这种目标层层的细化与分解就是要在幼儿现有发展水平上找到"最近发展区",使幼儿在完成活动中获得发展。

二、幼儿园课程目标的基本取向

课程目标是一定的教育价值理念或教育目的在课程领域的具体化,所有课程目标都带有一定的价值取向。明确课程目标的基本价值取向,有助于人们更好地把握课程目标,提高制定课程目标的自觉性与自主性。21 世纪基础教育的课程目标具有特殊的内涵和发展趋势,如更强调全面性和基础性，更强调人的综合能力的培养，更强调培养人的个性、创造精神和创新能力，更强调课程的人文精神等。

根据美国课程论专家舒伯特（W. H. Schabert）的见解，我们把课程目标取向分为四种类型，即普遍性目标、行为目标、生成性目标和表现性目标。

（一）普遍性目标

普遍性目标是依据一定的哲学或伦理观、意识形态、社会政治需要而引出的对课程进行原则性规范和总括性指导的目标。这种目标的特点是把一般的教育宗旨或原则与课程目标等同起来，因而具有普遍性、模糊性、规范性的特点。它既为教育工作者创造性地阐释教育目的提供了广阔的背景，又可以适应各种具体的教育实践情境及特殊需要，比较宽泛。

由于普遍性目标具有局限性，因此一般适宜表达普遍的理想，不涉及具体教育活动的目标表述。

（二）行为目标

行为目标是以具体的、可被观察与操作的行为来表述的课程目标。它指明课程实施以后儿童身上所发生的行为变化。行为目标的特点是具体、精确与可操作。

行为目标的早期倡导者是博比特，美国著名课程论专家泰勒系统发展了博比特等人的行为目标理念，克服了博比特等人把课程目标无限具体化的倾向，主张在课程目标的概括化与具体化之间找到一个"度"。

有效的行为目标表述必须指明学习之后幼儿身上应该产生的外显行为、在学习的终点所表现的"行为改变"要素和该行为所应用的"生活领域或内容"要素。

【案例 2-9】

"能辨别生活中常见的各种颜色"；

"认识圆形、正方形和三角形等基本图形"；

"知道圆沿直径对折以后会变成半圆"；

学说故事中的对话"××，您早""×××房子真好"；

学会"用从四角向中心折的方法折出家具"。

行为目标克服了普遍性目标模糊性的缺陷，将儿童应达到的可见行为作为课程是否获得预期效果的标准，强调的是课程目标的精确性、具体性和可操作性，便于陈述，也很容易判断目标是否达成，有利于教师、儿童明确努力的方向。但行为目标只能对一些简单知识技能的训练进行一定程度的分解和具体化，人的高级心理能力如情感、态度、价值观等心理特质很难用外显的行为加以衡量。

（三）生成性目标

生成性目标也称形成性目标或展开性目标。它是在教育情境中随着教育过程的展开而自然生成的课程目标。它反映的是儿童经验生长的内在要求，要求教育者根据幼儿的已有经验和活动过程中对幼儿的了解，形成灵活的、符合幼儿兴趣和当前发展情况的目标。

生成性目标关注的是过程，而行为目标关注的是结果。

意大利"瑞吉欧"幼儿教育方案、美国"项目活动"等都是典型的以生成性目标为取向的课程。

由于事先不可预期，因此生成性目标不会在预先的活动方案中被表述出来。生成性目标体现了教师的目标动态观，促使教师在活动中关注预期目标以外的内容。

【案例 2-10】

我曾经去过一家沪上知名的幼儿园听课。开始上课了，老师 Jenny 要让孩子们认识一些生词，但有一个小朋友一直在抠鼻子。后来，老师停下来让他不要再抠鼻子了。旁边有个小朋友立刻举手，说："不能抠鼻子的！我爸爸说了，鼻子里面有个小怪物，如果你抠的话，手指头就会被那个小怪物咬掉的！"班级里立刻炸开了锅，意见分为两派——认为鼻子里的确有个小怪物的分为一派，认为鼻子里没有小怪物的分为一派。

Jenny 老师立刻抛开了她原先准备的所有上课材料，说："让我们来做一个调查吧，看看鼻子里到底有没有小怪物！"于是学生们被分成若干小组，有的去采访其他老师，有的问校园里的阿姨，有的问同学。最终，他们将各自听说的答案带回了课堂里一起讨论，并且得出这样的结论——鼻子里是没有小怪物的，但是抠鼻子是不卫生的。

案例 2-10 中，教师利用孩子们产生的疑问，展开由幼儿进行的自主调查活动，既顺应幼儿的需求，满足了幼儿的兴趣，也培养了幼儿凡事要认真的态度。在孩子眼里，没有理论，一切都是游戏；不需要现成的答案，一切都应该是生动的演示和观察，一切都是好玩的。

【案例 2-11】

春天来了，教师组织了一次认识春天花朵的活动，在活动目标中表明要幼儿"认识在春天常开的花朵，知道春天是鲜花盛开的季节"。在观察了几种典型的在春天开放的花朵后，教师问幼儿："花儿为什么会开？"

一个幼儿说："她醒了，想看看太阳。"

一个幼儿说："她一伸懒腰，花苞就开了。"

还有的说："她想和我们比谁漂亮。"

"她想听听小朋友唱歌。"

……

在孩子们充分的想象和表达后，教师把孩子的思路拉到了自己定的轨道上，最后进行了总结："花开了，是因为春天来了。"

案例 2-11 中，在从预设目标出发到目标回归的课程实施过程中，教师在一个封闭的控制系统内实现对幼儿行为的目标控制，努力塑造标准化的行为和反应，这样做的结果无疑是：幼儿的主体性、创造性被抹杀了，幼儿的实际兴趣、需要和反馈被忽视了，幼儿对事物的理解和认识被成人化了，幼儿真实的、精彩的动态生成被冷落了。

当儿童从事与自己的目标相关联的学习的时候，他们会越来越深入地探究既存的知识。随着问题的解决和兴趣的满足，儿童会产生新的问题、新的价值感和对结果的新的设计，这个过程是持续终身的。

生成性目标克服了预设课程目标的绝对化、实施的忠实化和固定化，它鲜明地体现出幼儿园课程的过程性、即时性。它是在教育情境中产生的，它充分尊重儿童，使儿童有权利决定什么是最值得学习的。但生成性课程对教师来讲是很大的挑战，同时它缺乏客观评价标准，更带有主观的色彩。因此，生成性目标难以成为主导的课程目标，一般与预设的课程目标结合运用。

(四) 表现性目标

表现性目标是美国课程论专家艾斯纳（E. W. Eisner）提出来的。艾斯纳受其从事的艺术的影响，认为在艺术领域里预定目标是不适用的，于是他提出了表现性目标作为补充。

表现性目标是指每个儿童在具体的教育情境中所产生的个性化表现，它追求的是儿童反应的多元性，而不是同质性。

表现性目标描述教育情境中的"际遇"，即儿童所处的情境、将要处理的问题和将要从事的活动任务等。使用表现性目标意在实现儿童多样性、个体性的反应效果，而非反应的一致性。

【案例 2 - 12】

在某大班"参观海底世界"的活动中，以往教师只注重认知目标，往往在活动后按着预设的目标——幼儿能说出五种以上海底生物的种类来要求幼儿。然而在尊重幼儿个性发展的今天，教师将活动目标放在人为创设海底世界的氛围中，即"幼儿讨论海底世界有趣的事情"和"利用语言、绘画等方式表达对海底世界的喜爱"。

再如，"参观动物园"活动的表现性目标可以表述为"参观动物园，与同伴讨论自己的感受和体验。"主题活动"春天"的目标可以表述为"愿意用自己喜欢的方式表现春天。"故事"警察叔叔"活动的表现性目标可以表述为"想象并表现警察巡逻的情景。"

案例 2 - 12 中的几个活动突出地展示了表现性目标在幼儿发展中的作用。表现性目标强调儿童的个性发展和创造性表现，尊重个性差异，指向人的自由与解放，具有不可预测性和不易操作性的特点，表现出对"解放理性"的追求。

(五) 课程目标取向的整合

不同的课程目标取向表现出不同的特点或呈现方式。从行为目标取向发展到生成性目标取向，再发展到表现性目标取向，体现了课程发展对人的主体价值和个性解放的追求，反映了时代精神的发展方向。它们之间不是相互排斥和对立的，而是相互补充和联系的。

行为目标具体、明确，便于操作和评价。因此某些简单知识和技能的传授、行为习惯的训练可以运用行为目标来表述，使全体或多数儿童都能够发生目标所期望的变化。

生成性目标和表现性目标关注活动过程，关注幼儿较高层次的兴趣和需要。

课程目标具有开放性，允许教师根据具体教育情境生成新的目标，允许儿童创造性思维的发展和个性的张扬，注重儿童知识技能、情感、态度的全面培养。

【案例 2 - 13】

中班社会活动：三个好朋友

活动目标

(1) 大胆猜测故事情节，尝试帮助三个好朋友解决问题。（表现性目标）

(2) 理解三个好朋友解决问题的办法，知道好朋友之间应该怎样相处。（知识和行为目标）

(3) 感受与好朋友团结合作的快乐。（情感目标）

在指定课程目标时，必须兼收并蓄这几种目标模式，确定好课程目标的取向。目标取向确定后，课程目标的选择和目标的陈述就具备了一定的基础。可以说，目标取向决定了一个幼儿园课程内容的选择和课程实施的安排以及相应的评价的建立。如果没有明确的课程目标取向，那么对课程内容的选择和课程实施的安排只能是"人云亦云"，在实施过程中也容易出现各种偏差。

> **相关链接**

幼儿园教师课程调整现状与发展对策

一、问题提出

2001年，教育部颁布的《幼儿园教育指导纲要（试行）》（以下简称《纲要》）明确指出："教育活动的组织与实施过程是教师创造性地开展工作的过程。教师要根据本《纲要》，从本地、本园的条件出发，结合本班幼儿的实际情况，制订切实可行的工作计划并灵活地执行。"这表明幼儿园课程有效实施的含义已经不是传统意义上的对专家开发课程的照搬，而是教师对预定课程方案进行积极的、主动的调整和改造，以适合具体实践情境需要的过程。课程实施是将课程方案付诸实践的过程，是课程设计、课程的具体运用、课程评价等一系列环节的组合，所以这种调整和改造主要体现在课程实施的三大环节中，即计划与设计环节、组织与实施环节、反思和评价环节。

教师在课程实施过程中的课程调整行为不仅是合理的，而且是成功实施课程的基本条件。然而，目前幼儿园教师的整体素质，尤其是课程观念、课程编制能力以及专业知识还处于较低水平，导致教师在课程实施过程中不能对原有的课程方案进行适时而有效的调整，从而直接影响了幼儿园课程实施的质量。因此，探讨当前幼儿园课程实施过程中教师在课程调整方面存在的问题及其原因，对于进一步有效地完善幼儿园课程实践具有重要意义。

二、研究方法

主要采用质性研究方法中的观察法、访谈法以及实物分析法进行资料的收集和分析，选取不同等级的A、B两所幼儿园为个案园，选择M、S、Z、L四位不同背景和教龄的教师为研究对象。

研究者于每周一、三、五深入所选班级，对教师组织的集体教学活动进行了为期4个月的观察，总共收集了56个有关教师课程调整的集体教学活动案例。

在观察过程中，研究者重点观察教师是否能够及时地根据实际情况灵活地对原有课程计划做适当的调整；教师调整后的活动内容是否符合幼儿的兴趣和需要、是否实现了活动目标；活动组织形式是否调动了幼儿的积极性等。

访谈的重点主要是了解教师在课程调整过程中的一些想法，如教师在计划与设计环节对活动目标、准备、内容做出调整的目的和缘由；对自己在课程组织与实施过程中的调整行为的解释以及理性反思等。

研究者还收集了幼儿园正在使用的教材、教师用书以及教师的教案、月计划、周计划等资料。通过对这些资料的分析和对比，研究者对课程调整前的课程方案以及教师所做的调整有了更为清楚的了解和把握。

三、研究结果与分析

（一）计划与设计环节的调整

1. 活动目标的调整

一是删除情感态度目标。在对活动目标进行调整的过程中，教师往往会把活动目标窄化为知识技能目标，而将情感态度类目标删掉。据研究者统计，在所收集的活动案例中，有

26个活动案例出现了这种课程调整行为,所占比例为46.4%。例如,在启蒙阅读"数字歌"活动中,S老师把活动的重点确定为认读数字和生字,将教材中的第三条活动目标"积极参加集体活动,乐意与同伴交往"删去了,而这正是促进幼儿社会性发展的情感态度类目标。对此,S老师的解释是:"这个目标对幼儿发展是有作用的,但是我觉得这样的目标太宽泛了,不容易操作,也不好去评价。"

二是忽略表现性目标。表现性目标是为幼儿提供自由表现和体验的机会,为其创造性的发展提供平台的目标,教师在课程调整过程中时常会忽略这类表现性目标。据研究者统计,在收集到的案例中,原教案里出现了表现性目标但被教师忽略掉了的案例有30个,所占比例为57.6%。例如,在M老师的一个观摩活动"中国功夫"中,她保留了"简单了解中国武术,学习中国功夫的几个基本动作"这一目标,但删除了"欣赏歌曲《中国功夫》,尝试用身体动作表现歌曲内容"这一目标。对此,M老师这样解释:"这是公开课,我觉得孩子还没有能力创编动作,我也不敢冒这个险。万一孩子不动呢,怎么收场呀?而且就算创编了,乱哄哄的,看着感觉也不太好。"可见,教师为了追求活动效果的统一性,剥夺了让幼儿自由表现的机会。

三是缺乏适宜的发展性目标。教师在制定具体的活动目标时要考虑本班幼儿的最近发展区,制定出适宜的活动目标,只有这样才能真正有效地促进幼儿的发展。然而在一次与L老师的聊天中,她说到了这样一件事情:"有一次,我们那个活动目标本来是要用橡皮泥做菊花,后来我改成做太阳花了。做菊花需要孩子用手搓,菊花花瓣很细,然后还得弯一下,挺难的。家长看见会怎么想呀,一定不满意的。太阳花就简单多了,搓圆压扁可以了,展览出去也好看。"可见,教师由于缺乏对幼儿身心发展规律的认识,或者为了迎合家长的想法,而在活动目标的调整过程中不能准确地制定适宜幼儿发展需要的活动目标,也就阻碍了幼儿在原有水平上的发展。

2. 活动准备的调整

一是材料准备的调整。在课程实践中,教师会对原有课程方案中材料的准备进行删减或者调换,而很少对材料进行扩展。经研究者观察与统计,对材料进行删减或调换的活动案例为33个,占总数的58.9%,而对材料进行扩展的活动案例只有5个,仅占9%。如在"梨子小提琴"这个活动中,教师仅用到了教材中规定的《幼儿用书》以及《音乐梦幻曲》等录音材料,而删去了半个梨、小提琴的实物或图片以及小动物胸卡等材料。没有图片和实物的支持,幼儿只能假想小提琴在肩膀上。对于这一调整,Z老师如此解释:"这段时间很忙,为了准备年末的表演,下午要排练孩子的节目,中午还得排练教师的节目,根本没有时间去准备这些图片,干脆删掉一些。"

二是经验准备的调整。经验准备指教师利用日常生活或专门的教学促使幼儿获得接下来的活动所需要的知识或经验。据研究者统计,在活动前进行经验准备的活动案例只占活动案例总数的32.1%。比如,在"冬爷爷的胡子"这一活动中,教师删除了教材中的经验准备,即带幼儿到户外玩冰,接触冰挂。由于幼儿没有相应的经验准备,因此欣赏完散文诗以后,小朋友怎么也想象不出冬爷爷的胡子到底是什么样的,更说不出胡子像冰凌子挂在山崖、屋檐下的样子。课后,Z老师也不无遗憾地讲到:"我没有想到,虽然哈尔滨冬天的温度很冷,但是生活在城市的孩子很少见到冰凌子挂在山崖或屋檐下的样子。看来我还是不了解他们。"可见,大部分教师在活动准备的过程中,不能准确了解幼儿的现有经验，也没有在必要的时候增加相应的前期经验准备，以帮助幼儿理解活动内容。

三是情景准备的调整。在课程实施过程中，教师很少利用幼儿园的空间、设施、活动材料以及幼儿园周围的资源为幼儿创设适宜的情景。如在收集的活动案例中，只有8个活动中教师比较认真地依据活动要求为幼儿创设了情景，仅占14.2%。例如，在"家乡的风景名胜"活动中，教材提出的活动情景准备是将五大连池、镜泊湖、扎龙自然保护区的图片布置成展板，摆放在教室不同的角落作为不同的景区。但教师仅用讲解的方式向幼儿介绍了这些风景名胜。由于情景准备不足，幼儿因此失去了直观形象地感知家乡风景名胜的机会，对家乡的美也就不可能获得深刻的体验。活动结束后，S老师是这样解释的："我们根本就没有时间做这些东西。虽然只带半天的班，但下午就得准备第二天的课，而且我是新老师，每一节课对我来说都是新课，很费时间，我没有精力再去不停地变换环境。"

3. 活动内容的调整

一是重视知识性内容。在对活动内容进行调整的过程中，教师往往把关注的重点过分集中在具体的知识技能上。据研究者观察与统计，教师的这种课程调整行为比较普遍，所占比例为48.2%。例如，在奥尔夫音乐活动中，教师删掉了为幼儿介绍小提琴的形状、名称、演奏方法以及音乐特色的内容，同时还删掉了最后的戏剧表演与创编的内容，而仅留下了教师讲述音乐故事这部分内容。如此，一个奥尔夫音乐活动变成了一个语言活动。当研究者问到调整的原因时，Z老师的回答有些含糊："我看主要还是孩子对音乐故事的掌握才是重点。"可见，教师在修改和调整活动内容时过于注重幼儿对知识性内容的掌握，注重知识技能性目标的达成。

二是忽略"表现性"内容。表现性内容是为幼儿提供表达和创造的机会与平台，使其获得直接经验和情感体验的重要途径。然而，在M老师的公开课"中国功夫"中，她进行了两方面的内容删改：第一个改动是把"在中国功夫的音乐伴奏下，幼儿尝试模仿武术动作"改为"在教师的指导下，感受中国武术的力量"；第二个改动是把"伴随歌曲，运用肢体动作自由表达"改为"看图示随音乐表演武术"。可见，M老师对活动内容的调整主要是删减了需要儿童自主表现和表达的内容，增加了教师指导的内容，对此M老师这样解释："这个部分不好把握，需要孩子去做、去表达，很容易收不回来，也不知道孩子能说出或者做出什么来。回应吧，目标达不成；不回应吧，又不好收场，所以干脆去掉了。"经研究者统计，在涉及表现性内容的25个案例中，有15位教师进行了类似于M老师这样的课程调整，使幼儿失去了创造性表达和情感体验的机会。

三是简化"问题性"内容。在幼儿园教材中设置"问题性"内容的主要目的是通过创设问题情境引导幼儿发现问题、解决问题，从而提高幼儿的能力和智力水平。例如，"小小建筑师"这个活动设计遵循从易到难的过程（幼儿运用各种方法尝试一人运砖、两人运砖、三人运砖、四人运砖），要求幼儿自己解决遇到的问题，但是L老师在安排活动内容时把教材中的四个环节简化为一个环节：把运砖改为运球，把幼儿分为男孩组和女孩组，每次每组选两人用身体夹住球进行比赛。L老师对调整这样解释道："因为没有这些材料，所以我没法按照教材的计划走，而且这是上午的第二个活动，时间比较紧，我设计的这个活动比较简单，能保证活动顺利完成。"可见，L教师在安排活动内容的时候，将为幼儿创设的问题情境简单化，以确保活动在短时间内能够完成。

（二）组织与实施环节的调整

1. 把握不住调整的时机

一是把握不住内容调整的时机。在课程实施过程中，幼儿的需要和兴趣经常会发生转移，或者幼儿针对现有内容产生了争论和疑问，此时教师往往不能依据幼儿的需要和问题，敏锐地捕捉到其中蕴涵的学习价值，及时调整课程内容。如在"愿望井"这个活动中，教师提问："井长什么样子呀？"幼儿说出了一个非常有意思的答案："下水道是井。"从样子上看，下水道和井确实是比较相似的，但L老师仅说了一句"下水道就不算了"，至于下水道为什么不算井，下水道和井有什么共同点，有什么不同点等问题，L老师并没有解释。后来，当研究者提到这个问题时，L老师很吃惊地说："是吗，我都没注意到。上课时我主要看他们是不是捣蛋。有时面对这些意外当时能解决就当时解决了，如果当时解决不了就先转移了注意力再说。"可见，L老师根本无暇顾及调整的时机，常规问题和纪律问题成为组织活动的重点，她有意无意地忽略幼儿的反应，也就不可能把握课程内容调整的时机。

二是把握不住组织形式调整的时机。《纲要》明确指出："教育活动的组织形式应根据需要合理安排，因时、因地、因内容、因材料灵活运用"。然而据研究者观察和统计，在29个活动案例中，教师都不能根据实际情况对课程组织形式进行灵活的调整，以调动幼儿参与的积极性、减少消极等待。例如，在L老师组织的体育活动"平衡木"中，第二个环节为幼儿排队轮流过平衡木，教师站在一旁分别指导。由于幼儿需要一个一个地过平衡木，因此活动进行到一半时，等待的幼儿就明显不耐烦起来，开始与身边的小朋友打闹，活动场面变得"混乱"，L老师只是不断地强调幼儿要安静，但效果并不明显。活动结束后，研究者询问L老师是否注意到活动场面的混乱，L老师回答道："这是挺常见的现象，小孩子嘛，总是爱动的，没办法长时间注意。"可见，L老师把这种问题看作一种常见的现象，认为它由幼儿的年龄特点所决定，不可改变，所以她没有意识到可以通过调整活动形式来解决这一问题。

2. 无法快速有效地做出调整决策

一是无法快速有效地做出内容调整的决策。教师在面对活动过程中幼儿不符合原计划的问题和想法时，因无法在短时间内快速有效地做出决策而不得不放弃对课程的调整。例如，在故事活动"野猫的城市"的第二部分，野猫为大家讲了城市中有地图。S老师提问："小朋友们，你们见过地图吗？"这时候，有的小朋友说见过导航，有的小朋友说没见过导航，并七嘴八舌地讨论开来，但S老师并没有对导航做更多的解释，而是制止了孩子们的讨论，进入了下一个环节。对此S老师这样解释："我对导航也不是很熟悉，备课的时候我也没把重点放在这里，所以当时我也不知道怎么和孩子解释，以后有机会再说吧。"可见，S老师意识到了这个"意外"的价值，认为有必要对活动内容进行调整，可是由于自己提前没有准备，只好无奈地放弃了对课程内容的调整。

二是无法快速有效地做出方法调整的决策。在课程实施过程中，教师不能根据活动内容、幼儿的特点以及实际情境灵活、快速地调整教学方法，会阻碍幼儿主动且有效的学习。据研究者观察和统计，在22个活动案例中，教师不能根据实际情况进行教学方法的有效调整的比例为39.2%。例如，在绕口令"虎和兔"活动中，活动的第三个环节是要求幼儿掌握绕口令内容。S老师采用了比较传统的跟读法，不断地重复让幼儿完全失去了兴趣，多数幼儿开始"游离"。S老师只知道不断地责备幼儿声音太小、心不在焉，而没有及时地调整教学方法。事后S老师坦白自己其实已经意识到了幼儿对活动失去了兴趣，但不知道采用什么方法把孩子重新吸引过来，也就无法在短时间内调整教学方法。

(三) 评价与反思环节的调整

教师对课程的调整并不终止在活动结束之时，无论是在活动的过程中，还是在活动之后，教师都需要不断地评价和反思，并在此基础上进一步修正和调整自己的活动方案。研究者通过访谈发现，一方面，教师在反思的过程中主要是注重幼儿的反应和学习结果；另一方面，教师主要关注活动过程的"流畅"度，即希望活动基本按照预设计划顺利完成。正如Z老师所说："评价就是看一节课是不是很顺利，孩子们配合得好不好，纪律怎么样，是不是很乱。"L老师也认为："主要是看孩子的反应吧，看是不是能够吸引孩子的注意力，如果孩子的注意力很集中，我就可以判断这节课成功了。"至于对课程调整情况的评价，教师并没有提及。可见，教师的评价和反思是片面和单一的，没有对整个课程调整过程进行全面和理性的分析，也没有对前面一系列的决策和随后的实施过程的合适性与有效性进行反思，甚至没有意识到需要对自己的课程调整行为进行反思和评价。

四、教师调整现状不佳的原因分析

(一) 专业基础知识薄弱

教师的专业知识包括"幼儿发展知识""保育教育知识"和"通识性知识"，这是教师适时而有效地调整课程的重要保证。其中，幼儿发展知识是教师进行科学的课程调整的理论依据。保育教育知识则制约着教师在课程实施过程中能否做出准确的判断和选择。目前，幼儿园教师对幼儿的兴趣、需要、身心发展特点的认识明显不够深入，甚至存在偏差，加之有关幼儿保育教育的知识基础也比较薄弱，导致教师的课程调整行为难以保证适宜性与有效性，自然不利于幼儿的全面健康发展。此外，通识性知识的缺乏也给教师的课程调整带来阻碍，当调整契机来临时，教师往往因为缺乏相应的知识储备，而无法及时调整或不敢调整。

(二) 缺乏丰富的教育教学经验

教育教学经验常被看作教师在面临实际的课堂情境时所具有的课堂背景知识以及与之相关的知识。教师的教育教学经验是教师做出调整决策的主要依据。在研究者对教师的访谈过程中，教师们多次提及"经验"在课程调整中的重要作用。通过观察，研究者也发现，与经验丰富的教师相比，缺乏教育教学经验的教师在课程实施中需要克服和解决的最大困难就是过于关注活动中的"常规"和"纪律"。因此，在组织活动的过程中，她们没有更多的时间对当前教育情境中的具体问题进行判断和分析，也就不能快速、灵活地做出是否要调整以及如何调整的决策。

(三) 课程编制能力较低

课程编制是指完成一项课程计划的整个过程，它包括确定课程目标、选择和组织课程内容、实施课程和评价等阶段。具体来说，课程目标制定环节要求教师具有独立分析教育价值和幼儿需要的能力，选择和组织课程内容环节要求教师具有开发和组织课程资源的能力，课程实施环节需要教师具备观察能力和教学应变能力，课程评价环节需要教师具备分析问题、反思问题的能力。然而长期以来，多数教师在课程实施过程中多倾向于忠实教材，她们也没有参与或独立编制课程的机会，这导致教师的课程编制能力相对比较薄弱，无法应对课程调整过程中的挑战和机遇。

(四)职业倦怠普遍存在

已有研究表明,前途的迷茫、工作的压力、编制的缺乏致使幼儿园教师的职业倦怠现象比较普遍,对自身的专业发展缺乏强烈的发展动机,并容易出现个人职业成就感低、职业负荷大以及工作热情衰减等现象。在访谈过程中,部分教师也反映课程调整增加了自己本来就超负荷的工作量,给自己的工作带来了不便,而且这种努力和付出未必会给教师带来相应的回报。因此,为了避免不必要的工作压力和负担,处于职业倦怠状态的幼儿园教师往往会从有利于自己教学的角度出发调整课程。

五、发展对策

首先,各级教育部门应通过多种途径提升幼儿园教师的课程调整能力。如为教师提供有效的培训,不仅要丰富和加深教师的专业知识,而且要增加其体验和探究幼儿园课程实施过程和实际问题的实践环节,为教师提供提高课程编制以及活动设计能力的机会;通过实践观摩和园本教研等各种活动为教师创造相互分享和交流的机会。幼儿园应当积极营造"学习型组织",形成良好的幼儿园文化氛围,经常组织教师针对幼儿园课程调整的实践问题开展研讨和评议活动,让教师相互讨论和分享,丰富其关于课程调整的教育教学经验。

其次,在当前幼儿园课程实践中,通常由园长和主管教学的领导负责课程编制和设计工作,教师更多的是盲目、机械地服从与执行既定的课程方案。长此以往,教师就会逐渐丧失主动参与幼儿园课程编制与设计的意识。更重要的是,教师会失去通过参与幼儿园课程编制和活动设计而提高课程编制能力的机会。因此,幼儿园的管理者应更新自身的课程管理理念,明确教师已从课程的执行者转变为参与者,教师有权利对专家开发的课程进行调整,并在幼儿园课程实施过程中赋予教师更多的参与权利和进行课程调整的空间。

此外,我们经常听到幼儿园教师抱怨"累""忙""没时间",其工作压力大是显而易见的。幼儿园教师不仅要照顾到班里的每一个幼儿,要对每一个幼儿负责,还要承担起全面的教育工作,甚至还要负责家长工作和保育保健工作,应付园内园外的各种检查和会议。工作的压力和生活的负担导致教师没有时间认真备课、静心学习和研究,丧失了专业成长的动机和工作的积极性。因此,各级教育部门和幼儿园还应适当为教师减轻工作负担,帮助教师从这些过于琐碎的事务中解脱出来,摆脱职业倦怠的困扰。只有这样,教师才能拥有更充足的时间和精力,用于参与课程编制的实践与研究,从而丰富其专业知识和提高课程调整的能力,保证课程的实施质量。

议一议

分析下列案例,说一说在实施活动过程中,教师做得对还是不对,并说明理由。

【案例2-14】

一次活动中,教师说到一个大家庭里有很多动物,如猫、狗、鳄鱼等。有的小朋友就说:"鳄鱼吃人,不是好东西。"但教师说:"有的鳄鱼不是好东西,但这里的鳄鱼是好东西。"

【案例2-15】玩吸管

主题活动"小花园"下的学习活动"美丽的花"预设的目标是:在观察的基础上,尝试制作盆花,发展动手能力。为此,教师在活动区为幼儿提供了丰富的材料,如花泥,雪花片,大小不等、粗细不同、颜色各异的吸管,各种盆花等。当幼儿进入区角进行活动时,教师发现五颜六色的吸管一下抓住了幼儿的眼球,他们饶有兴趣地将吸管一根一根地接起来比长短,排列在一起比粗细,按吸管的不同颜色进行分类,玩得不亦乐乎。

【案例 2-16】

一名幼儿教师根据中国队和土耳其队在世界杯的比赛实况设计了教育活动,活动目标确定如下:

(1) 让幼儿了解一些足球的基本知识。

(2) 让幼儿感受中国足球冲出亚洲的那种自豪感和荣誉感。

(3) 让幼儿理解比赛重在参与,只要自己努力了,虽败犹荣。

【案例 2-17】可爱的蛋宝宝

在进行"可爱的蛋宝宝"主题活动时,教师设计了一个美工活动"蛋宝宝的家"。预设的目标是让幼儿"装饰各自装蛋宝宝的小纸盒,增进与蛋宝宝的感情"。出乎意料的是,就在活动进行的过程中,孩子自发生成的问题取代了教师原定的目标,使活动变得异常精彩。

当孩子们介绍自己的蛋宝宝的模样时,微微突然说道:"我的蛋宝宝和你们的蛋宝宝不一样,它是有名字的,它也叫微微。"孩子们听了微微的这句话,也纷纷给自己的蛋宝宝起上了名字。

嘉嘉:"我的蛋宝宝叫秋雪。"

亮亮:"我的蛋宝宝叫树叶。"

非非:"我的蛋宝宝叫……叫冰雪。"

钦钦:"我的蛋宝宝的名字叫麻乎乎小蛋。你们知道我为什么叫它麻乎乎小蛋吗?那是因为我的蛋摸上去是麻乎乎的,不是光溜溜的。"

听了钦钦的话,教师马上给予了肯定,并赞扬了钦钦在给蛋宝宝起名字时动了一番脑筋。接下来孩子们在给蛋宝宝起名字时,也有意识地考虑起名字的意义。

健健:"我的蛋宝宝叫热乎乎,因为它是红红的,摸上去有点热。"

嘉泠:"我的蛋宝宝叫小波,因为我喜欢天线宝宝。"

小虎:"我的蛋宝宝叫黑羊,因为它有点黑。"

蕙蕙:"我的蛋宝宝叫小苹果,因为它和苹果一样是有营养的。"

凡凡:"我的蛋宝宝叫白白,因为我觉得它大大的,圆圆的,白白的。"

……

给蛋宝宝起名字并非教师预先设计的目标,却同样有效地激发了孩子与蛋宝宝之间的情感交流,孩子们纷纷提出要关心蛋宝宝,他们有的说要给蛋宝宝做花衣裳,有的提出要给蛋宝宝盖房子……

练一练

(1) 简述幼儿园教育目标体系。

(2) 举例说明什么是行为目标。它有什么特点?

(3) 举例说明什么是生成性目标。它有什么特点?

(4) 举例说明什么是表现性目标。它有什么特点?

做一做

分别选语言、科学、健康、社会、艺术各领域某一教育活动,根据幼儿年龄阶段确定其活动目标并加以表述。

第三课　幼儿园课程内容选择的原则

情境案例　　　　**课程内容内在教育价值鉴别标准**
　　　　　　　　　　——英国著名教育家斯滕豪斯

（1）在所有其他条件相同的情况下，如果一项活动允许幼儿在活动过程中做出自己的选择，并能对自己的选择所产生的结果进行反思，则这项活动比其他活动更有价值；

（2）在所有其他条件相同的情况下，如果一项活动在学习情境中允许幼儿充当主动角色而不是被动角色，则这项活动比其他活动更有价值；

（3）在所有其他条件相同的情况下，如果一项活动要求幼儿探究各种观念，探究当前的个人问题或社会问题，则这项活动比其他活动更有价值；

（4）在所有其他条件相同的情况下，如果一项活动能让幼儿利用实物教具，则这项活动比其他活动更有价值；

（5）在所有其他条件相同的情况下，如果一项活动要求幼儿改写、重温及完善他们已经开始的尝试，则这项活动比其他活动更有价值；

（6）在所有其他条件相同的情况下，如果一项活动能使幼儿学习应用与掌握有意义的规则、标准，则这项活动比其他活动更有价值；

（7）在所有其他条件相同的情况下，如果一项活动能为幼儿提供与他人分享制订计划、执行计划及活动结果的机会，则这项活动比其他活动更有价值。

点评：斯滕豪斯关于幼儿园课程教育价值的鉴别标准，从内容的组织到活动的实施，充分地展示了现代幼儿教育应持有的教育观、儿童观、学习观，为幼儿教育指明了方向。

幼儿园课程内容是根据幼儿园教育目标，有目的地选择的各种直接经验和间接经验的知识与活动体系。幼儿园课程内容的选择体现了不同的价值观。"知识本位论"一度认为课程内容就是教材。事实上，教材只是一种材料和资源，一种帮助幼儿学习的工具和载体。它只起到媒介作用，只是教师手中的教学材料，一套教材不可能穷尽幼儿所能接受的内容。

幼儿园课程不仅要让幼儿获得生存、生活和发展的有关知识，还要在探求知识、初步建构认知体系的过程中，让幼儿体验到学习的乐趣、学会解决问题的方法、善于和人交往与合作、养成正确的态度和良好的习惯等。因此，按照幼儿园教育活动类型，幼儿园课程内容涵盖五大领域，即健康、语言、科学（数学）、社会、艺术（音乐、美术、舞蹈）。即便这样，落实到教育实践中，教师仍然还要对内容进行相应的"综合""整合""渗透"。为此，幼儿园内容的选择要遵循以下几个原则：

一、目标性原则

幼儿园教育活动的内容是实现活动目标的载体，内容是为目标服务的，它直接影响到活动目标能否有效地实现。幼儿教育的目标可简单分解并概述为促进幼儿身心健康和谐发展、兴趣多样、智力发展、习惯良好、活泼开朗等方面。要实现这样的目标，就必须将其分解为多层次、可操作的具体目标，使目标真正落实到每个幼儿身上，落脚点是对应目标的活动内容，这样才能培养适应和创造未来社会的复合型人才。这种人才要具备获取知识、探索发现的能力，较强的交往能力，珍惜和保护环境的意识，具有合作、交往、宽容、承受力强等健康的心理品质。所以，要不断地加深理解幼儿保教目标，从而选择与目标一致的教育活动内容。

【案例 2-18】小熊画大树

教师根据小班"小花园"主题活动的目标"喜欢观察周围花草树木，有爱护它们的情感"，将该主题下的学习活动"小熊画大树"目标定为：了解树的外形，有爱护树木的情感。在该活动的实施过程中，第一环节，教师提供了几种典型大树的图片，包括柳树、梧桐树和松树，让幼儿观察后，引导幼儿讨论大树是什么样的，以积累幼儿有关树的外形特征的经验。第二环节，教师让幼儿比较观察三种大树，引导幼儿讨论这些大树的不同之处，让幼儿在比较的基础上进一步加深对树的外形特征的认识。第三环节，教师安排了"小鸟和大树"的游戏活动，自己扮演"鸟妈妈"，幼儿扮演"小鸟"，带领幼儿边听"鸟妈妈"的指令，边和着音乐飞到大树的"上""下""前""后"，让幼儿感知和学习"上、下、前、后"这些方位概念。

案例 2-18 课程实施的第三环节"小鸟和大树"的游戏活动，形式符合小班幼儿的年龄特点，深受小班幼儿的喜爱，但该活动针对的是数学领域中方位概念的感知和学习，没有围绕教师预先设立的"在游戏中了解树的外形特征"的主要课程目标，未能很好地体现目标的定向原则。

二、适宜性原则

幼儿园课程内容的选择要考虑幼儿的身心发展水平，适合幼儿的一般发展顺序和年龄特点，课程内容应该有助于幼儿获得基础知识、基本能力。内容的选择要做到既适合幼儿现有的发展水平，又有一定的挑战性、趣味性；既适合幼儿的现实需要，又有利于其长远发展；既贴近幼儿的生活，又有助于拓展幼儿的经验和视野；既符合幼儿生理与心理发展的需要，如身体各器官机能的协调发展和各种心理机能的协调发展，又重视个体需要和社会需要的协调发展。

在教育学中，"适宜"指两个方面。一是适应幼儿现有水平的需要。目前很多课程内容在量和质上与幼儿发展特点、水平不相适宜，课程内容超载，表现为"量大"，即难、偏、深、怪，大大超出了幼儿的可接受水平，幼儿学起来非常吃力，严重挫伤了幼儿学习的积极性，造成幼儿厌倦学习。二是能促进幼儿发展。这也就是布鲁纳所说的"最近发展区"理论，即"跳一跳够得着"。过于浅显、容易的课程内容，不能构成对幼儿智力的挑战，更不会使幼儿在原有的基础上得到提升和发展，只会造成幼儿学习的无聊感，即量大质不优。为了生存和发展，许多幼儿园不知不觉地将社会的需要放在头等重要的位置，迎合家长的需要，满足他们诸如对读、写、算等内容的要求，满足他们对外语、计算机、艺术等更深、更广、更精的需求，有些幼儿园甚至直接打出"双语、艺术、计算机幼儿园"的招牌，以此吸引家长，扩大生源，求得发展。这些做法都将对幼儿身心发展造成无法弥补的伤害。

【案例 2-19】

有一位老师在生成"现代信息广场"这一主题活动时，将原始社会部落中使用的通信工具"狼烟""消息树"等都纳入课程内容中。

案例2-19中，表面看起来，这些网络的内容很完美，但这些远古时代的内容远离幼儿生活，即偏、深、怪，对幼儿的发展而言是没有任何意义的，甚至还是有害的。

三、生活化原则

生活化原则是指幼儿园课程内容选择要贴近幼儿生活。生活是幼儿园获得直接经验最理想的场所，是最便捷的方式。幼儿园的生活处处蕴涵着潜在的、有价值的教育内容，教师可以随机将这些内容纳入计划生成课程，这既可以看作教育生活化，也可以看作生活教育化。

生活化原则要求设计者对一日生活主要环节的教育功能和可能蕴藏的教育机会进行分析，如哪些内容可以结合幼儿园一日生活的有关环节自然地实现，哪些内容需要专门组织的教育教学活动才能达成？幼儿园和教师要对幼儿的生活环境和生活变化规律进行分析，依据时令、节日等自然顺序展开，使课程安排更符合幼儿的需要，更具有广泛的教育资源，更充满生活的气息。

【案例2-20】认识幼儿园里的人

《上海市幼儿园教师参考用书》（中班学习活动）中主题活动"周围的人"的课程内容多集中在认识附近工地的建筑工人和商店里的人。然而，根据中班幼儿接触社会的生活经验较少、社会经验大多集中在幼儿园，而且幼儿园附近没有建筑工地等情况，教师将主题活动"周围的人"下的"认识建筑工人和商店里的人"的课程内容改编成"认识幼儿园里的人"，让幼儿全面了解幼儿园中的各种人员和他们所从事的工作、任务以及他们的工作与幼儿之间的关系，包括园长、带班教师、保育教师、厨房阿姨、门房阿姨等。幼儿联系自己的生活经验，充分体验到幼儿园各类人员工作的性质和重要性。

案例2-20中，教师从幼儿熟悉的环境出发，从幼儿原有的生活经验出发选择课程内容，该课程内容的实施远比认识建筑工人、商店里的人更有实效，同样能够达到"关心周围人们的活动，了解常见社会成员的工作与我们的关系，并尊重他们的劳动"的主题活动目标。

四、因地制宜的原则

幼儿园课程内容应当反映当地和社区文化背景与特色，使幼儿园成为幼儿认识家乡、了解民族文化传统的场所。社区生活与文化应当成为幼儿园课程的重要资源，不应照抄照搬其他城市或国外的做法。课程内容选择还应与当地的经济发展条件相适应，不应使幼儿脱离实际生活，要帮助幼儿很好地适应社会实际生活，使教育活动的内容本土化、区域化。

【案例2-21】一任童真　自然发展——发现安吉游戏

2012年底，游戏专委会成员访问浙江省一级幼儿园安吉实验幼儿园、安吉机关幼儿园，听取幼儿园介绍游戏的开展情况，集中观摩安吉民间幼儿游戏，利用竹乡资源支持幼儿自主开展的集体性户外游戏以及全园性自主游戏、户内班级区域游戏、共享区域游戏、户外沙水游戏、操场建构游戏、小树林野趣游戏等。

大家对安吉幼儿园的游戏赞不绝口："真游戏！"安吉幼儿园发挥地域特点，在天然条件下生长，青山绿水、鸟语花香是其诗意化的写照；黄土泥沙、木竹草藤是他们巧妙利用的天然玩具和游戏材料。

游戏场所：空旷运动场、草坡、小树林等各种室外场地。

观察地点：安吉横山坞村幼儿园、安吉福报镇上张村幼儿园、安吉章村镇郎村幼儿园、安吉实验幼儿园、安吉机关幼儿园、安吉梅溪镇紫梅幼儿园。

记录：在6所幼儿园里，孩子们在室外欢快地奔跑、攀爬都是常见的景象。木块、木条、竹梯、废旧轮胎是每所幼儿园都会提供的游戏材料，这也是当地特有的丰富的自然资源。但由于每所幼儿园天然的环境各异，规模不一，因此，孩子游戏的空间、方式也就有了各自的特色。

各种形状、尺寸的木块以及竹梯都有集中堆放的区域。游戏开始后，孩子们会在老师的组织下有序地取出材料，摆放组合成专门的道路和桥梁，因此，他们看似在共同完成一个大型搭建"工程"。随后，孩子们搭建的成果就成了运动的空间，一个挨一个过桥、通过障碍。有时，为了顺利通过，还要相互打打气、帮扶一把。如果有一段道路"损坏"，他们还得随时修整一下，保证道路畅通。孩子们取放材料、搭建和运动的状态不仅反映出了他们愉悦的情绪，而且反映了他们能力的娴熟。

在没有大面积空旷场地的幼儿园，草坪、小树林、草坡天然的野趣和挑战性使得孩子们只需要最简单的材料就可以玩起来，例如，两根大麻绳、串连起来的塑料桶等。

在其中一所幼儿园里，迷宫墙成了大班孩子挑战的道路，不仅如此，他们还把梯子平放，使道路相接。有的孩子会有意地把身体放低，以保持平衡，不从"桥"上摔下来。

启示：游戏就是孩子自发的运动。我想，正是所提供的材料易组合、易变化、有挑战，激发了孩子的乐趣，才使他们在游戏中积极、愉悦地奔、跑、跳、攀登，而这些都可以促进肌肉运动的控制与协调；不仅如此，在广阔天地里，孩子更加学会适应环境的变化。这也正是《3～6岁儿童学习与发展指南》中所倡导的，健康的体魄和良好的身体控制协调能力将为孩子未来的学习与生活做好准备。

相关链接

解决共性问题 转变教师教育行为
——以中班数学活动"5以内序数"研讨为例

《3～6岁儿童学习与发展指南》（以下简称《指南》）的过程是落实先进理念的过程。实践中教师存在不少问题和困惑，影响他们把理念转化为教育行为。为此，我园从常见教学活动的研讨入手，通过剖析教师设计和组织教学活动存在的共性问题和困惑，为教师释疑和提供方法策略，促进他们自觉地将理念转化为教育行为。现以中班数学活动"5以内序数"的研讨为例，介绍我们的做法和思考。

一、活动实录

设计和执教的教师为园级骨干教师，能代表全园大多数教师认识和实施《指南》的水平。

（一）活动目标

（1）初步学习从两个方向（从上到下和从下到上）辨别5以内数物体的排列位置，会用序数词"第几"表示物体排列次序。

（2）喜欢辨认物体的排列次序。

(二) 活动准备

经验：已初步学习 5 以内的序数（从左往右数）。

材料：鞋（小拖鞋、小皮鞋、小运动鞋），图书（动物绘本、人物绘本、水果绘本），食品（巧克力、口香糖、饼干）均两份；自制三层的鞋柜、书架、食品架各两个；记录纸，车票，图卡。

(三) 活动过程

1. 复习 5 以内的序数

游戏"坐车"，幼儿根据车票的序号找到自己的座位。

2. 学习从不同方向辨认 5 以内的序数

引导幼儿观察鞋柜有几层，说出三种鞋分别摆在第几层，知道鞋柜可以从下往上数，也可以从上往下数，数到数字几就是第几层。

3. 幼儿操作练习

（1）教师介绍材料（书架和图书、鞋柜和鞋、食品架和食品）及操作规则（根据图卡摆放物品）。

（2）幼儿操作，教师巡回观察。

4. 分享与小结

教学活动后，我们组织了研讨活动，大家先找出活动中能较好实践《指南》的主要表现：

（1）目标比较到位。首先，目标要求幼儿"会用序数词'第几'表示物体排列次序"，体现了《指南》中有关数学认知的目标"感知和理解数、量及数量关系"。其次，在幼儿已会从单一方向辨认物体序列次序的基础上，设定了高一层次的目标要求：从不同方向辨认物体的排列次序。

（2）材料体现生活化。活动的材料和情境都来自幼儿的实际生活，体现了《指南》所要求的"数学应让幼儿在生活中，在解决问题的过程中运用、理解和学习"。

（3）过程体现"直接感知、亲身体验、实际操作"的理念。活动过程以游戏"生活小能手"贯穿始终，关注幼儿数学学习的兴趣和积极的情感体验。

二、问题和困惑

(一) 活动的主要问题

通过深入研讨，大家发现了活动中存在的主要问题：一是教师的讲解不到位；二是缺乏幼儿的表达和交流；三是材料未能较好地物化教学目标和内容；四是教师对幼儿数学经验的梳理和提升中缺少数学语言。

(二) 教师的困惑

这四个问题是我园数学教学活动中存在的共性问题，在后继的研讨中，教师们就上述问题表达了自己的困惑。

1. 数学活动中如何认识和把握教师的讲解

大家认为活动中出现上述问题的重要原因是教师的讲解不到位，如教师没有具体讲解新游戏的玩法与规则，也没有通过讲解把幼儿的操作经验提升为相应的知识。对此，执教教师深感困惑，她说："我之所以在活动中尽量简化教师的讲解，是希望能体现《指南》所要求的'幼儿自主和主动学习'。如果教师讲多了，幼儿可能就处于被动学习的状态。应该如何认识和把握教师的讲解呢?"

2. 数学活动中要不要组织幼儿的表达和交流

教学活动中缺少幼儿之间的表达和交流,这也是大家重点指出的问题。对此,执教教师的困惑是:数学概念、术语都比较抽象,幼儿怎样才能表述清楚呢?

3. 如何从学习经验中梳理和提升数学知识

材料的操作只能使幼儿获得数学经验,教师的梳理和提升才能帮助幼儿从经验中获取数学知识。但我们发现活动中教师对幼儿经验的梳理和提升不到位,主要表现为有关数学概念、术语的表述有误,这是在许多数学教学活动中教师的通病。对此,执教教师的困惑是:目前自己处于对数学概念、术语了解不多、认识不到位的水平,提升自己水平的途径有哪些?

4. 如何借助材料物化数学目标和内容

幼儿是借助材料的操作来获得数学经验的,因此,材料是目标和内容的载体,数学活动的成功与否,很大程度上取决于活动材料。执教教师的困惑是:如何设计和制作物化学习目标和内容的学具或材料?

三、我们的结论

大家认为本次活动中存在的问题和困惑也是多数教师在设计和组织数学活动时面临的。就此,我们以本次活动为案例,组织教师们进行认真而深入的研讨,并获得以下共识。

(一) 适度性讲解,避免讲解的"过"与"不及"

以教师的"少讲"来体现幼儿的自主、主动学习,这是对"幼儿自主和主动学习"理念的错误认识。教师的讲解并不是代表幼儿的被动学习,教师要思考的是数学活动中教师应该讲什么、讲到什么程度、怎样讲才能确保幼儿的主体地位。

活动中教师必须讲解的内容有游戏材料、玩法和规则,还有活动的重、难点以及对幼儿数学经验的梳理和提升,这些内容不能不说或少说。讲解的方法可以是:

1. 互动式讲解介绍材料、游戏玩法及规则

师幼互动式的讲解是指教师在说一整段话时,在其中一些需要幼儿注意的问题上做停顿,让幼儿补充完整后再继续讲解。如,在环节1教师讲解游戏材料、玩法和规则时,师:一共有——(幼:5)辆公共汽车,两辆是——(幼:黄)色的,两辆是——(幼:绿)色的,每辆车都有——(幼:5)个位置。小朋友要看清自己的车票是哪一辆汽车的,是第几号座位,根据车票上车找自己的座位。

互动式讲解既有助于集中幼儿注意力,又能帮助幼儿了解教师讲解的重点。

2. 问题在先、讲解在后,解决活动的重、难点

对于教学的重、难点,教师讲解时最好与提问相结合,在幼儿自主思索的基础上进行讲解。如讲解前提出"为什么要这样做?""你是怎么想的?""从中你发现了什么?"等问题,把活动过程由教师"告诉幼儿"转变为"引导幼儿自己找出答案",让幼儿在观察、比较、操作的基础上,在分析和解决问题的过程中自主构建数学经验和知识,凸显幼儿学习的主体性。例如:在环节2中,为了引导幼儿自主学习运用序数词,正确表达物体在序列中的位置,教师可以提出三个问题:

①货架共有几层?你是从什么地方开始数的?(可以从上往下,也可以从下往上)这个问题点出了活动的重点,即序数的方向性。

②饼干(巧克力、口香糖)摆在第几层?这个问题是让幼儿迁移已有的单方向辨认序

数的经验，说出食品的位置。

③ "有人说口香糖摆在第一层，也有人说口香糖摆在第三层，这是为什么？你发现了什么？"这个问题是本次活动的难点所在，即数的方向不同，同一物品排列的顺序也不同。

在环节3要求幼儿按题卡上的标志摆放物品时，教师可以提出问题"认真想想，题卡上的标志代表什么？"引导幼儿运用学的新知识，自主分析标志；在操作完成后的幼儿检查环节，教师可以提出要求："和好朋友相互检查，看看你是不是把所有的物品都摆放到正确的位置上，如果发现有物品放错了位置，请把它摆放在正确的位置上。"

提问在先，讲解在后的方法尤其适用在解决活动的重、难点以及知识点的学习和检查等环节上。

（二）表达和交流是幼儿学习和运用数学的重要方式

我们认为数学活动必须提供幼儿表达和交流的机会，因为幼儿在表达和交流的过程中可以进一步感知和认识有关数学的知识，是一种对数学经验或知识的内化过程。例如：在环节1幼儿找到乘车位置坐下来后，可以请幼儿相互检查，说一说"我坐在第×位"；在环节2中学习从不同方向数序列时，教师不要急于教，而要让幼儿借助已有经验和同伴相互说一说"我看见饼干（或巧克力、口香糖）摆在第×层"；在环节3幼儿按图卡摆好物品后，指导幼儿互相检查后说一说"从上往下数，我摆的东西是在第×层，从下往上数，我摆的东西是在第×层"。

（三）用数学语言梳理和提升幼儿的数学经验

"数学教学也就是数学语言的教学"，数学语言具有规范性和专业性，教师应该用规范的数学语言组织数学活动和梳理、提升幼儿的数学经验。例如，环节1乘车游戏结束时，教师指导幼儿复习序数的知识"从单方向数说序数"，应该这样表述："想找对自己的座位，首先应该知道是从哪里往哪里数，然后找到第一把椅子，从它开始接着往后数椅子，数到几就是第几把椅子"。环节2学习新知识"从不同方向数，同一物体排列的序数不同"时，可以这样梳理和提升幼儿的操作经验："货架可以从下往上数，也可以从上往下数，开始数的方向不同，同一物品排列的顺序也不同。我们只有说清楚数的方向，别人才能明白每一个物品的位置。"

为了改变教师的数学理论和知识较为贫乏的现状，我们将组织专题培训活动。

（四）用材料物化学习的目标和内容

我们深刻认识到用材料物化数学学习目标和内容的作用和意义，遗憾的是目前我们缺乏相应的策略与方法，这是我们以后要进行专项研究的课题。

议一议

你认为下列幼儿园课程内容分类合理吗？它们的分类方式能否保证幼儿的基本学习，能否为幼儿的发展提供适宜的学习经验？

（1）按照活动对象的性质划分或者按照学科与心理相结合的方式划分。人民教育出版社出版的《幼儿园教育活动》把幼儿园课程内容分为健康、自然、社会、语言和艺术5个领域，这是以幼儿活动的对象及所规定的活动类型为标准来划分的。

（2）日本1999年修订的《幼儿园教育纲要》将课程内容分为健康、人际关系、环境、语言和表现，并结合了学科的逻辑顺序与幼儿的心理发展顺序。

（3）按照幼儿基本学习课题或者问题领域来划分。国际21世纪委员会在一份重要报告中明确提出，面对未来社会的发展，教育必须围绕4种基本学习——学知、学做、学会共同生活和学会生存来重新设计和组织。在这种思想的影响之下，有人将幼儿园课程内容分为学生活、学学习和学做人等。

（4）按照幼儿的主要活动形式或者围绕关键经验的活动来划分。欧美一些国家的幼儿园课程根据幼儿的主要活动形式，把内容分为游戏、工作、唱歌、律动、感觉训练、故事、实物观察和烹饪等。一些以皮亚杰理论为指导的学前教育方案，把课程内容视为能给幼儿提供"关键经验"的各种活动。比如凯米课程以皮亚杰对经验的划分——物理经验、社会经验和数理逻辑经验，将包含着3类经验的日常生活、传统活动和来自皮亚杰理论启示的活动作为课程内容。

（5）按照幼儿心理发展领域划分。英国的《学会学习》课程的内容是从幼儿身心发展的角度划分的。具体分为7个发展领域：自我意识、社会能力、文化意识、交际能力、动作与感知能力、分析和解决问题的能力以及美感与创造意识。

练一练

（1）在幼儿园课程内容的选择上，如何贯彻目标性原则？
（2）在幼儿园课程内容的选择上，如何理解适宜性原则？
（3）在幼儿园课程内容的选择上，如何理解生活性原则？
（4）举例说明因地制宜的原则。

做一做

根据幼儿园课程内容选择应遵循的原则，分析当地某一幼儿园的课程内容是否合理。

第四课　幼儿园课程的实施

情境案例

关键经验

主动学习的关键经验一

在一所保育学校的小组活动中，8个幼儿围成半圆而坐，教师带来一个果盘，盘里装着一个新鲜的菠萝、一把锋利的刀和几块餐巾。教师坐在中间，举起菠萝问："谁知道这是什么？"然后，她把菠萝递给第一个幼儿，其他幼儿则等着轮到自己来触摸、感受这个菠萝。教师告诫幼儿："坐着别动，不然会被扎着，这菠萝有很多带刺的叶柄。"这时，坐在最后的一个幼儿开始东张西望、烦躁不安起来，他现在看不到那个菠萝，因为教师正挡在拿菠萝的幼儿前。

在所有的幼儿都接触、感受过菠萝后，教师拿起刀，并警告幼儿锋利的刀很危险，然后切开菠萝，闻了闻切口部分新鲜菠萝的气味，幼儿们仍坐着看。教师随即把菠萝切成片，用手举着问："谁知道这中间硬的部分叫什么？""现在就能吃，还是要做什么其他事？""这片像一个方块吗？"

仅有少部分幼儿做出反应，大部分幼儿都在座位上活动，这时教师才把它切成更小的薄片发给每个幼儿吃。

主动学习的关键经验二

小组活动时教师带来一个新鲜的菠萝。

"我不要碰它，因为它身上有刺！"特丽莎说。

"让我摸摸，让我摸摸。"萨姆说。

教师说："我们把它传一遍，让每一个人都摸一摸。"

特丽莎说："它有刺。"

教师："比尔，你说呢？"

"它扎我的手。"比尔回答。

"看我，我抓叶子把它拿起来啦！它好重。"詹妮弗兴奋地喊。

"我能让它滚，你看。"凯茜说。

在每个幼儿都感受并谈论菠萝后，教师问："你认为它里面会是什么样？"

"湿的。"

"有种子。"

"它像香蕉一样软。"

"你怎么知道的？"教师问。

"切它，切它！"幼儿喊，于是教师就把菠萝切成片，并给了每个幼儿一片。"现在有关菠萝你还能说什么？"

"噢，味道挺香。"琼斯舔了舔自己的菠萝片。

"我喜欢它，"吉夫说，"它是甜的。"

特丽莎跑到娃娃家区带回一把钝刀，"我要切切看。"

"我也要。"弗利克斯跟着说。

"闻上去怎样？"教师问。正在仔细地感受与品尝菠萝的艾里插话说了自己的发现："黏糊糊的，我的黏糊糊的。"

菠萝摸上去确实黏糊糊的。"气味怎么样呢？"教师又问。

"它的气味像一个，像一个，像一个菠萝！"萨拉兴奋地喊道。

点评：接触、感受一个新鲜菠萝并将它作为点心吃，这是令幼儿兴奋的活动。

关键经验一中的教师预先计划好活动进程，并提供材料和时间让幼儿看、听、摸和尝。为什么幼儿会东张西望，烦躁不安？原因是他们并没有主动参与活动，他们只是看教师把菠萝切、削成薄片，听教师讲和提问，自己没有发言或和同伴交流的机会，他们实际上花了许多时间来等待轮流，而不是行动。因此，该案例未提供幼儿主动学习方面的关键经验。

关键经验二中的教师将海伊斯科普课程设计的7个主动学习的关键经验让幼儿主动获取，如让幼儿运用所有的感官（包括视觉、触觉、嗅觉等）主动地探索，让幼儿通过直接经验发现事物之间的关系，让幼儿操作、转换和组合各种材料（如整个菠萝、菠萝片），让幼儿使用工具和设备（如钝刀），进行大肌肉活动（如切、摸、滚），让幼儿自己做自己的事。

这两个情境案例告诉我们，幼儿园的课程应如何实施才科学。

一个好的教师应该确立两个意识：发展意识和课程意识。发展意识是指教师对幼儿的日常行为所体现出的发展水平和发展需要，能够随时做出准确的分析和判断；课程意识是指教师在日常生活中，能够随时发现和利用可以影响幼儿发展的教育因素。

幼儿园课程实施方案的策略是指在教育活动过程中，教师为使幼儿的情绪、认知、外显的与内隐的能力达到最佳的活跃状态，所运用的最优化的课程实施取向，它是教师专业素质、教育智慧和教育艺术的体现。目前我国幼儿园主要采用以下两种课程实施方案：

一、主题引领下的领域整合课程

幼儿园的主要任务不是"教知识",幼儿的主要任务也不是"学知识",幼儿是通过直接感知、体验、操作、探究等方式主动学习与构建知识、经验的。《指南》的"说明"指明了幼儿学习以五大领域为内容,以主题活动为线索,以个别、小组和集体活动为形式,采用以生活活动、活动区游戏活动、集体教学活动为途径的多元的、立体的教育活动模式,同时也注重了隐性课程、生成性课程和预设课程的结合对幼儿发展的影响,从而形成了当代我国以《指南》中幼儿三个年龄段末期幼儿应该知道什么、能做什么,大致可以达到什么发展水平为目标的幼儿园课程模式。

(一) 主题引领下的领域整合课程的含义

主题引领下的领域整合课程是在一段时间内(时间长短由主题内容决定),围绕事先选择的主题组织教育活动。它以幼儿熟悉和感兴趣的内容为活动对象、以现实发展水平为依据、以活动为载体、以环境为依托、以游戏为手段,充分利用周边资源,预设和生成相结合,通过一个主题线索把单一的、局部的、模式化的零散形式与内容的教育活动整合为复合型、立体式的蓝图教育。

主题活动具有开放性、综合性、整体性的特点,是全面发展的教育模式。这种课程形式有利于改变过去过分强调活动内容的自身知识体系、割裂活动内容领域之间联系的弊端,将幼儿园的健康、语言、社会、科学、艺术各领域的教育内容有机地整合在一起,同时将幼儿园、家庭、社区等各种教育资源相互联结。在这种课程活动中,幼儿以探究性学习方式,通过对周围世界的深入观察、自主体验来实现对主题所蕴含的经验体系的整体认知与感受,获得主动发展。主题和各领域的关系以及主题引领下的领域整合如图2-2、图2-3所示。

图2-2 主题和各领域关系

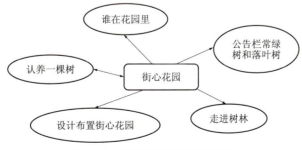

图2-3 主题引领下的领域整合

（二）主题引领下的领域整合课程的实施

主题引领下的领域整合课程的实施是低结构化活动和高结构化活动的统一，具体包括教师预设的和生成的、围绕一个主题展开的、全班一起进行的和分小组进行的系列教育活动。

1. 低结构化活动和高结构化活动

低结构化活动是指主题系列教育活动中，通过生活活动、游戏活动等获取有关某一主题的感性经验的教育活动。在低结构化活动中，幼儿更多地通过自主活动获得零散的、偶然的知识，由于这些知识是片段性、零碎性的，因此它对提升幼儿认识的发展是有限的。

高结构化活动是指主题系列教育活动中，教师有目的、有计划地组织，班级所有幼儿都参加，有利于幼儿构建具有引领性功能的系统的知识体系的教育活动，即教师通过把幼儿在日常生活和游戏中获得的零散的表象、片段的经验进行整合，使之反映某领域客观事物或现象之间的关系或联系，形成初级的、经验性的科学概念，并通过幼儿能够理解的教学活动为幼儿所掌握。

在幼儿的学习中，没有低结构化经验的积累，高结构化活动就无法实施。低结构化活动中获得的知识有助于高结构化活动的提高和升华。高结构化活动中幼儿获得的知识只占幼儿知识总量中很小的一部分，但对其发展具有至关重要的影响。因此，高结构化活动亦可狭义地称为"集体教学活动"（广义的"集体教学"包括"一日生活活动"和"游戏活动"），它的优点是经济、高效、公平，系统性强且具有引领性。它和"一日生活活动"和"游戏活动"相配合，共同构成幼儿园主题引领下的领域整合课程。表 2-1 所示为幼儿园两种结构化活动的主要区别。

表 2-1 幼儿园两种结构化活动的主要区别

项　目	低结构化活动	高结构化活动
活动的发起者	幼儿	教师
活动的动机	幼儿的需要	教师的责任
活动中教师作用	教师间接控制，幼儿自由度大	教师直接控制，幼儿自由度小
活动目标的确定	幼儿和教师共同确定目标，目标陈述简约、宽泛	教师自己确定目标，目标陈述具体、清晰
活动内容	幼儿获得直接经验的自主活动（生活活动、区域活动等）	教师针对幼儿需要知道的普遍性问题，在幼儿获取直接经验的基础上进行的整合和提升（集中教育活动）
活动评价	幼儿的主动性和参与性	教师对活动目标的达成度

2. 主题活动的设计

低结构化活动以幼儿自主活动为主，具有不确定性；高结构化活动注重活动目标的预设、活动流程的控制，强调目标的达成度。因此，教师要了解幼儿的学习特点与规律，熟悉幼儿的生活、游戏以及幼儿已经获得的知识经验，掌握与幼儿互动的方法与策略，能巧妙地调动与利用幼儿群体所具有的教育力量，否则，这些专门的教育活动就会妨碍幼儿的学习，压抑幼儿的发展。

在主题引领下的领域整合课程中，教师要明确生活、游戏、运动、学习等活动各自在幼儿发展中所起的独特作用，并根据主题将其目标、内容、途径、方法进行整合，使其发挥整体效应。

【案例 2-22】
在大班"认识动物界"这一主题活动中，有关于"动物是怎样保护自己的？"的内容。幼儿的自发经验中已有大量有关动物防卫机制的表象性经验，如乌龟有坚硬的外壳；兔子的耳朵和后腿很长，跑得很快；鸭子的嘴是扁的，脚上有蹼；刺猬身上长满了"钢针"；老鹰的嘴和爪子像钩子，坚硬锋利等。通过教学活动，教师将这些零散的知识整理成系统知识，在教师的启发和引导下，当幼儿理解了"动物的外部结构和行为特征是和它的生活环境相适应的，是保护自己的手段"时，"动物对环境的适应性"的观念就逐渐形成了，有关动物零散的经验也就构成了一个初级的知识体系网。凭借这个网络，儿童不仅能够灵活地再现已有的知识，使旧知识条理化、精确化，达到新的认识程度，而且能处理、解释、推测新问题和新现象。如，看到一种以前不知道的动物，就能够根据它的外形特征（如有没有尖利的齿爪）大致判断它是食肉的还是食草的，是凶猛的还是温顺的。

案例 2-22 是教师对幼儿在低结构化活动中获得的关于动物生存的零散经验进行整合和提升的一次高结构化活动，此活动的实施使幼儿对动物生存的适应性在认识上产生了质的飞跃。

现在不少幼儿园"专业性"低下，不懂幼儿教育活动之间的关系，对幼儿的发展造成极大的伤害。大量的所谓"教知识"的专门教学活动不是建立在低结构化活动的基础上，降低了幼儿的学习兴趣，挫伤了幼儿的学习热情，导致幼儿养成了不良的学习习惯，自主学习能力薄弱，生活能力低下，游戏经验缺乏，思维能力、想象力和创造力被摧残、被扼杀，分析、解决问题的思维能力差等。这种伤害和负面影响是多方面的，甚至是长远的。所以只有"专业性"的幼儿园才懂得如何针对幼儿特点进行施教。

杜威说过："儿童的世界是一个具有他们个人兴趣的个人的世界，而不是一个事实与规律的世界。"幼儿的兴趣、情绪、经验和行为直接影响着活动的效果。只有他们感兴趣、具备与活动内容有关的知识经验、且情绪稳定时，他们才集中注意去参与，教师的指导也才能真正转化为幼儿的自主活动。因此，无论是低结构化活动还是高结构化活动，都需要教师考虑以下几个方面：

（1）提出设计意图。

提出设计意图就是要明确开展某一主题活动或某一具体活动的缘由。内容主要包括幼儿对该活动有极大的好奇心、兴趣或关注度；幼儿需要获得某方面的直接经验或幼儿已具备了接受和理解该活动足够的直接经验；教师要对该活动素材和梗概进行分析；开展该活动的幼儿园已具备有利的条件；通过该活动的实施，使幼儿获得新的直接经验，抑或可以使幼儿在原有感性经验的基础上获得新的认识或使原有认识升华。

【案例 2-23】中班数学活动：设计围墙
设计意图
中班幼儿对于规律的概念感受比较粗浅，模式单一，以 AB 为主，ABC、AAB 等规律呈现较少，思维的有序性、推理性也比较粗浅，而且按规律排列时容易受同伴的影响，思维的独立性、独创性，操作的坚持性还不够。本次活动中，通过设计围墙，让幼儿与材料互动，利用孩子间不同的经验，在比较中感知规律排列；在选择、判断、操作的过程中进一步感知、理解、发现新规律；拓展幼儿视野，感受有规律的事物使生活变得秩序而美丽。

案例 2-23 中，教师从幼儿对规律的直接经验单一的角度出发，通过"设计围墙"这一活动，使幼儿获得新的认识，即规律是客观的；教师还联系生活中的规律，让幼儿懂得规律无处不在，进而提出本次活动的设计意图。

（2）确定活动目标。

活动目标是活动设计的指引，没有活动目标，设计就失去了方向。幼儿园的课程目标是指通过一次或几次教育活动所期望达到的效果，即通过主题活动或某一具体活动的实施，使幼儿能在原有的基础上获得知识、能力和情感态度等方面的发展。

就某次活动而言，往往在活动设计之初，教师就已预设活动的目标，但是在活动过程中，由于一些客观因素以及幼儿思维的灵活、跳跃和注意力集中程度等情况，可能会有新的目标生成，这是幼儿园教育活动实施过程中经常出现的问题，也是对教师素质的考验。

【案例 2-24】认识雪

大班预设的课程目标是"认识雾"，但一场罕见的大雪使教师生成了新的目标"认识雪"。

上海的冬天虽然寒冷，但雪是很少光顾的，可就在开展主题活动"认识雾"的前几天，上海的冬季迎来了十几年罕见的大雪，大雪在地面堆积起来而没有融化。幼儿们自然兴奋不已，他们对雪充满好奇并有一种玩雪的强烈需求。于是教师调整了预设目标，顺应孩子的兴趣，生成了新的目标：自主表达对雪的感受；初步了解下雪与我们生活的关系；在欣赏和阅读中，体会雪花飘舞的情趣。

案例 2-24 是幼儿园预设课程随天气变化而随机生成的一次活动。幼儿的兴趣和需要尚未稳定与定向，会因许多偶发因素而产生。案例 2-24 中提及的季节特征及变化，是幼儿亲身经历、亲身感受的天气现象，往往最容易吸引孩子的注意和兴趣。教师应善于关注并顺应儿童的兴趣和需要生成目标，使幼儿园课程目标呈现出动态变化的特点。这一调整并生成新活动目标的过程，既满足了幼儿的需要，促进了幼儿学习的动力，使幼儿得到了自主的发展，又使幼儿园课程体现出"以幼儿发展为本"的思想。

活动目标由不同的活动内容和幼儿身心发展特点所决定，同时也要考虑本地区、本园的实际情况。根据我国课程标准规定，活动目标一般包括三个方面：知识目标、能力目标和情感目标。在实际设计、组织和实施教育活动中，教师要依据活动内容和实际情况灵活确定活动目标，比如根据幼儿的兴趣需要生成新的活动目标。

活动目标是活动的指引，所以目标的表述要做到：

①目标具体、可操作，避免过大、笼统。

确定活动目标要明确。很多幼儿教师不会制定目标，不明确自己要做什么，在实施活动的过程中也就随心而欲、杂乱无序，甚至不知道自己在说什么。

【案例 2-25】

在以"认识兔子"为内容的教育活动中，两位教师各自制定了活动的具体目标。

第一位教师制定的目标：

◆增加幼儿对兔子的认识；

◆培养幼儿对兔子的感情。

第二位教师制定的目标：
◆ 能描述出兔子的外形特征，说出兔子喜欢吃的食物；
◆ 每天轮流喂兔子、触摸兔子时，能做到轻摸，不使兔子受惊吓。

显而易见，案例2-25中第一位教师制定的目标过于笼统，而且是教师的主观愿望，没有从幼儿的角度出发，所以在实施操作的过程中，教师无从下手，活动过程杂乱无章、没有头绪，目标也就无法实现了。第二位教师以幼儿在活动中应达到的具体行为来表述目标，使活动目标更具体，更具有可操作性，再加上教师在实施过程中给幼儿提供了表现的平台，大大调动了幼儿参与的积极性，触发了幼儿的情感，从而使幼儿获得了新的知识。

②目标要清晰，不要与过程、方法混淆。

在设计和书写教案的过程中，个别教师会出现这样的情况：在表述活动目标时，把实施活动的过程及过程中使用的方法、形式与目标一并加以表述，使得目标的表述冗长、累赘，甚至有时会产生误解，不知道哪一个是真正要达到的目标。

【案例2-26】
在一次健康活动中，老师这样表述目标：
◆ 通过小鸟找家游戏，练习四散跑；
◆ 调动教育活动气氛，让幼儿在玩中学习。

案例2-26目标表述中"通过小鸟找家游戏"是过程，不是目标；"调动教育活动气氛"是教育方法和手段，也不是目标。这样表述的目标不仅累赘、烦琐，而且活动所要达到的目标也不清晰。

修改后的目标表述：
◆ "幼儿会听口令跑动"或"在活动中，幼儿会按要求做动作"；
◆ "感受集体活动的快乐"或"体验与同伴团结合作的情感"。

③目标表述力求以幼儿为主体。

教育活动的最终目的是促进幼儿身心发展。教师是活动的主导，幼儿是发展的主体。教师设计、组织、实施教育活动，幼儿在操作、探索中去发现、体验、成长。所以，教育活动目标是否真正实现，主要看教育活动之后，幼儿的认识、行为等是否发生实质性的变化。也就是说，目标的价值取向应该在幼儿身上得以体现。为此，活动目标要从幼儿的角度去表述，如果某一目标只能从教师角度表述，则要求前后句表述角度要统一。

【案例2-27】
活动"有趣的鞋"的活动目标：
◆ 引导幼儿从多角度观察（从教师角度表述）；
◆ 能按用途、材料、颜色进行分类（从幼儿角度表述）；
◆ 教幼儿区分左右，能将相同的一双鞋配对（前半句从教师角度表述，后半句从幼儿角度表述）。

案例2-27中的目标表述角度不统一。如果能从幼儿角度表述应尽量从幼儿角度表述，表明经过教育活动，幼儿所达到的发展水平。

修改后的目标表述：
◆ 学习从多角度观察；

◆ 能按用途、材料、颜色进行分类；
◆ 会区分左右，能将相同的一双鞋配对。

【案例 2-28】

中班社会活动"我的自画像"活动目标：
◆ 喜欢自己的名字，鼓励幼儿大胆地应答教师的呼唤；
◆ 创设环境，引导幼儿大胆地在集体面前说话。

首先，案例 2-28 中，活动目标 1 的前半句与后半句主语不一致，前半句是从幼儿的角度提出来的，后半句则从教师的角度提出，目标表述显得混乱；其次，"大胆地应答"与"大胆地在集体面前说话"两点间互相交叉，不够明确，缺乏整体考虑；再次，活动目标 2 从教师角度描述，应从幼儿角度表述会，这样更加科学、准确。

修改后的目标表述：
◆ 喜欢自己的名字，听到名字能大声地应答；
◆ 愿意在问题情境中表达自己的想法。

④ 目标表述应体现活动的阶段性和连续性。

幼儿的每一次活动都要考虑目标的适宜性与达成性。由于幼儿的教育活动必然要分阶段来完成，而幼儿每一阶段的学习又都是在幼儿已有知识、技能、情感等方面认识基础上的再提高，因此，必须保证幼儿教育活动的其连续性。

在幼儿园的教育活动实施过程中，一个目标要通过多种活动来实现，一个活动要指向多种目标。目标和活动不是一一对应的关系，我们追求的是通过一个活动实现多个目标。

【案例 2-29】

故事《白雪公主》的主要目标是欣赏并理解著名文学作品，发展语言（语言目标），同时学习分辨善恶（社会目标），体验关心、同情等美好情感（情感目标）。又如，玩球不仅锻炼身体、发展动作（身体发展目标），还发展幼儿创造能力、培养合作精神（社会性目标）。

【案例 2-30】

在数学教育活动中，按照《指南》的要求"感知和理解数、量及数量关系"是一条关键经验，无论在小、中、大班都应持续进行相关活动，确保经验获得的连续性；在安排各年龄班的内容时，教师应遵循经验发展的顺序性原则，首先安排计数活动，帮助幼儿"手口一致地点数 5 个以内的物体，并能说出总数；能按数取物"。当幼儿熟练掌握计数活动后，教师应设计有关相邻数和序数的活动，帮助幼儿"理解数与数之间的关系"；当幼儿达到这一水平时，教师可开展数的组合和分解活动，帮助幼儿"通过实物操作或其他方法进行 10 以内的加减运算"。

案例 2-29 说明一个活动可以实现多个目标。

案例 2-30 说明，在确定活动目标时，不能无节制地罗列不相关的目标。教师要慎重考虑各方面因素，尤其是和本次活动内容密切相关的各方面因素，既要全面、贴近幼儿的生活，又要分阶段、有重点，使幼儿通过不同阶段不同的活动体验理解知识，保证认识的连续性，从而获得身心健康的和谐发展。

（3）选择分析并确定活动的内容、组织的途径、形式和方法。

在选择课程活动内容时，要依据幼儿学习和发展的需要和兴趣，收集与这一课题有关的材料。材料要与教育目标契合，蕴涵丰富的教育活动资源，具有时代性，符合幼儿年龄特点，贴近幼儿生活实际，具有挑战性；还要考虑季节和节日的背景以及本地区一些特殊情况（风土人情、文化传统、教学资源）等。

幼儿园教育活动实施的途径是多种多样的，当下的主题活动需要将游戏、生活、教学、社区等各途径相互整合，以便幼儿通过不同途径，获取和建构关于某一主题的直接经验和知识体系。

幼儿的教育活动没有固定的形式，教师采取什么样的活动形式，要根据教育内容而定。现代的幼儿教育理论强调要充分体现幼儿在活动中的主体地位，要让幼儿在活动中动脑、动耳、动眼、动手、动嘴，让他们自己去感知、发现、探索。因此，幼儿园教育活动的形式趋于综合化、多样化，即个别、小组、集体综合利用，以求实现最佳的教育活动效果。

活动方法是教师教的方法和幼儿学的方法的统一，是活动过程中为实现活动目标所采取的行为方式的总称。教法和学法是一个问题的两个方面，二者辩证统一在同一活动过程中。教的方法必须遵循幼儿学的方法，即幼儿学习的特点和规律，否则，教法将失去它的针对性和可行性；幼儿学的方法是教师教的方法的依据，二者相辅相成。在幼儿教育活动中，教师常用的教学方法有讲解法、示范法、演示法等；幼儿常用的学习方法有谈话法、观察法、情景表演法、实践操作法、讨论法、探索发现法等。

【案例 2-31】"厨房教育"成为早教新理念

日本人认为，做家务是一门需要从小培养、学习的生活艺术。家务事处理得好的人，人际关系绝对不会太差。从小进厨房，和家人一起做家务，对于幼儿各个方面的发展都有积极作用：首先，可以提高孩子的自理能力，让孩子学会照顾自己。其次，在厨房里，孩子可以学到很多知识技能，比如接触危险的菜刀、火等可以令孩子手脚灵活；厨房中的实践还可以让孩子自然地认颜色、数数等。再次，厨房劳动对幼儿的性格养成也有好处，可以养成勤劳的品行，避免由于饭来张口形成的好逸恶劳、爱享受的性格。最后，"进厨房"能够增进亲子关系，在孩子和家长共同完成厨房里工作的这个过程中有交流、有协作，最有助于增进感情。

案例 2-31 中所述的日本早教理念和我国的幼儿教育理念不谋而合。从采取的途径、形式、方法来分析，这一案例实质上呈现的是一个综合了社会、科学、艺术等领域内容的教育活动；这一活动采用了家庭、幼儿园相结合的途径（幼儿园的区域活动中有"小小厨房"），使用个别、小组活动互助的形式，是集实践操作、观察、探索发现等方法于一体的教育活动。这样的教育活动有利于幼儿获得丰富的感性经验，符合幼儿身心发展的特点，也是我国当下幼儿教育发展的趋势之一。

（4）制定完成教育活动的进度表。

教育活动的进度是按照幼儿园课程计划进行的。从宏观上说，幼儿园进行的所有课程活动都是有目的、有计划、有组织的；从微观上说，每一具体教育活动根据活动内容和幼儿实际情况，也要制定时间进度表。各层次的课程活动目标虽各有侧重，但它们共同为幼儿园课程的规范化、系统化、连续化运行提供保障，使教师有章可循。

【案例 2-32】3~4 岁上册（主题单元）

主题"我能行"：我的名字；我的身体；我是小小运动员；自己上厕所；我帮娃娃穿衣服；一家人；我喜欢；和水果宝宝交朋友；笑一个吧。

主题"冬天到"：冬爷爷来了；它到哪里去了；它们怎样过冬；小兔吃东西；绿的和不绿的；冬天的树；雪人；好玩的冰；神奇的暖气；棉手套热乎乎；吃火锅；铃儿响叮当；快乐的元旦。

案例 2-32 是幼儿园根据季节特征制定的主题单元课程计划，这两个主题活动各包含了生活活动、游戏活动、户外活动、教学活动等一系列活动。每一个主题因内容不同所需时间长短亦不同。关于"冬天"的主题一般会利用整个冬季来完成，使幼儿形成对"冬天"比较完整的认识。

（5）安排空间环境。

幼儿的教育活动要考虑活动空间环境布置，如在室内还是室外。对幼儿来说，环境是会说话的第三位老师，对幼儿起着耳濡目染、潜移默化的影响。学习环境的创设，大到设备的准备、活动室的布局，小到活动材料的准备及座位的安排等，都会直接影响幼儿园教育活动的效果。

3. 高结构化活动实施的导入策略

幼儿园课程实施是把活动的设计转变为实践的过程，这一过程集中体现教师的综合素质，要求教师能创造性地将活动内容和形式融合到一起，使教育性、科学性、艺术性及个人风格有机结合，以便幼儿从中受益。

俗话说"万事开头难"，良好的导入可以激发幼儿浓厚的活动兴趣和强烈的求知欲，使幼儿迅速地将注意力集中到本次活动上，从而明确活动的任务和要求，全身心投入到活动中来。根据材料在导入中所起的作用，常用的导入方法主要有以下几种：

（1）问题导入。

问题导入指教师根据活动内容直接向幼儿提出问题。它要求提出的问题具体、形象生动、紧扣活动内容、难易适度、具有启发性。

【案例 2-33】小班语言活动"小动物爱洗澡"的导入语

"小朋友身体脏了，爸爸、妈妈会带我们去洗澡，爸爸、妈妈会帮我们把身体洗得干干净净，香喷喷。小动物身体脏了也要洗澡，那你们知道它们是怎么洗澡的吗？"

案例 2-33 的导入语既从幼儿的实际经验出发，贴近幼儿的生活，便于幼儿理解，又向幼儿提出稍有难度的问题，起到了激发幼儿求知欲的作用。

（2）故事或谜语导入。

故事或谜语导入是指教师以讲故事或猜谜语的形式导入。

【案例 2-34】中班科学活动"认识蚯蚓"的导入语

"小松树一觉醒来，'哇，睡得真舒服！咦，是哪位好心的朋友帮我把周围的泥土松得软软的？难怪我昨晚像睡在床垫上一样那么舒服！'小松树决心找到这位好心朋友，好好谢谢它。找啊，找啊，小松树终于找到了这位好心的朋友。小朋友，你们猜猜看，它会是谁呢？它是一条正在松土的蚯蚓。小朋友，你们想不想认识小松树这位好心的朋友——蚯蚓呀？我们一起认识一下蚯蚓吧！"

故事或谜语生动形象，加上老师的表情和肢体语言，能充分唤醒幼儿已有的知识经验，使他们积极地参与到活动中来，并极大地调动幼儿对活动的兴趣。

使用故事或谜语导入时需注意，教师不是为幼儿单纯讲故事或猜谜语，而是因为故事或谜语内容与所要进行的活动有密切关系，幼儿易于理解和接受。因此，不论是原有的故事或谜语，还是新编的故事或谜语，都一定要保证其内容的科学性、教育性、艺术性和趣味性。

（3）实物导入。

实物导入是利用现实中的人、动物、玩偶、图片、模型和环境等进行导入。实物导入的最大特点是具体、直观、生动、鲜活。由于幼儿以动作思维和具体形象思维为主，因而实物导入恰巧符合幼儿的思维特点，它使抽象的内容变得表象化、形象化、拟人化，如临其境。

【案例2-35】大班科学活动"认识时间"的导入语

"小朋友看，这是我们每个小朋友家都有的石英钟。有的小朋友还有闹表，每天早上提醒我们该起床去幼儿园了，可不要迟到啊，晚上告诉小朋友该回家了，爸爸妈妈要来接我们了。那小朋友认识时间吗？今天我们一起来认识时间吧！"

实物导入直接、简单、明了，但要求教师的语言表述要生动、准确，所用的实物尽量真实化、儿童化，以引起儿童的注意，还要有利于激发幼儿的兴趣和求知的欲望。

（4）演示法导入。

演示法导入主要包括实验、情景表演和录像等，是指利用一些相关的材料把事物的发展变化过程演示出来，使人对事物有初步的认识或了解，进而引出活动主题。通过演示让幼儿观察并获得感性认识，可在一定程度上弥补幼儿感性经验的不足。

导入的故事情节可以制成课件，或画出一组可以表示故事情节的图片，亦或事先找若干小朋友进行角色表演等。这种演示直观、形象，是幼儿最喜欢的导入形式之一。

使用演示法要注意：事先要做好充分的准备，检查好材料和设备情况，并进行预演；设想可能出现的各种情况；演示的内容与方式要紧扣活动内容和目标；演示过程中，必要时要求教师进行简洁的说明和指导。

4. 高结构化活动编制格式范例

为了确保教育活动的质量和效率，幼儿园要求教师事先把教育活动设计方案呈现出来，也就是平常说的教案。教育活动方案是教师教育教学计划中最详细、最具体的设计，它是直接指导幼儿教师的教育教学活动依据，也是评价教育活动效果的依据。

现以小班科学活动"捉迷藏"的教育活动方案为例，说明幼儿园教育活动方案的格式。

【案例2-36】小班科学活动"捉迷藏"的教育活动方案

设计意图

利用幼儿喜欢的捉迷藏游戏，引导他们对常见水果从整体到局部进行认识和梳理，从而提高幼儿的观察能力，为今后的学习打下良好的基础。

活动目标

◆尝试从整体到局部观察常见水果，提高观察能力；
◆乐于用语言表达自己的观察和发现。

活动准备

◆已有经验：幼儿对常见水果的名称、形状、颜色等有初步认识；

◆材料准备：

（1）教师用具。

①自制大图书。

②用纸盒做成"苹果的家"，里面装入红、黄、绿苹果。

③用多张大图书的页面遮挡苹果、梨、香蕉的图片，在遮挡的页面上挖洞，越往后洞越大，露出的水果面积越大。

（2）幼儿操作材料。

①用黑色手工纸做成苹果、梨、香蕉的影子，放于幼儿身边的桌子上。

②用透明塑封纸做成苹果、梨、香蕉，藏于大图书内的信封里。

③将活动室一角布置成"水果乐园"。

活动过程

（1）寻找苹果、梨、香蕉的影子。

①激趣导入。

师：今天我们要一起来阅读一本大图书，书的名字叫《捉迷藏》。我们一起打开书，看看是谁和谁在一起玩捉迷藏的游戏。（展示大图书中苹果、梨、香蕉的轮廓图。）

师：（模拟水果宝宝的声音）小二班的宝宝们，我们是苹果、梨、香蕉。我们的影子已经在你们的桌子上了，快来找出我们的影子吧。

②交代任务。

师：原来是苹果、梨、香蕉要和我们一起玩捉迷藏的游戏。现在请你走到桌边，看一看、想一想桌子上的影子是谁的，然后把它送到苹果、梨、香蕉的家里。

③幼儿操作，教师观摩指导（幼儿将影子贴到大图书相应轮廓图的下方）。

教师观察指导要素：

◆幼儿能否按照外形把水果影子送到相应的地方；

◆当幼儿匹配正确时，教师以提问的方式帮助幼儿提升：这是什么水果的影子？它的形状是什么样的？

④教师小结。

◆重点提问：你怎么知道这是苹果、梨、香蕉的影子？它们的形状是什么样的？

◆同步出示实物水果并小结：苹果的形状是圆圆的，梨的形状是一头大一头小的，香蕉的形状是弯弯的、长长的。我们是根据形状找到了苹果、梨、香蕉的影子。

（析：小班幼儿是直觉形象思维，所以应给他们呈现水果实物。这样可以让幼儿更有效地建构有关水果形状的认知经验。）

（2）寻找苹果、梨、香蕉的颜色。

①再次激趣。

师：（模拟水果宝宝的声音）没想到你们这么厉害，一下子就找到了我们的影子。我们再来玩一次吧。你们准备好了吗？

②交代任务。

师：（出示塑封纸做的透明的水果）这次水果们把自己的颜色藏起来了。你想一想苹果、梨、香蕉是什么颜色的？把它们送到属于自己颜色的家里吧。

③幼儿操作，教师观察指导。

教师观察指导要素：
◆幼儿是否将透明的水果送至与其颜色相应的颜色底板纸上；
◆当幼儿匹配正确时，教师以提问的方式帮助幼儿提升：你为苹果、梨、香蕉穿上了什么颜色的衣服？

④教师小结。
◆当没有幼儿使用绿色时，重点提问：苹果宝宝有哪些颜色的衣服？你在哪里看见过不同颜色的苹果？
◆当有个别幼儿用到绿色时，重点提问：你在哪里见过绿颜色的苹果？苹果宝宝还有什么颜色的衣服？
◆出示"苹果的家"并小结：不同的水果有不同的颜色，有些同种水果也有不同的颜色。

（析：当幼儿出现认知冲突时，教师出示"苹果的家"，与幼儿共同请出红、黄、绿三种颜色的实物苹果，并顺势小结，拓展了幼儿对水果颜色的认知，并激发幼儿进一步探究水果与颜色之间关系的愿望。）

（3）寻找躲在门后的水果
①第三次激趣。
师：（模拟水果宝宝的声音）你们这么快就找到了我们的衣服颜色。我们还没有玩够呢，再躲起来。哈哈，这次有点难找哦。
②交代任务。
师：这次苹果、梨、香蕉躲在门背后，只露出一点点。我们来看看门后面到底躲着谁。
③幼儿观察、判断谁躲在门后。

（观察用多张大图书页面遮挡的苹果、梨、香蕉的图片。幼儿看第一页就能判断出是什么水果最好，若不能判断出，就往后翻到第二页、第三页。越往后翻，露出的面积越大，判断难度就越小。）

可能出现的情况：
◆当幼儿猜出水果时，教师重点提问：你从哪里看出这是苹果、梨、香蕉？
◆当幼儿猜不出水果时，教师再打开一扇门，露出更大面积的水果局部，降低幼儿猜出的难度。

教师重点提问：你能根据颜色、形状猜出这是什么水果吗？还有什么可以帮助你猜出这是什么水果？
④教师小结。
师：看来要找出它们，我们要看得仔细一点、认真一点呢。

（析：小班幼儿观察物体的特点一般是先整体后局部，此环节对幼儿观察事物提出了更高的要求。）

活动延伸
师：（模拟水果宝宝的声音）你们的眼睛可真厉害，我们只露出一点点就被你们认出来了。
师：活动室后面有一个"水果乐园"，现在我们去那里和更多的水果宝宝玩吧。

二、方案活动

方案活动是 20 世纪 60 年代和 70 年代普罗登时代英国学前教育和小学教育的中心部分。在那些年，英国的实践激励了许多美国教师在"开放教学"的名义下采用这种方案教学法。意大利瑞吉欧·艾米丽亚的北方小镇将方案教学法进行了高度创造性的改造，使其成了课程的一部分，最近几年还被其他国家广泛采用。

之所以叫方案教学，而不是"方法"或"模式"，是为了表明探索性方案活动只是学前课程或小学课程的要素。作为 3~8 岁儿童课程的一部分，方案活动是在与其他方面课程的互补关系中发挥它的功效，而不是作为一种总的教学方法和模式，因此不需要放弃能支持儿童发展和学习的其他广泛和教育的实践。

（一）方案活动的含义

方案活动是整个班级（有时是班级内的一群儿童，偶尔也会是一个儿童个体）对某一主题进行广泛深入研究的活动。当整个班级参与方案活动时，儿童也会典型地以一个组和个体的形式参与研究大主题以下的特定分主题。这种活动可以是儿童对主题的诸多方面进行研究，而这个主题在理论上应该是参与活动的儿童所感兴趣的，同时也是值得他们注意并努力的。在与教师讨论时，儿童会针对主题的具体方面提出问题，而主题也将成为儿童在方案活动中的主要攻克点。

方案活动中的探索调查也融入了一系列的智力技能、审美技能和社会技能。参与活动的儿童凭着已获得的这些方面的技能，共享和讨论与那个主题相关的经历，收集数据、书写、测量、绘画、涂抹、制作模型、阅读、编故事、表演戏剧、进行美术活动等。理想的方案活动应该让幼儿获得有关科学、社会研究、文学、艺术等多种学科方面的有价值的知识和概念。此外，方案活动通常会通过直接观察、访问相关专家、对感兴趣的分主题做相关的实验、收集相关物品、为自己的发现汇报做准备等活动来收集信息。

在方案活动中，教师会鼓励儿童找到他们特别感兴趣的分主题，选择他们负责的特殊任务。除了具有获得新知识、新技能的价值外，通过长期努力而获得对主题的主控感，会为孩子形成对有价值主题的深入理解打下基础。

方案活动区别于向儿童介绍知识的传统教育方式的主要特征是：在明确即将研究主题的各项参数并提出要在探索中予以解决的问题时，儿童是直接和主要的参与者；允许研究的方向随着方案活动的进行发生转移；儿童负责完成方案活动，负责准备和汇报对研究发现所进行的各种表征。

（二）选择方案活动主题的标准

◆它在儿童自己的环境（真实世界）中能被直接观察到。
◆它在儿童经历的范围内（经历中的大多数或经历中的一些）。
◆第一手的直接研究调查是可行的（不是有潜在危险的）。
◆当地资源是有用的而且是容易获得的。
◆使用多种表征媒介的可能性很大（角色游戏、建构、画图、多维标准、编制图表等）。
◆家长有可能参与进来贡献自己的力量（让家长参与进来，并没有多大的困难）。
◆它对当地文化敏感，总体上在文化方面对儿童是合适的。
◆儿童当中有许多人可能对它感兴趣，或者成人认为它是值得在儿童中间发展的。

◆它与学校和地区的课程目标是相关的。

◆它给儿童提供了运用基本技能的充足机会（取决于儿童的年龄）。

◆该主题的特定性很适宜——既不太窄也不太宽（如，研究教师养的狗显得太窄，以音乐为主题则太宽）。

（三）方案活动中四种类型活动目标的定义

在儿童的各个教育阶段，都必须追求以下四种类型的教育目标：知识、技能、倾向和情感。在儿童早期阶段，对它们可这样定义：

◆"知识"可被宽泛地界定为想法、概念、图式、事实、信息、故事、神话、歌曲和头脑中其他诸如此类的东西。

◆"技能"被界定为细小的、分散的、相对较为短暂的动作，而这些动作可以被轻易地观察到或者从行为（如：剪切画、数一组物品、协调与同伴的行为、进行大肌肉动作和小肌肉动作等）中推测出来。

◆"倾向"被宽泛地界定为相对较为持久的思维习惯，或者对发生在各种情境中的经历特有的反应方式（如，坚持不懈地完成任务，好奇、慷慨或贪婪，阅读的意向或解决问题的意向等）。倾向不同于一项知识或技能，它不是一个结束状态，不可能一次就被掌握。它是行为的倾向或者是稳定的行为方式，它只有通过反复操作才能够建立起来。

◆"情感"包括归属感、自尊感、自信感、充足感和不足感、有能力感、焦虑感等。关于重要现象的情感既可以是短暂的，又可以是持久的；既可以是强烈的，又可以是微弱的；既可以是一致的，也可以是矛盾的。

（四）方案活动的阶段

一旦选定了方案活动的主题，方案活动便表现出了一个主要的特征，即儿童积极地参与到以下这些活动中来：明确要探索该主题的哪些方面、计划活动和确定要准备哪些形式的汇报；教师对可能要从事的活动以及所需要的资源进行计划，并提供一些相关的初步想法，然后将方案活动分三个阶段计划和实施。

◆阶段1：起始阶段。

在方案活动的第一个阶段，教师鼓励儿童运用表征和表达的方式，如戏剧表演、绘画、汇报、写一些关于他们自己的东西等，来分享他们自己与主题相关的经历和回忆，重温与该主题相关的知识。在这些最初的活动中，教师能领会到儿童个体及家长的特殊兴趣；这种共享也能帮助教师对参与方案活动的整个小组进行最基本的了解。家长也有可能以各种方式为方案活动出一份力，如安排参观的地方、出借展览要陈列的物品、接受儿童的访问、提供获得信息的途径。

在方案活动的第一阶段，儿童回顾自己对该主题的理解，在此过程中，儿童提出与主题相关的问题。这些问题会表露出儿童在理解上的一些欠缺甚至误解，这为计划的第二个阶段打下了基础。作为指导者，教师不要过急地去纠正在阶段1中出现的错误概念，因为在儿童调查研究和测试他们所持有的与现实违背的理论时，这些能成为极好的学习资源。

◆阶段2：发展阶段。

第二个阶段的突出特点在于获得新信息，尤其是借助于第一手的、直接的、在真实世界中的经历获得的新信息。所用信息的来源可以是原始的，也可以是间接的。原始的来源包括接触真实环境和事件的实地远足，如观察建筑工地，观察机器运转，参观超市的货运部。间接的信息来源包括书本、相关的教育性影片、录像带、说明书、小册子。在这个阶段可以查阅这些信息资源。

在阶段2中，儿童和教师可共同计划一个实地远足。实地远足不需要很复杂，没有必要花昂贵的路费去一个遥远的地方。他们可以去学校附近的地方，如商场、小店、公园、建筑工地或者在学校周围散步。在教师的帮助下，儿童可以分组去这些地方，同时他们有机会与成人一起谈论他们正在观察的事物。

在实地远足前要做的预备工作包括：明确要解决的问题，确定要与他们谈论工作的人员，确认设备、物体和可以近距离观察的材料。儿童可以携带一个简易的写字板（用纸板和纸夹做成），简略地画下或写下特别感兴趣并且在回到教室后能派上用场的东西。同样可以鼓励儿童在参观过程中数数，记下实物的形状和颜色，学习那些与事物相关的特殊词句，理解事物如何运作，动用他们所有的感官来进一步理解所研究的现象。

返回教室后，可让儿童回忆众多的细节。随着学到的与主题相关东西的增多，儿童能用逐步复杂的方式来表征这些细节，运用已经获得的技能：谈论、绘画、戏剧表演、简单的数学符号、测量和简图表示事物。如果远足的地方就在附近，如在学校所在区域的一个建筑工地，可以多次参观这个地方，然后把在某一次参观中所观察到的和在随后一次参观中所观察到的进行比较。

可将儿童的活动信息积累起来放在个人的方案活动档案袋中，贴在墙壁上展示，把与他人分担的活动记载进小组记录册中。儿童可以充分地讨论和计划展示什么、怎么展示。从访谈中收集到的信息可以用不同的简便方式来表示。还可以用一系列间接的资料、书本、图表、传单、地图、小册子和图片来激发和丰富方案活动。

随着方案活动在阶段2中的进展，儿童通常不仅会对与主题相关的现实性和逻辑性产生强烈的关注，而且也会对描画真实物体越来越感兴趣。在他们写生时，年幼的儿童能仔细观察植物和动物，观察自行车的部分如何与整体相连，或者记录下以不同方式切开胡萝卜后里面的图案如何反映水分以及其他营养成分对胡萝卜生长的作用。在方案活动的进程中频繁认识和回顾活动的进展，会激发儿童的兴趣。

◆阶段3：总结阶段。

最后阶段的主要任务是完成个体和小组的活动，总结和反思学到了什么。对于3岁和4岁的儿童，他们大部分是通过在与方案活动相关的搭建事物中进行戏剧表演来完成这个最后阶段的。因此，如果他们搭建一家商店或医院，他们就会扮演与这些背景相关的角色。

对于年龄较大的儿童，应在儿童兴趣减退之前，发动儿童讨论并计划如何分享他们的方案活动经验、如何与他人共同学习。在方案活动的第三个阶段，可邀请参观者在一个开放的屋子里观看方案活动，或者邀请隔壁班级来观看某些关于儿童活动的展品。儿童同样会乐意与负责教师和其他感兴趣的教师一起分享他们的想法，这也让班级中的儿童在付出相当多的努力之后，拥有了进行汇报的经历。安排这种场合，其真正的目的是让儿童对已经完成的方案活动进行回顾。在这个阶段，还可以鼓励儿童对他们自己的活动进行评价，把他们已经发现的东西和他们在阶段1中提出的问题进行对照。

一个方案活动持续的时间可能会过长，而且任何一个方案活动都可能被搞得很糟。下面我们将对一个以鞋子为主题的方案活动可能的进程做简要介绍，在这个方案活动中，参与者是全班的儿童。

【案例 2-37】关于鞋子的幼儿园方案活动

下面将描述发生在一个幼儿园班级中的关于鞋子的方案活动。这个主题源于儿童之间对鞋子的讨论。一些儿童在新学年买了新鞋，由此引发了这个主题。那些鞋子有许多有趣的特征：有的会发光，有的有声音，有的带有不同样式和颜色的花边。儿童研究鞋子的兴趣会往什么方向发展，对此教师和她的助手设想了许多。他们在一起提出了很多主意，然后把它们做成了一个主题网络。

阶段1：起始阶段

儿童在教室里谈论他们的鞋子和他们买鞋子的经历。儿童开始对鞋子产生疑问，提出了一些问题。教师将他们的问题汇编成一个目录，并在方案活动的最初一个星期里不断对该目录进行补充。儿童则画下他们的鞋子，画下他们买鞋子的经历。教师鼓励儿童去向他们的父母、朋友和邻居要各种鞋子，因为班级要收集鞋子以供研究之用。教师从她16岁女儿的壁橱里拿来了一些鞋子，并把它们放到了表演区角里。

他们在表演区角里设立了一个简易的鞋店，并在那里试穿不同的鞋子。教师告诉了家长这个研究的主题，邀请他们与孩子一起讨论鞋子，他们也可以把他们所知道的有关鞋子的特有的知识告诉班级里的儿童。在第一个星期结束时，教师安排了班级里的一个儿童把他的小弟弟带过来，向全班儿童展示小弟弟的第一双学步鞋。

阶段2：发展阶段

教师和儿童一起讨论他们应该做些什么以解答提出的这些关于鞋子的问题。这些问题有：鞋子是用什么做成的？它们值多少钱？你怎么知道你穿几号的鞋？

当儿童开始讨论钱时，他们讨论的是商店店员如何处理人们买鞋时所付的钱。一些儿童认为店员把钱送给穷人，有的儿童认为他们把钱带回家使用，有的则认为老板保管了所有的钱。所预测的问题的各种答案增强了儿童的好奇心，儿童渴望更详细地了解在鞋店里发生的事情。教师安排儿童去一家鞋店，这个店就在他们所在的城市里。儿童花了一个星期为这个旅行做准备。他们确定了要调查这家商店的哪些部分，谁负责把商店的这些部分画下来，谁负责向老板和店员问问题和问哪些问题，并计划通过这个实地远足获得更多的必要信息，从而在他们返回之后把教室里的鞋店弄得更加精美。

围绕特定兴趣，儿童分为五组。他们的兴趣如下：

(1) 现金出纳，一天卖出多少鞋，每天一共收多少钱。
(2) 鞋子怎样展示在商店橱窗里，在商店里面如何把鞋子展示给顾客看。
(3) 贮藏室，如何分类整理放鞋的盒子（如男/女/儿童、尺码、正规型/运动型，等等）。
(4) 鞋店店员的职责，所做的事情。
(5) 哪里有不同种类的鞋。
(6) 所储备的鞋的尺寸、颜色和数目。
(7) 这些鞋从哪里来，在哪里提货，提货的频率。
(8) 研究儿童带到教室来的鞋子，研究它们的材料、特殊功用、风格、式样、生产厂家的名称。

教师和她的助手轮流和每组儿童进行谈论，谈谈他们想问的问题以及他们想从这些问题中发掘到什么。儿童在商店里会收集到一些信息，教师则帮助儿童形成一些记下这些信息的方式。

教师事先与这家鞋店的员工沟通，请他们为这次参观做好准备，告诉员工她对这次实地体验的期望。她简要地讲了儿童希望他们回答的问题，描述了儿童计划要画的画，告诉员工儿童期望在他们工作时对他们进行观察并描述这些观察，讲述了儿童想仔细观察的物品。

当这重要的一天到来时，鞋店里的三个员工与每组儿童在一起待了20分钟。儿童返回学校时，也有了很多要思考的东西。教师和她的助手引导儿童以大组和小组的形式进行讨论，询问儿童这次参观的情况。

每一组都在全班介绍他们获得的信息，然后他们打算在教室里设立一个鞋店。小组和个体儿童找出他们要了解什么，从而明确他们想在鞋店里补充些什么。在接下来的三个星期里，教师与各组儿童讨论他们的进展情况，儿童互相倾听各自的观点，互相提出建议。孩子们的进展如下：

孩子们制作了到达鞋店的汽车。

他们做了一个在笼子里的鸟，就像他们在那家店里看到的一只鸟一样。

他们做了一台电视设备，与他们在鞋店里看到的那台类似。

他们为自己鞋店里的鞋做了价目表，在鞋盒上做记号，以便他们自己能够知道那些盒子里装着哪些鞋。

教师提供了一个小小的现金出纳机，一些儿童为此制作了一些钱。

他们绘制了鞋子的轮廓图，以便他们商店里的顾客知道鞋码。

他们制作了一本书，告诉新店员怎么卖鞋。

他们做了一张木凳，让儿童坐在那里等候招待。

有时，以上的东西还出现了数个版本，这是因为个别儿童想为鞋店贡献自己的特殊力量。例如，他们做了许多的鞋子价目表。一个被邀请过来的土耳其工人还帮助两个来自土耳其的孩子在这个方案活动的背景中使用他们自己的语言，他们用土耳其语制作了鞋子价目表，贴出了用土耳其语写的广告牌和指示牌。

儿童在调查和制作他们想放在鞋店里的东西期间，邀请了一些参观者来到教室里：

这所学校的另一位教师是学舞蹈的，她向儿童展示了跳踢踏舞和爵士舞时所用的特殊的鞋子；

有一位父亲是警员，他帮助儿童了解到在寻找罪犯时犯罪现场的鞋印是很重要的证据；

参加的另一位家长展示了她在自行车比赛时用的特殊鞋子；

其中一个儿童的祖父修过鞋，他告诉儿童鞋子是怎样做成的以及它们是用什么做的；在这位知识丰富的老人的帮助下，儿童知道了鞋子的各个部分以及皮革、线、鞋钉、胶水这些做鞋时要用的材料；

哥哥姐姐向他们展示了其他不同种类的运动鞋：溜冰鞋、滑轮鞋、马丁博士鞋、滑雪靴、捕鱼时用的防水靴、系鞋带的高尔夫球鞋、来自尼德兰的木鞋、芭蕾舞鞋、来自德克萨斯的牛仔鞋、足球鞋等。

在实地远足中，儿童看到了鞋店工作人员把一双鞋卖给一位顾客的过程。他们密切观察买/卖者的一举一动，从卖者的角度和买者的角度整理整个过程的步骤。他们在自己的鞋店里开展买卖鞋的角色游戏时，运用了这些步骤。儿童很自豪地把几双鞋拿给可能会买鞋的顾客看，测量他们的脚的尺寸，就他们想要的鞋的种类、颜色、他们的心理价位和他们攀谈，然后他们决定买卖是否成交，在买卖结束后把没有卖出的鞋放回盒子里，再放回储存架上。

制作美钞的那些儿童设立了一个银行，这样别人就能用他们做的钱在鞋店里买鞋。他们在钱上标了一行数字，帮助愿意用这些钱的儿童数出他们想花的钱。他们还把价格贴在了鞋盒上。

阶段3：总结阶段

几个星期以后，孩子们开始对新游戏感兴趣。他们想探索汽车旅行，这种想法在鞋的方案活动中就已经有了：当一些顾客借助当地的交通工具来到镇上买鞋时，儿童就产生了这种想法。老师安排家长来学校参观孩子们的鞋店，看看孩子们在建造鞋店和玩鞋店游戏的过程中学到了什么。家长还有机会在鞋店里买鞋，接受孩子们的服务。

家长可以观看孩子们的绘画作品、方案活动的相关记录，也可以阅读标注在表征作品和照片上的文字标签和标题。标签和标题是教师和儿童写上去的，照片则是为记录下儿童学习的亮点和学习的各个方面而在活动中抓拍的。

在方案活动中，孩子们运用的技能有数数、测量、使用专业词汇、认识颜色、了解形状和大小、访谈以及其他的技能。他们获得的知识涉及设计、生产、销售鞋子的过程；在用于制造不同鞋子和鞋子不同部分的各种材料方面，他们也获得了许多信息。他们了解了商店的工作情况，领会到了许多不同的人致力于使人们能够穿上鞋子的基本工作。

活动的最后，那些一起分享活动成果的家长们，确信儿童在过去8周的方案活动中进行了有价值的深入学习。

能否有具备专业知识技能的家长以及他们是否乐意帮忙，对活动的完成质量有着关键性的影响。任何班级中都可能会有家长从事房屋建设、交通工具的驾驶和维修、餐饮服务、农场作业、健康服务等工作。任何班级的教师在了解家长所具备的特殊专业知识和技能后，总能为了给予家长支持活动的机会而部署方案活动。会双语的家长能促使儿童接触这些语言，能保证所有的儿童参与到研究中来，也能保证儿童从早期生活就开始知晓不同的语言。

方案活动能在多大程度上使一个班级的儿童参与进来并持续一个很长的时期是受儿童年龄影响的。年龄较小的儿童可能不会从这种苦心经营的戏剧活动中获益，方案活动也许不会持续这么多个星期。相反，年龄较大的儿童可能会看关于制鞋厂的录像，在教室的某个角落建立一条流水线，全面理解鞋子的设计过程和生产过程，研究鞋店里的工作，以及进行多种数学学习。这些数学学习涉及平均尺码、费用以及针对同班同学的鞋子和喜好进行的调查。

将方案活动纳入年幼儿童的课程，同时致力于所要教育的四种主要学习目标：建构和获得有价值的知识，发展多种基本的智力技能和社会技能，强化可取的倾向，以及产生身为学习者和自己参与小组努力的积极情感。方案活动和正规教学是相辅相成的，只有在研究有意义的主题的过程中有机会运用他们的基本技能，儿童才会对学校里的经历更感兴趣。

相关链接

精心设计提问，提高教学实效

不少教师在进行教学时，由于对提问的价值、类型、策略等缺乏应有的认识与思考，导致教学提问存在无效或低效的现象。教师在设计提问时，应该做到眼中有孩子、心中有目标，找准设疑节点，丰富设疑方式，从而提高教学实效。

一、找准设疑节点，让提问更精准

（一）模糊处设点

一般指幼儿感到困惑、似懂非懂、似明非明之处的提问。此时，教师可通过提问了解幼儿感到困惑的原因，并帮助幼儿梳理已有的知识、经验，建立清晰的表象或概念。

(二) 疑难处设点

一般指教学重、难点之处的提问。教师正确把握教材的重、难点，将问题进行化解，分层推进，让幼儿通过讨论、探究、亲身体验等多种途径突破重、难点。

(三) 转折处设点

一般指前后知识点衔接之处的提问。因为后一知识点的学习是建立在前一知识点的认知基础之上的，所以转折处的提问既要关注到幼儿对前一知识点的学习，又要在此基础上进行拓展和提升，以引发幼儿的深入思考。

(四) 探究处设点

一般指幼儿操作、探索之处的提问。主要关注幼儿操作、探索过程中的操作要求和方法，鼓励幼儿主动发现。因此，问题设计应尽可能简洁、明了，便于幼儿理解、记忆，使操作探索更有效。

(五) 发散处设点

一般指能引发幼儿发散思维，有助于想象与创新发展处的提问。教师通过提问引发幼儿从多角度、多维度进行思考，发表与众不同的见解和想法。

二、丰富设疑方式，让提问更艺术

(一) 阶梯式——关注提问的层次性

问题设计应做到由浅入深、循序渐进。如大班语言活动"啄木鸟和大树"中，教师设计了3个提问：你认识的啄木鸟是什么样的？你觉得啄木鸟的哪些特征使它能成为森林里的医生，给树治病呢？为什么啄木鸟具备这么多为树治病的特征呢？三个层次的提问由易到难，层层推进，步步深入，能满足不同能力幼儿的学习需要。

(二) 情境式——关注提问的兴趣性

教师在设计问题时应根据幼儿生理、心理特点，精心创设问题情境、生活情境，让幼儿在真实、有趣的情境中学习。如在大班社会活动"电话礼仪"中，教师创设了三种不同的问题情境：过生日时如何打电话邀请好朋友？生病时如何打电话向老师请假？过新年时如何打电话给远方的爷爷奶奶拜年？让幼儿的学习更具情境性、趣味性。

(三) 支架式——关注提问的启发性

教师通过对较复杂的问题建立"支架"式概念框架，使学习者自己能沿着"支架"逐步攀升，从而完成对复杂概念意义的建构。如在大班沙画活动"螃蟹"中，教师指导幼儿自主探索螃蟹8条腿的不同画法。教师提问：螃蟹有8条腿，你画了几次完成？(幼儿：每次画1条腿，共8次) 如果减少画腿的次数，你会怎么画螃蟹的腿？(幼儿：2个手指或4个手指同时作画) 如果一次就画完8条腿，该怎么画呢？(幼儿：2只手4个手指同时作画) ……每一个提问都为幼儿的探索提供了有力的支撑，帮助幼儿成功探索出创作螃蟹腿的多种策略。

(四) 链条式——关注提问的整体性

先抓住一个核心问题，为了解决这个核心问题，不断牵出其他问题，一个问题套着一个问题，串联成一个问题链。如在大班社会活动"有朋友真好"中，教师围绕主题"好朋友"

进行整体问题设计：你有好朋友吗？你的好朋友是谁？我们怎样才能交到好朋友？你的好朋友有哪些优点？什么时候最需要好朋友的关心呢？……这些问题始终围绕核心问题"好朋友"展开，这样的提问使活动的开展更加深入、有效。

（五）枝丫式——关注提问的发散性

追求问题的开放性、发散性，让孩子从"一根树干出发，创生出不同姿态的枝丫"，能够让幼儿学会从多个角度思考问题。如在欣赏完某个作品后，教师提问：这个作品带给你什么样的感受？你仿佛看到了什么？想到了什么？通过提问让幼儿创造性地表达自己的感受与体会。又如，在语言活动"小树叶"中，教师提问：小树叶飘呀飘，它会飘向哪里呢？会变成什么呢？……这样的提问能让幼儿猜测、想象。

（六）剥笋式——关注提问的深度性

"剥笋式"提问意指从事物外部逐渐指向事物内部，层层深入，让幼儿透过事物现象看到本质。如诗歌活动"夏天的歌"中，教师在结束时这样提问：为什么这首诗歌叫《夏天的歌》？在这首诗歌中哪些地方有歌声？它们的歌声是怎样的？除了诗歌中的这些歌声外，夏天里还有哪些美妙的歌声？这样的提问能让幼儿的思考更深入。

议一议

1. 分析下列活动，表述其活动目标；说明此活动实施中，教师采用了怎样的途径、形式，运用了哪些方法。

【案例2-38】关于"雪"的经验积累

上海冬季迎来了一场十几年来罕见的大雪，教师及时捕捉到了幼儿的兴趣点，于是，"下雪了"的大班学习活动自然生成了。活动实施前，教师通过各种途径与手段，帮助幼儿获得雪的有关经验，特别是基于感官基础上的直接经验。该教师在下雪后的第二天，趁热打铁、不畏严寒，带领幼儿来到冰天雪地的操场上，看雪景、搓雪球、打雪仗、堆雪人，通过操场上的一系列活动，幼儿积累了对雪的直接而深刻的感受，并在"下雪了"的课程实施活动中充分表达出来。当教师问"那天玩雪你对雪的最深感受是什么？"时，幼儿纷纷回答"雪是白色的""雪是软软的""雪积成的冰是硬硬的""雪落在地上会使土地变得湿一点""走在雪地上很滑"……

【案例2-39】我班门前的路

大班主题活动"我们的城市"次级主题"通畅的路"，课程目标是"关心城市交通道路的变化，体会通畅的路给我们带来的方便"。该主题下"我家门前一条路"的活动近期要着手进行了，而每个幼儿的家庭住所都是不同的，该怎样让幼儿进行经验的交流与分享呢？

教师偶然发现自己班级所处的位置比较有利，教室前就有两个楼梯，可以通向操场。每天，孩子们都要通过这两个楼梯上上下下。有时，教师看见两个孩子从两条不同的路走到一起时，他们会比赛谁先到教室，争论路的长短。听到孩子们的争论，教师联想到：从操场到教室、教室到操场，每天孩子都要这样走来走去，他们再熟悉不过了，这就是他们的生活经验。这不就是"我'家'门前的路"？

相比教材中的"我家门前的路"，"我班门前的路"更加贴近幼儿的生活，符合幼儿的生活经验，能够让孩子们学习测量路的远近，使数学的学习回归到生活中去，解决生活中的问题。所以，教师把《指导用书》中课程内容的"我家门前的路"改编成了"我班门前的路"。

2. 讨论下面的活动，说说教师的设计意图；分析活动实施中存在的问题。

【案例 2-40】幼儿园课程实施中令人尴尬的场面

一次，在某大班集体教学中，教师出示了一张画着一只老虎在吃几只兔子的图画，请小朋友想办法帮助小兔。当一个小朋友说"赶快给猎人打电话，让猎人来打老虎"时，一个男孩马上站起来反对："不行！老虎是一级保护动物，不能打。兔子不是一级保护动物呢，连二级也不是。"

"……对！应该让老虎吃一只兔子，不然老虎会饿死的……"另一个男孩大声附和。

这一下班里像炸了窝，孩子们的情绪一下子高涨起来，围绕"该不该让老虎吃兔子"的辩论热烈地展开了。

这时，老师大声说："好了，好了，都别争了。咱班刚才的任务是什么来着？想办法帮助兔子，我看谁想的办法好？李××，你来说……"教室里的声音小了，但争论没有停息。挑起论战的孩子在嘟囔："老虎是吃肉的，必须吃小动物，什么都不让吃，还不饿死了？怎么保护？"

练一练

（1）如何理解"主题引领下的领域整合课程"？
（2）低结构化活动和高结构化活动的关系是怎样的？
（3）高结构化活动设计主要考虑哪些方面？
（4）举例说明高结构化教育活动目标的表述要求。
（5）举例说明高结构化活动实施的几种导入方法。
（6）何为"方案活动"？"方案活动"分几个阶段？各阶段的任务是什么？
（7）理解"方案活动"中四种类型活动目标的含义。
（8）"主题引领下的领域活动"和"方案活动"有何不同？

做一做

（1）独立设计某一领域（小、中、大班）高结构化教育活动，并科学表述其目标。
（2）尝试和某一幼儿园合作，就某年龄段幼儿课程设计一个活动方案。
（3）自选一个领域活动，根据实际情况分析采用什么样的导入方法适宜。

附：幼儿园课程设计经典案例

大班美术欣赏活动：米罗爷爷的礼物

设计意图

西班牙超现实主义画家米罗的画作，洋溢着自由天真的气息，表现出孩童般的纯朴天真。他的画中往往没有明确具体的形状，颜色也非常简单。这些风格特点与孩子的审美情趣和美术心理特点极为契合，从这个角度来说，米罗的画作是他贡献给孩子的精神瑰宝。

活动目标

（1）发现米罗作品中点、线、色块等基本元素的特点，初步感知米罗作品的风格。

（2）乐意大胆想象、表达对作品的感受，体验欣赏名画带来的愉悦。

（3）尝试运用剪贴、添画、喷画等方法大胆创作具有米罗特色的作品，体验想象、创作带来的快乐与成就感。

活动准备

经验准备：幼儿有过欣赏美术大师作品的经验，能大胆表达对作品的感受。

物质准备：米罗画像及米罗作品PPT，米罗作品中的抽象色块人手一块，幼儿合作作画的大画纸4张，展板4块，彩色卡纸边角料、剪刀、糨糊、棉签、水笔各若干。

活动过程

1. "送礼物"导入活动，引发初步的想象

导入语：丁老师给你们带来了一件特别的礼物，猜猜看会是什么。

（1）自由结伴猜想。指导语：你的小精灵像什么？跟好朋友说说，也让好朋友猜猜。

（2）集中交流分享。提问：谁来告诉大家你的小精灵像什么？

（3）将小精灵送到画纸上，幼儿分成四人一组。

指导语：这些小精灵很有趣哦，现在请你们把小精灵送到这几张画纸上，每张纸上4个小精灵。

2. 借助PPT介绍画家米罗

点击PPT，出现米罗画像。提问：有人认识他吗？

小结：他叫米罗，是西班牙著名的画家。他一生画了许多画，他的画很特别、很有趣，能带给我们丰富的想象。全世界很多大人、小孩都喜欢他的画。

3. 欣赏米罗作品，了解表现特点

（1）引导幼儿观察、想象画面内容，初步感知夸张变形的表现风格。

指导语：米罗爷爷在这幅画上都画了些什么？你看到了什么？在哪里？指给大家看看，和真的人一样吗？哪儿不一样？哦，他把人的头画得比身体还大，他用的是夸张、变形的画法。再找找，还有哪里也画得很夸张？你还看到了什么？指给大家看看。和真的动物一样吗？这些夸张、变形的人和动物给你什么感觉？

（2）引导幼儿观察发现米罗画中点、线、色块及"米"字的风格元素。

指导语：画中除了有可爱的小精灵色块，还有什么？（若幼儿发现不了，可点击超链接"点子图"）这些点子大小一样吗？都是什么颜色的？除了许多大大小小的黑色点子，还有什么？（可点击超链接"线条图"）你看到了什么样的线条？这根弯弯曲曲的线条画的是什么？有不同的看法吗？和真的一样吗？用的是什么方法？再看看，还有什么特别的？（指着"米"字）这个图形像我们中国的一个汉字，谁认识？画中用了哪些好看的颜色？你喜欢吗？为什么？

小结：米罗爷爷的画真特别，有用色块、线条画成的夸张、变形的人和动物，有许多大大小小的点子，还有许多标志性的、像小雪花一样的"米"字呢。

（3）欣赏多幅画作，再次感受米罗画的风格特点。

提问：这些画上又有哪些有趣的内容？和刚才那一幅画有哪些一样的地方？你最喜欢哪一幅？为什么？这些画有什么一样的地方？

4. 合作创作，教师适时鼓励和引导

（1）提出创作要求。指导语：待会儿，四个人一组合作，可以用剪刀和卡纸变出你心中的小精灵色块，贴到画纸上，也可以用水笔在画纸上画出有趣的点子、线条和"米"字。

（2）幼儿分组合作剪贴、添画。

（3）尝试喷画，进一步体验创作的快乐。

指导语：丁老师这儿还有一样神奇的用具，它会让我们的画变得更漂亮哦。喷嘴对着画纸摁一摁，哇，许多隐隐约约的彩色雾团，像梦幻世界一样。你们来试试吧。

5. 欣赏作品，体验创作的快乐

提问：你们的画有什么特别的地方？你们最喜欢哪幅画？为什么？

活动延伸

将米罗作品陈列于活动室墙上，供幼儿自由欣赏。在活动区提供笔、卡纸等材料供幼儿自由创作。

大班社会活动：做事不拖拉

设计意图

在幼儿园，我们经常会为某些幼儿做事拖拖拉拉、慢慢吞吞而苦恼。分析原因：一是幼儿年龄较小，他们对时间的观念比较淡薄；二是现在的孩子大多是独生子女，在家有大人宠着，没有养成良好的学习、做事习惯。

大班幼儿即将升入小学，改掉他们做事拖拉的习惯、提高做事的效率，是幼小衔接的重要内容。于是我从幼儿生活中的典型个案取材，自编了故事《拖拖的一天》（附后），并设计了本次活动。

活动目标

（1）理解故事内容，知道做事不能拖拉。

（2）体验一分钟能做的事情，初步建立时间观念，懂得做事不拖拉。

（3）在游戏中形成珍惜时间的意识，养成做事不拖拉的习惯。

活动准备

经验准备：家园配合填写"自己的事情自己做"时间记录表（附后）。

物质准备：

（1）Flash课件，内容包括动画故事《拖拖的一天》及"一分钟"动画闹钟。

（2）自制"藏拖盒"一只；幼儿每人一支记号笔，红、绿纸各一张；珠子、蚕豆每人若干。

活动过程

1. 欣赏故事识"拖拉"

（1）播放动画故事《拖拖的一天》。

（2）提问：你们喜欢拖拖吗？为什么？

（3）分析讨论，理解故事。

①拖拖做哪些事拖拖拉拉？他是怎么做的？怎么说的？

②拖拖这样做对他有哪些影响？

③他为什么会拖拖拉拉的呢？

小结：拖拖做事总是拖拖拉拉、慢慢吞吞的，既影响自己的身体健康，也影响别人做事、浪费别人的时间。小朋友们做事情绝对不能拖拖拉拉。

2. 回顾自身找"拖拉"

（1）提问：你们是怎么做事情的？同样的一件事，你们用的时间是一样的吗？

（2）出示"自己的事情自己做"时间记录表。

①相互交流各自的时间记录表，教师记录幼儿做事的时间。

②共同讨论为什么会不一样，是时间长的拖拉了，还是时间短的拖拉了。

小结：做同样一件事，有的小朋友用的时间比别人少，有的比别人多，看来，在我们小朋友中也有人像拖拖一样，做事拖拖拉拉的。

3. 体验时间不"拖拉"

（1）安静感受一分钟。

①提问："一分钟是长还是短？"幼儿讨论交流。

②播放"一分钟"动画闹钟，让幼儿安静感受一分钟。

③再次讨论一分钟是长还是短。

（2）游戏体验一分钟。

游戏："穿珠和夹蚕豆"。

规则：一分钟穿 10 个珠子，若有剩余时间可夹蚕豆。

①幼儿第一次游戏。

提问：你完成任务了吗？通过游戏，你感觉一分钟长吗？

讨论：怎样在一分钟内穿 10 个珠子、夹更多的蚕豆呢？老师再给你们一次机会。

②幼儿第二次游戏。

提问：这一次你完成任务了吗？你比第一次有进步吗？为什么会进步？

小结：一分钟的时间，如果你没事情做，就会觉得长；如果你有事情做，就会觉得很短。一分钟虽然很短，但通过努力，也可以完成一些事。只要你抓住每一秒，做事不拖拉，一定能又快又好地完成任务。

4. 规范行为改"拖拉"

（1）说一说。

①讨论：在平时的生活中，我们应该怎样做事情？

②交流自己哪些事情做得快、哪些事情做得慢。

（2）画一画。

将自己做得快和做得慢的事情分别画在绿色和红色的纸上。

（3）藏一藏。

将"做得慢的事"藏进教师的"藏拖盒"里，并大声说"再见"；对"做得快的事"说一句"我会继续努力"。

小结：在平时的生活中，我们有好多事情要做，但因为有的人动作快、有的人动作慢，所以结果也就不一样。但只要你抓住每一秒、抓住每一分钟，做到不拖拉，就一定能学到很多本领。再过一段时间，我们就要上小学了，让我们从现在开始，做一个珍惜时间的人，又快又好地做每件事。

活动延伸

（1）请幼儿回家后继续记录"自己的事情自己做"时间记录表，看看自己的进步。

(2) 在各项活动中认真练本领，做到做事不拖拉。

附：

"自己的事情自己做" 时间记录表

事情	所用时间
吃饭	
穿衣	
洗脸	
整理书包	
……	

拖拖的一天

有一个小孩，名叫"拖拖"，他做起事来就跟他的名字一样，总是拖拖拉拉、慢慢吞吞的。

早上，妈妈让他赶快起床去上幼儿园，他一边慢慢吞吞地穿衣服，一边说："不用着急，不用着急，时间还早着呢！"这不，每天上幼儿园他都迟到，来不及和小朋友一起进行晨间锻炼。

中午的时候，保育员阿姨叫他快点吃饭，饭菜都凉了。他一边慢慢吞吞地吃饭，一边说："不用着急，不用着急，时间还早着呢！"你看他，每天都不好好吃饭，瘦得像竹竿儿似的。

画画时，老师说："你动作快点呀，你看画好的小朋友都去滑滑梯了。"他不紧不慢地说："不用着急，不用着急，时间还早着呢！"

游戏时，小朋友说："你快点呀，人家那组早就开始玩了，你再不来我们就不等你了。"

他头也不抬："不用着急，不用着急，时间还早着呢！"

小朋友，你们喜欢这个拖拖吗？为什么？

大班综合活动：波基上校进行曲

设计意图

本次活动是以数学为主，在音乐中借助动作等全身反应进行规律模式教学的一节综合活动，目的是引导幼儿将平时游戏中按规律排列的经验加以统合整理，形成初步的逻辑思维习惯。我创设了去城堡游玩的情境，以幼儿"发现规律—掌握规律模式—帮助城堡里的孩子编排有规律的动作—在舞会上运用规律表演"为主线贯穿整个教学。

活动目标

(1) 感知多种对象排序的规律。

(2) 了解排序方法的多样性，发现各种规律。

(3) 能创造编排并运用规律，感受规律的美。

活动准备

平板电脑若干，电子白板及 Flash 课件，自制的皇冠，剪辑《波基上校进行曲》片断。

活动过程

1. 课件导入，感知两种对象的排列规律

(1) 播放课件1，了解排队的规律。

师：要开舞会啦！男孩女孩是怎么排队出场的？（ABAB 规律）

（2）播放课件 2，理解规律要点。

师：快乐城堡里又出来两排孩子，哪一排是有规律的？为什么？（第二排按四组规律排列）

师：现在第一排变长了，有规律吗？为什么？（第一排变长后是乱的）第二排有什么样的规律？

师：先是两个男孩接两个女孩（点击课件出现第一个圈），接着又是两个男孩接两个女孩（点击课件出现第二个圈），后面还是两个男孩接两个女孩。原来第二排是按照两个男孩接两个女孩规律排列的。

师小结：一定要有两组或者两组以上相同的排列出现，才算是有规律的！你们能排出这样规律的队伍吗？（请 8 名幼儿尝试）

（3）思考队伍规律，尝试不同排列。

师：男孩女孩还可以按照什么样的规律排队呢？谁来排一下？谁跟他想的不一样？

师小结：男孩女孩可以排出很多种规律的队伍。

2. 游戏互动，探索多种对象的排列规律

（1）观察第一段动作图谱，感知多种对象的排列规律。

师：城堡里的孩子们排出的队伍是有规律的，他们排练的动作是不是也有规律？（点击课件 3）第一个动作是什么？第二个动作是什么？第三个呢？第四个呢？你们发现了什么？大家跟着做一做。如果把速度加快些，你们能跟上吗？不用老师教，你们就学会了这些动作。是怎么学得这么快的？

师小结：原来动作是有规律的，只要记住前面四个动作，后面就可以重复着做了。

（2）观看第二段动作图谱，继续体验规律。

师：接下来，孩子们又是怎么排练的？（点击课件 4，出现第二段动作图谱，两个色块遮挡住两个动作）红色块挡住的是什么动作？（请一名幼儿模仿）你怎么猜到是这个动作的？原来，他仔细观察过前面的规律。

师：还有一次机会，谁来挑战？接着往下做，会是哪些动作？"害羞"动作做了几次？

师小结：动作顺序变一下，就有了不同的规律，根据动作的规律，我们很快就学会了舞蹈。

3. 自主学习，探索新的动作规律

（1）寻找模式，创造规律。

师：我们来帮助城堡里的孩子编排其他规律的动作吧。先想好你要编什么规律的动作，把要用的动作拉到上面的空格里。（幼儿轻轻拿出平板电脑开始编排）

师：排好的小朋友把平板电脑放在椅子上，练练这些动作，顺便检查一下有没有规律。（将几个幼儿的操作结果投射到大屏幕）师：这几位小朋友编排的动作有规律吗？大家一起做一做。

（2）集体检查，纠正错误。

师：我们来看看这些动作都有规律吗？有点小问题，谁来帮忙调整一下？

4. 综合运用，感知更多的规律

（1）补充图谱内容，整体练习动作。

师：我们把学到的和编排的动作组合到一起。最后一段是谁排的？城堡的主人要奖励你一顶快乐皇冠。

（2）发现皇冠的装饰，感知更多的规律。

师：大家都编排了动作，城堡的主人奖励你们每人一顶皇冠。等会儿去找一顶你最喜欢的皇冠，先看看上面有什么规律，跟你的好朋友说一说，再找到跟你的规律一样的朋友，站到一起。

师小结：我们都有一双善于观察的眼睛，会发现生活中到处都有规律。

（3）观看完整图谱，有规律地表演。

师：舞会开始了，大家准备好了吗？（师幼一起表演）

<h3 style="text-align:center">大班体育活动：有趣的徒手游戏</h3>

设计意图

我设计此次让幼儿完全脱离器械的徒手运动，旨在让幼儿能认识到运动是可以随时随地进行的。活动中幼儿运用自己的身体与同伴进行内容丰富的徒手游戏，不仅能有效地促进身心发展，而且能为终身体育运动观的形成奠定基础。

活动目标

（1）尝试多样的徒手动作，并掌握正确的动作要领。

（2）乐于与同伴合作游戏，积极地展现各种动作。

（3）提高身体的力量、素质与协调能力。

活动准备

室内整洁宽敞的场地。

活动过程

1. 热身活动——活动关节、肌肉，给予幼儿充足的身体与心理准备

教师带领幼儿慢跑热身，过程中可适时变速走、踮脚走，以及做撑地、抬腿等动作。

2. 基本部分——自主探索与尝试多样的徒手动作，并能结合信号玩徒手运动游戏

（1）自主探索。

①引导语：今天我们来玩一个徒手运动游戏，就是小朋友不借用任何的器械，利用自己的身体各部位来发明各种各样的游戏。请小朋友想一想、试一试，你能发明哪些既有趣又安全的游戏。记住哦，自己尝试的时候，不要碰撞其他小朋友。

②幼儿自主探索，教师鼓励幼儿积极创新。

③分享较新颖有趣的玩法。

（2）趣味爬行。

①从幼儿自主探索的动作中提炼出爬行动作，分别练习正爬、倒爬与侧爬，教师适当指导幼儿动作的准确性与规范性。

扮演小猴子正爬，动作要求：膝盖不着地，尽量不摔倒。教师指导策略：爬行中有跳跃式蹬地、膝盖着地等现象，可以个别指导为主，提示幼儿臀部抬高，并适当帮助幼儿抬扶其腹部与膝盖，以更好地完成动作要求。

扮演小猴子倒爬，动作要求：膝盖不着地，手脚同时动，臀部抬高。教师指导策略：请个别幼儿示范，提示向后爬时注意小手与小脚的轮换。

扮演小螃蟹侧爬，动作要求：膝盖不着地，小手不交叉，小脚并步移动。教师指导策略：提醒幼儿不低头看脚，应抬头看指定方向。

②组织幼儿看教师手势和听信号进行三种爬行动作的综合游戏。

教师的手势、信号可多变，频率时快时慢，增添游戏趣味性的同时还能适当调节幼儿的运动负荷。例如：掌心向前，小猴子倒爬；掌心向后，小猴子正爬；合掌，五指并拢，朝左右方向摆动，小螃蟹侧爬；握拳，原地蹲下休息。

视幼儿的运动状态，让个别幼儿穿插扮演"小小指挥官"，指挥同伴玩爬行游戏。

（3）"小拖把"游戏。

①幼儿两两配合，合作完成双人徒手游戏"小拖把"，锻炼腰腹力量与上肢力量。

拖把正拖的动作要求：一名幼儿脸朝上躺在地面，抬高双腿，双手抱头，头部尽量不着地，另一幼儿紧抓同伴的脚踝进行拖动。

拖把反拖的动作要求：一名幼儿伏于地面，抬高双腿，手臂伸直打开于身体两侧，头部抬起，另一幼儿紧抓同伴的脚踝进行拖动。教师指导策略：提醒幼儿拖动小拖把时动作尽量保持一会儿，根据自己的力量适时互换角色游戏。

②展示与交流。请几组幼儿玩"小拖把"游戏，教师再次强调动作要领，加深幼儿的理解。

③幼儿跟随教师的指令信号玩"小拖把"游戏，有方向地拖动。教师可继续运用手掌的信号让幼儿有方向地进行游戏，也可以通过"向左""向右"等口令信号让幼儿有方向地进行游戏。

④师生互动拖大拖把。教师坐于地面，让部分幼儿抱住双腿玩"拖把正拖"的游戏。

（4）身体碰碰碰。

①教师口述两个身体部位，幼儿两人一组，各自出一个身体部位触碰在一起，并保持一段时间。如：小脚连小手，小脚连肚子，小脚连小屁股，小脚连后背。

②分享与展示。教师适时参与互动，与幼儿合作完成系列有趣的造型。

3. 放松部分——互相按摩，对身心进行缓冲与调节

（1）幼儿坐成横排，自己先放松，再互相按摩放松，特别是放松四肢。

（2）鼓励并肯定幼儿在活动中的表现，引导幼儿回忆、感受徒手游戏的有益与有趣。

大班绘本阅读活动：好长好长的名字

设计意图

故事《好长好长的名字》构思特别，借助小狐狸的形象反映了幼儿阶段一个很典型的心理特点：常常羡慕他人拥有的东西，并且求多求全。通过阅读这个故事，可以帮助幼儿学会欣赏自己，接纳自己和他人独特之处。

在大班阶段，阅读教育更加注重提高幼儿对图画符号的理解能力。《好长好长的名字》绘本中每一幅图片都有一些值得解读的符号，而要完全读懂，不仅需要仔细观察画面，还要积极调动联想能力，甚至需要结合书中的文字，这些对提高大班幼儿独立阅读能力特别有帮助。我在设计绘本阅读活动"好长好长的名字"时，尝试借助"图示支架"来帮助幼儿接受并理解文学作品所传递出的语言信息，有效促进幼儿语言能力的发展。

活动目标

（1）仔细观察图书中出现的各种特殊符号，理解其表达的意思，能合理推断角色间的对话和心理活动，并准确、完整地表述画面内容。

（2）了解小狐狸特殊名字的由来，知道名字是区别自己和他人的特殊符号，学会欣赏、接纳自己和他人的独特之处。

活动准备

材料准备：故事多媒体课件，人手一本《好长好长的名字》，演示图片（云朵、波波蛙、红叶鼠等），小组操作教具（名字图卡、云朵图），个体操作教具（小图卡、插入式学具）。

经验准备：幼儿已了解自己名字的含义。

活动过程

1. 讨论名字，引题激趣——确定支点

（1）幼儿说说自己的名字。

（2）导入图书《好长好长的名字》。

师：今天，老师带来的书里也发生了关于名字的有趣事情，我们一起来看看。

（环节解析：组织关于名字的谈话，可以让幼儿建立起"名字是区别自己和他人的特殊符号"这一经验支架，为下一环节支架点的确立奠定基础）

2. 师幼共读，问题引领——搭建支架

（1）教师导读故事的前半部分（1~4页）。

预设提问：

①你看到书里的小动物有什么特别的名字？

②为什么它叫波波蛙（红叶鼠）？——揭示名字与动物生活环境的关系。

③蓝狐狸听到波波蛙（红叶鼠）的名字会怎么想、怎么说呢？

④波波蛙（红叶鼠）为什么愿意把名字送给蓝狐狸？

（2）根据幼儿的回答出示相应的云朵符号图示卡，按照故事顺序排列。

预设提问：

①现在蓝狐狸的名字发生了什么变化？

②蓝狐狸得到名字后，心里可能怎么想？从哪里看出来的？

（3）情节猜想（5页）。

预设提问：蓝狐狸遇到绿草蛇又会发生什么有趣的事呢？

（环节解析：教师采用导思式的层层提问引导幼儿观察画面中的细节，让幼儿合理推断角色间的对话和心理活动，并准确、大胆表达，从而实现对文学作品的初步理解。出示云朵符号图示卡意在引导幼儿关注图片中的提示性线索，猜想、推测故事的发展，接受并理解作品所传递出的语言信息，完成整个图示支架的搭建）

3. 自主阅读，小组建构——再现支架

（1）幼儿自主阅读图书的中间部分（6~8页），教师提出阅读要求：阅读姿势正确，有序地翻阅。

预设提问：蓝狐狸又遇到了哪些动物？蓝狐狸的名字又会发生什么变化呢？

（2）回忆情节，小组合作用图卡排序，将蓝狐狸好长好长的名字排出来。

预设提问：

①蓝狐狸的名字最后变得怎么样了？（好长好长）

②蓝狐狸得到这么长的名字，它的心里可能会怎么想呢？

③小动物们没有了自己的名字，又会发生什么事呢？——名字是区分自己和他人的符号，没有符号会分不清。

（环节解析：让幼儿从自主阅读中实现"发现式学习"，不仅要求幼儿仔细观察画面，还要求幼儿积极调动联想能力，从书中获得相关信息。运用小组建构策略，幼儿阅读后的思维成果在小组中呈现，支架在共同的排序操作中再现，并为整个学习群体所共享，最终完成了对好长好长名字的建构）

4. 完整阅读，经验梳理——撤离支架

（1）幼儿阅读图书的后半部分（9~13页），提出自己的疑问。

预设提问：

①你有哪些看不懂的地方或觉得特别好玩的地方？

②最后蓝狐狸的名字又变成怎么样了？

③为什么会变短？（辅助提问：最后蓝狐狸为什么决定把名字还给大家呢？）

（2）图片配对：为小动物找到对应的图片进行名字配对。

预设提问：你还记得这些动物的名字吗？请你来帮助它们找到自己的名字。

（3）完整阅读。

预设提问：小动物们的名字都是特定的符号，都有独特的意义。那你的名字有什么特殊的含义呢？

（环节解析：设置质疑环节，同时采用倒叙推理的提问，帮助幼儿将阅读内化为自己的经验，达到真正有效的阅读。通过图片配对，培养了幼儿独立理解、记忆的能力，让幼儿从依赖图式支架到最终真正理解文学作品所传递出的语言信息）

活动反思

（1）注重支架的支持作用。

在本次活动中，教师以一种"后面扶持，前面引导"的搭建方式来支持、扩展幼儿的学习，既实现了幼儿与环境、材料（图书、图片等）的互动，又实现了幼儿与他人（同伴和教师）之间的有效互动。

（2）科学把握支架的撤离。

在搭建支架之后必须有撤离的环节，教师应针对教学过程中的实际情况做出科学判断，巧妙应用支架撤离的策略。在本次活动中，教师用夹子这一辅助工具将幼儿阅读的每本小图书分隔成三部分，引导幼儿逐次阅读，使支架不断变化，最后的图片配对环节就是教师撤离支架、让幼儿进行自我建构的环节。

<h3 style="text-align:center">大班社会活动：我的游戏计划</h3>

设计意图

大班幼儿在与同伴交往的过程中，合作能力、解决问题的能力、协调人际关系的能力不断发展，活动的主动性、目的性有了明显提高。《纲要》中明确指出："支持幼儿自主地选择和计划活动，并鼓励他们认真努力地完成任务。"因此，需要给予大班幼儿时间和机会，让幼儿独立制订计划、执行计划，并保持对设定目标的专注度，提升主动性和自信心。在了解班级幼儿原有游戏经验的基础上，我从最贴近幼儿生活内容的游戏出发，设计了本次集体教学活动。

活动目标

（1）学习安排自己的游戏活动，树立制订计划、安排自己活动的意识。

（2）能与同伴商量，尝试用图示的方式表达自己的想法。

（3）愿意大胆地介绍自己的计划，体验自己做主的愉悦。

活动准备

（1）经验准备：有参与角色游戏的相关经验。

（2）物质准备：游戏计划板、记录纸、标记、记号笔。

活动过程

1. 唤醒经验，初步感知计划

（1）回忆、讲述以往的游戏经验。

师：你玩过娃娃家的游戏吗？你是怎样玩的？

（2）同步出示标记图，帮助幼儿理解和记忆。

师：玩游戏的时候有好多人，可以做很多有趣的事。想好了玩什么、和谁一起玩再去玩，这就是做计划。

（意图：唤醒幼儿原有的游戏记忆，帮助幼儿初步梳理出计划的基本要素：角色和事件，对"做计划"有初步的理解）

2. 尝试用图示的方式表达想法，合作完成计划

（1）游戏计划第一步：小组商议角色分工。

①邀请个别幼儿进行角色选择。

师：现在我们就要开始做游戏计划了！谁想玩娃娃家游戏？请你选好标记，贴在左边的一格。

②幼儿根据兴趣选择相应游戏组并商量分工。

师：还有许多游戏，餐厅、医院、美发屋，你可以自由选择，和同伴商量一下你想扮演谁。你可以使用老师提供的角色标记，也可以自己设计新的角色标记。

可能出现的情况：

预设1：每一组人数相对均衡，协商顺利。

预设2：有个别游戏组选择的人数较多，角色分配不均，现有的角色标记不够，无法满足该小组游戏人员的需求。

预设3：人数适宜，但角色分配中出现争执，如两人都要做妈妈或者没有人愿意做妈妈。

应对策略：

对于完成较为顺利的小组，可以请他们介绍分工的好办法，放大过程中互相谦让、协商、主动解决问题等良好学习品质；对于角色分配不均的小组，鼓励他们通过绘画添加自己喜欢的角色，尝试协调同伴间的关系；对于角色分配出现争执的小组，及时给予建议，鼓励用大家都认同的方式解决问题，如包剪锤、轮流做等。

（意图：围绕幼儿生活经验最为丰富的娃娃家游戏进行角色分工，请个体示范操作，动态呈现规则和程序，为下一步商量、选择角色分工起到示范作用。给予每一个幼儿自由选择游戏组并在小组内和同伴商量决定角色分工的机会，提高幼儿合作解决问题、协调人际关系的能力。空白的标记为幼儿提供了空间，鼓励幼儿说出自己的想法，并用自己的方式加以表现）

（2）游戏计划第二步：分享制订游戏计划。

①小组交流反馈角色分工情况。

师：你是谁？你们是怎样安排角色的？在这个过程中遇到困难了吗？怎样解决的？

② 幼儿独立做计划。

师：计划要一步一步地做。分好角色后想一想，准备怎样玩，先做什么，再做什么。用笔把自己的想法记录在纸上。（幼儿尝试用图示的方式表达自己的想法，教师在此过程中参与各组的记录，收集值得分享的信息，及时提供适宜的帮助和支持）

可能出现的情况：

预设1：幼儿绘画能力较强，表现出的情景较多。

预设2：受绘画技能的限制，幼儿难以表现自己的想法。

预设3：幼儿没有相应的生活经验，不熟悉职责及工作流程。

应对策略：

对绘画情景较多的幼儿，提醒他们用自己的方式表示先后顺序，如箭头、数字、时间；对于技能有限的幼儿，及时给予帮助和心理安慰，鼓励他们用自己看得懂的方式简单记录；对于没有生活经验的幼儿，帮助他们梳理思路，也可以在下一环节中进一步讨论，寻求解决的方案。

（意图：给予幼儿和同伴交流的机会，让幼儿体会在群体生活中大胆说出自己想法的感受，学会倾听和接受他人的合理建议，遇到问题能主动积极地协商解决。鼓励幼儿运用自己熟悉的方式，以简单的图示、文字、数字等符号表达个人想法）

3. 同伴交流介绍，体验自己做主的愉悦

（1）分享、交流各组制订的计划。

师：哪一组愿意来介绍你们的游戏计划？

（2）归纳、提升做计划的方法。

师：和朋友一起商量，说出自己的想法，听听别人的建议，自己的游戏自己做主。

可能出现的情况：

预设1：幼儿愿意介绍，并能有序地讲述自己和同伴的游戏计划。

预设2：幼儿不能顺利理解他人图示所表达的含义。

预设3：幼儿未能完成计划。

应对策略：

给予幼儿具体性的肯定，如"用简单的图一下子就让其他人都看懂了""平时我们看到的理发师也是这样认真工作的"等；告诉幼儿，他们可以看图，也可以听别人的介绍、组内成员的补充介绍；对计划未完成的小组，引发下一次的实践活动内容，提前告知幼儿，如"看来大家对于美发师的工作还不太熟悉，我们可以去理发店参观，或者邀请美发师来园介绍自己的工作内容和流程"。

（意图：每组自由推选代表介绍，分享组内制订的计划，给予幼儿展示交流的机会，便于师生共同评价和调整计划。在本次活动中，既有个体经验的反馈，也有小组的合作商议，鼓励幼儿在过程中说、议、做，体会参与制订计划的愉悦）

活动延伸

请幼儿在角色游戏中执行自己制订的计划，感知计划是可以灵活变动的，有制订计划、安排自己活动的意识。

（意图：对于集体教学中习得的知识经验，一定要给予幼儿大量实践、操作、验证的机

会，让幼儿在运用的过程中逐步体会制订计划的重要性，从而树立制订计划、安排自己活动的意识，进一步体验自己做主的愉悦）

小班阅读活动：抱抱

设计意图

绘本《抱抱》是一本几近无字的图画书，书中虽然只出现"抱抱""妈妈"和"宝宝"三个简单而重复的语词，却生动地营造了温馨的氛围，引发了读者的情感共鸣。小班孩子对父母的依赖性较强，容易缺乏安全感，我期望借助这个绘本阅读活动，一方面，引起家长的注意，平时多抱抱孩子，多给孩子一些爱；另一方面，让孩子通过观察妈妈和宝宝之间爱的亲密动作，感受妈妈对孩子的爱，感受被抱抱的温暖和幸福。

活动目标

（1）认真观察画面，感知故事中动物宝宝与妈妈之间的爱。

（2）理解故事内容，体验故事中小猩猩的心情变化。

（3）感受抱抱的温暖、幸福和快乐。

活动准备

有关绘本内容的 PPT、音乐《雪的梦幻》。

活动过程

1. 谈话导入

师：小朋友，你最喜欢的人是谁？哪个愿意先来说一说？

师：我是谁？你们喜欢孙老师吗？（老师和说"喜欢"的小朋友抱抱，同时说"我也喜欢你"）刚才和孙老师抱抱的时候，你们感觉怎么样啊？

小结：抱抱是表达喜欢和爱的一种方式，能让人感觉到幸福和温暖。

2. 出示绘本，逐页引导幼儿阅读

师：今天孙老师带来了一本书，也是和抱抱有关的，书名就叫《抱抱》。我们一起来看一看。

（1）观察封面。

师：你们看到封面上有谁？它们在干什么？它们看上去很开心、很幸福。这只快乐的小猩猩，名字叫波波。

（2）观察扉页，出示 PPT1。

师：今天天气特别好，波波悄悄地离开妈妈，决定一个人去树林里玩一玩。你们看，离开了妈妈后，小波波心情怎么样？你怎么看出来的？

师：小波波又蹦又跳，真开心呀！现在，我们一起跟着波波到森林里走走、看看吧。

（3）出示 PPT2（大象）。

师：波波走着走着，看到谁了？它们在干什么？它们是怎么抱抱的？（教师请一名幼儿示范大象抱抱的动作）它们抱在一起感觉怎么样？波波看到它们幸福地抱在一起，感觉也很开心。你们听，它在说"抱抱"。

（4）出示 PPT3（变色龙）。

师：波波又走啊走啊，这次它看到谁了？它们在干什么？是怎么抱抱的？我们也张开双臂和旁边的好朋友抱抱。好朋友抱在一起感觉怎么样？

（5）出示 PPT4（蛇）。

师：波波继续往前走，这次它看到了谁？它们在干什么？是怎么抱抱的？（教师出示两根绳子，引导幼儿理解词语"缠绕"）

（6）出示 PPT5。

师：波波一路走来，看到这么多的妈妈和宝宝在亲热地抱抱，本来很高兴的它现在变得怎么样了？为什么不高兴？它在想什么？

（7）出示 PPT6。

师：波波把它的想法告诉了大象妈妈。你们瞧，它对大象妈妈说"抱抱"。小动物们决定帮助波波去找它的妈妈，它们是怎么帮助波波的呢？为什么要让波波坐到自己的头上？

（8）出示 PPT7、8、9。

师：大象妈妈带着波波走啊走啊，它们又看到了许多妈妈和宝宝在抱抱。小朋友们仔细看一看，是哪些小动物在抱抱？它们是怎么抱抱的？待会儿老师要请小朋友来表演给大家看。

小结：抱抱的方式有很多，可以张开双臂抱抱，可以缠绕在一起抱抱，可以头靠头抱抱，也可以从背后抱抱。

（9）出示 PPT10、11。

师：波波看到这么多的妈妈和宝宝抱抱，很羡慕，它多么想赶快找到自己的妈妈和她抱抱啊！于是，它大声地喊道："抱抱！"可是妈妈听不到。波波怎么样了？小动物们也很着急，可是也没办法。小朋友们，你们想不想帮助波波？那我们和波波一起大声喊："妈妈，抱抱！"

（10）出示 PPT12、13、14。

师：妈妈听见我们的喊声了吗？我们一起来看看。（播放背景音乐《雪的梦幻》）妈妈终于听到了波波的呼唤。你们瞧，它在干什么？波波看到妈妈跑过来，又是怎么做的？它一边走一边在喊什么呀？

（11）出示 PPT15。

师：波波和妈妈最后怎么样了？它和妈妈紧紧地抱在了一起，所有的小动物都为它们感到高兴。波波在妈妈的耳边悄悄地说了一句话，你们猜猜它说了什么？（我爱你）

（12）出示 PPT16、17。

师：接下来又发生了一些有趣的事情，我们继续来看看。波波离开了妈妈的怀抱，去和大象妈妈抱抱了。为什么它要和大象妈妈抱抱？

小结：原来，抱抱除了表示喜欢，也可以表示友好和感谢。

师：最后，所有的小动物都抱在了一起，它们成了好朋友，看上去很快乐、很幸福。

小结：除了和自己的爸爸妈妈、爷爷奶奶抱抱外，我们还可以和自己喜欢的人以及喜欢自己的人抱抱。

3. 鼓励幼儿和朋友、亲人抱抱

师：我们也来一个大大的抱抱好不好？张开你们的双臂，和好朋友抱一抱。

结束语：这是一个幸福的抱抱。小朋友们，今天你们的爸爸妈妈、爷爷奶奶也来到了我们班。你们爱他们吗？那就和他们抱一抱，并且告诉他们"我爱你们"，好吗？

中班半日主题活动：数字乐园

主题活动背景

进入新主题"数字乐园"了，我一直在思考，孩子们在生活中寻找了数字，在美工区装饰了数字，还完成了数字调查表，这些关于数字的活动对于中班孩子来说，除了可以感知数字的多样性以外，还具有怎样的实际意义呢？如何让抽象化、符号化的数字与孩子的生活更紧密相连呢？由此，我设计开展了半日主题活动，下面是节选的几个活动场景。

场景一：晨间活动

在晨间活动中，我鼓励孩子们将自己在家中"寻找数字"时的发现及时补充到班级的"数字乐园"主题环境中，这样既可以不断地丰富孩子们的学习环境、激发他们继续探究的兴趣，又可以让孩子们感受到自己是班级、幼儿园环境的小主人。

场景二：晨间锻炼

在孩子们进行户外体育锻炼的时候，我们将孩子们认识的"数字朋友"结合图示制作成"中一班晨间锻炼指南"，孩子们看着这份指南就能明白今天有哪些锻炼项目，每种项目有几个孩子参加。

在两天的锻炼过程中，都有孩子反映有的运动器械丢失了。我想这是一个非常有价值的教育契机，我希望能借助孩子们在幼儿园生活中真实出现的问题，引导他们尝试用数物（图）对应的方式进行记录，提高他们用数学方法解决生活中问题的能力，满足和保证中班幼儿积极为集体服务的意识和愿望。

场景三：晨间点心

吃点心时，我们将数字与图标相结合，鼓励孩子们尝试根据图示按数量取点心，这给他们提供了挑战自我的机会，为一成不变的生活环节注入了新意，也让孩子们在不知不觉中了解了数字的作用。

场景四：集体活动

晨间活动出现运动器械丢失的问题让我想到，为了让孩子们成为班级的小主人，每天活动结束后都是由值日生来收拾这些器械的，但每次值日生只是负责把器械运回到储藏室里，至于有无丢失他们根本不知道。这既然是发生在幼儿身边的事情，就应该把问题抛给他们，让他们自己想办法，运用所学的数学知识来解决。由于每种晨间锻炼的器械数量都在10以内，符合中班孩子数学学习的内容。于是，我设计了在户外操场上进行的中班数学活动"我是小小调查员"。

（1）开始讨论时，我引发孩子们回忆晨间锻炼器械丢失的问题，激发他们在思考中发现解决办法：借助点数、记录锻炼材料数量的方法，可以解决器械丢失的问题。

（2）第一次调查，孩子们在白纸上用自己的方式任意记录了两到三种锻炼器械及数量。

（3）第一次记录之后，孩子们发现大家的记录方式是多种多样的，我引导孩子们讨论交流，以发现哪些记录方式更加清楚。同时，孩子们发现，还可以通过点子、竖线、圆圈、数字等多种方式表示物品的数量。

（4）第二次调查建立在孩子们第一次记录、讨论的基础上。我将事先准备好的表格呈现给孩子，让他们再次记录。

（5）第二次记录之后，再次组织大家交流，将统计的物品及数量汇集到班级的"晨间锻炼物品调查表"中。晨间锻炼结束之后，孩子们对照这张大表清点、收拾、整理材料，这样就不会发生丢失的问题了。

场景五：区域游戏

区域游戏时间到了，我根据晨间活动的内容提出问题，引发孩子们进一步思考、探究。

在美工区，孩子们用油泥做电话号码和报纸球，把少掉的运动器械补全；在艺术创想区，孩子们用自己和同伴的身体合作摆数字；在小超市中，孩子们清点物品，制作物品数量的清单……

场景六：收拾清点

通过记录总表的投放，将每天收拾、检查的任务交给孩子们，并在今后的活动中将这种做法一直延续下去，能让孩子们在每天收拾和检查的过程中继续发展数的概念，同时培养任务意识和责任心。

整个半日活动，反映的是我们幼儿园主题内容生成、发展的过程。在这样的过程中，我感到幼儿园的课程是鲜活的、动态生成的，课程的整体观应体现在儿童经验发展的整体性上，课程应是追随儿童的发展需要而逐步完善的。儿童进行数学活动的核心意义就在于它能帮助他们解决实际生活中遇到的问题。因此，应该将儿童的数学学习与现实生活密切联系起来，使儿童从生活经验和客观事实出发，在研究现实问题的过程中学习数学、理解数学、发展数学能力。

第三单元

幼儿园说课

单元介绍

说课是一种能够有效提高教师素质和教学质量且操作性很强的教研活动。说课对提高教师综合能力、提升幼儿园教育活动质量、推动幼儿课程开发与建设、推进教师团队的形成等都发挥着积极作用。本单元就说课本质进行阐述，并结合案例对幼儿园教师如何说课进行详解。

知识目标

理解说课概念、作用；了解说课类型、说课与授课的区别。

能力目标

幼儿教师会进行幼儿园说课。

情感目标

懂得说课是提高教师和幼儿教育质量的重要途径之一，并努力说好课。

第一课　幼儿园说课概述

情境案例

提升移植课移植效益的策略
——以大班科学活动"蚯蚓的秘密"研讨为例

第一次执教

活动目标：

（1）观察蚯蚓，说清自己的新发现。

（2）激发进一步了解蚯蚓特性的愿望。

活动准备：

（1）绘本《蚯蚓的日记》PPT。

（2）蚯蚓、小树枝、放大镜等材料幼儿人手一份。

活动过程：

1. 出示绘本封面PPT，导题。

2. 观看绘本 PPT，认识蚯蚓。

（1）感知蚯蚓的外形特征；

（2）了解蚯蚓的生活习性；

（3）了解蚯蚓的身体具有再生功能；

（4）了解蚯蚓的本领——松土。

3. 知道要保护蚯蚓。

课后研讨

朱园长：活动将绘本与科学活动有机结合起来，有新意。但教学目标有些笼统，应该更明确。

教师 A：活动课题是"蚯蚓的日记"，但"日记"这个概念对于幼儿来说是很陌生的，建议用"秘密"一词，既能激发幼儿学习的兴趣，也能体现此次活动是一个科学活动。

教师 B：用小树枝来探究蚯蚓，很容易戳伤蚯蚓。建议让幼儿用手触摸蚯蚓，真实地感知蚯蚓的外形特征。

教师 C：活动直接由绘本引入显得有点突兀，因为幼儿对蚯蚓的经验太少了。建议先组织幼儿对蚯蚓进行观察，获得经验后再出示绘本 PPT。

教师 D：能不能再增加一些有关蚯蚓生活习性的视频？拓宽孩子对蚯蚓的认识。

教师 E：如果能让幼儿亲眼见到蚯蚓松土的本领是不是更好一些？

通过研讨，大家一致认为移植课的活动方案不是拿来就能用的，应该结合本园幼儿的发展水平对其进行调整和修改，完善原有活动方案。进一步研讨后，大家对原有活动方案的调整建议是：

（1）将教学目标具体化。

（2）为幼儿提供观察和探究蚯蚓的充足时间。

（3）制作绘本的有声课件，添加表现蚯蚓生活习性的视频，拓展幼儿的经验。

（4）问题设计要开放，要能点燃幼儿思维的火花。

根据研讨的建议，移植者修改了原有活动方案，并进行了第二次执教。

第二次执教

活动目标：

(1) 通过观察、讨论等活动初步感知蚯蚓的主要特性。

(2) 尝试用完整的语言表达自己的探索与发现。

(3) 愿意亲近小动物，喜欢与蚯蚓互动。

活动准备：

(1) 幼儿在户外观察蚯蚓；班级养殖区养殖蚯蚓供幼儿观察。

(2) 课件：《蚯蚓的日记》绘本 PPT（有音频），蚯蚓的生活习性视频，每组一份装在盒子里的蚯蚓，小手帕、放大镜若干。

活动过程：

(1) 导题。"蚯蚓的秘密"新闻发布会现场。幼儿自主上台介绍自己知道的蚯蚓的秘密。

(2) 幼儿探究和认识蚯蚓。

① 出示绘本 PPT《蚯蚓的日记》，引出蚯蚓的三个秘密：蚯蚓的头和尾巴真的一样吗？

小蚯蚓有牙齿吗？小蚯蚓的本领是什么？

②幼儿分组观察蚯蚓，回答问题。

（3）观看视频，认识蚯蚓的第四个秘密——身体的再生功能。

（4）观看视频（蚯蚓的生活习性），进一步探究蚯蚓的秘密。

（5）拓展性提问，激发幼儿进一步探究蚯蚓秘密的兴趣。

（6）户外放归蚯蚓，验证其喜欢钻泥土的特性。

课后研讨

朱园长：修改后的活动有了移植者自己的思考，更贴近我园幼儿的学习特点，也更能体现科学活动的特点。

教师A：教学课件设计得较好，其一是教师从绘本中挑选了一些有关蚯蚓特征、习性的画面并做成有音频的PPT课件，激发了孩子们的学习兴趣；其二是课件具体画面出现的顺序是让幼儿自主选择的，既尊重了幼儿的意愿，又保持了一种神秘感，激发了他们进一步探索的欲望。

教师C：活动采用孩子们喜闻乐见的绘本与课件有机结合的形式，用声形并茂的方式帮助幼儿学习原本枯燥、抽象的知识，这也是对幼儿有意注意特点的尊重。

教师D：观察蚯蚓喜欢松土这一习性是需要时间的，教师让幼儿先将蚯蚓放进装有泥土的盒子里，放在一旁，然后进行其他的活动，有效减少了幼儿的消极等待时间。

教师B：活动中教师追随孩子的观察、探索并加以回应，成为孩子们的引导者与支持者。

教师F：陈老师设计的提问开放而有趣，如："蚯蚓的头和尾巴一样吗？""蚯蚓没有牙齿，吃什么啊？"这样的提问引得孩子们哈哈大笑，同时还能激发孩子们的探究兴趣。

教师E：在整个活动中，教师一直引导幼儿带着问题去学习，而问题的设计又具有一定的梯度，由浅入深，既激发了幼儿的好奇心，又培养了幼儿科学思维的能力。

点评：上述情境案例是幼儿园教育活动实施后的一次研讨，这种研讨使教师更加明确了"教什么？怎么教？为什么这样教？"这种研讨犹如一位向导，引领我们广大的教师从经验的迷宫走向智慧殿堂。

说课与这个案例不同的是：在实施活动前，教师就活动的设计进行研讨或说明"教什么？怎么教？为什么这样教？"以便科学有效地实施活动。

一、幼儿园说课的含义

说课是指教师在备课的基础上，于授课之前向专家、领导或同行表述具体课题的活动设想及其理论依据，即教师要说清"教什么？怎么教？为什么这么教？"

说课过程是教师面对同行，以教育教学理论为指导，将自己对教育对象、教育活动目标、教育活动内容、学习活动方式和教师教学方式等一系列教学元素的确立及其依据进行阐述的一种研究性活动。说课有利于年轻教师互相交流、共同提高、尽快成熟，其本质特点是"说理"。

幼儿园说课是指幼儿教师在一定的时间内，将一次课程活动的设计及理论依据用简要、准确、适宜的语言呈现给听众，其目的是优化教育活动和促进教师专业发展。

作为一种教育活动形式，说课具有它的特殊性。上课、听课都要受时间和场地等的限制,说课则不同,它可以完全不受这些方面的限制,人多可以,人少也可以;时间可长也可短,非常灵活。由于说课具有省时高效、机动灵活的特点,因此,目前说课已广泛应用到教学研讨、教师招考面试、教学竞赛、教学评估等领域,发挥着越来越强的作用。

二、幼儿园说课的作用

说课是培养合作型、科研型教师的有效途径,是幼儿教师弹、唱、跳、绘画的技能和理论知识巧妙结合的整体素质体现。

(一)说课有利于教育活动质量的提高

说课是提高教育活动质量的有效方法。作为备课和上课的中间环节,说课不单要求教师弄清楚教什么、怎么教,还要求教师弄清楚为什么这么教。即,说课要求教师准确把握每一次教育活动在整个课程体系中的地位与作用,根据学情和教学资源状况,选择恰当的活动方法与手段,将内容进行整合设计,前瞻性地预测活动效果,使自己能在活动实施中收放自如、左右逢源。从备课、说课再到评课,教师既要主动学习教育教学理论、钻研教材、设计课程、探索创新、虚心接受同行和专家的评价,及时发现自己课程设计之缺点或不足,又要考虑如何根据不同年龄幼儿身心发展特点,激发幼儿的好奇心和想象力,进而提高幼儿发现问题、分析问题、解决问题的能力等。因此,成功的说课凝聚着教师自身和教研室同事的集体智慧。精心设计的教育活动,加之教师高水平地实施,必然会产生不同凡响的效果。

(二)说课有利于教师自身素质的提高

幼儿园教师之间的知识结构、能力结构和专业要求是有差距的,很多教师在工作中知道怎样做,却说不清为什么这样做。说课活动迫使教师不断学习有关幼儿教育理论和当前幼教动态,并应用于课程设计中,找到"理"所在,从而优化知识结构,提升教育理论水平。说课内容包括活动意图、活动目标、内容整合、资源利用、方法与手段设计、过程实施等多方面,要求教师能很好地梳理成案,这有利于训练教师思维的条理性和逻辑性。说课要求教师在一定时间内说清课程设计,并阐明道理,为此,教师必须有高度的分析概括能力和语言表达能力,这将有利于教师基本功的训练与养成。说课后,教师还要应答同行及专家随意性的提问,这又能有效训练教师的灵活应变能力。说课是教师实现由感性认识提升到理性认识的重要途径。

(三)说课有利于优秀教师团队的形成

"说课"活动的开展为同行之间相互观摩、相互交流与学习提供了平台,它使教研活动的主题更加明确,重点更加突出,效果更加明显。说课活动中,经验丰富的老教师以其扎实的功底、广博的知识经验帮带年轻教师,有利于整个教师团队焕发勃勃生机,不断推进课程的改革和创新,使课程设计和实施水平整体提升。特别是说课比赛活动,它有利于凝聚教师团队成员的人心,营造教研气氛,培养团队精神。

三、幼儿园说课的类型

幼儿园说课根据作用的不同分为研究性说课、示范性说课和评比性说课三种类型。

(一)研究性说课

研究性说课有利于形成浓厚的研究氛围,能充分体现说课作为教研活动的特点,是大面积提高教师业务素质和研究能力的有效途径。一般以教研室为单位，先由一名教师事先准备并写好说案，说课后大家评议修改；或者教师集体针对某一课程进行研究后形成说案，并委派一名教师进行说课。如遇到不清楚的问题，可用探究式语言提出来，求得同行或专家的指教，不断完善说案。这种说课集中了集体的智慧，并可根据教学需要随时开展。教研室的教师可以轮流说课。

（二）示范性说课

示范性说课一般选择教学优秀的教师，先向听课教师示范说课，然后让说课教师将课的内容付之于一堂课的教学，最后组织同行或专家对该教师的说课及课堂教学做出客观公正的评析。听课教师从听说课、看上课、听评析中增长见识、开阔眼界。因此，示范性说课是提高教师说课技能、培养教师教学能力的重要形式。

（三）评比性说课

评比性说课包括教育部门招聘教师所进行的说课和为了提高教师教育活动技能所进行的竞赛性说课。这种说课一般要求参加教师按指定的课程内容和教材，在规定时间内自己写出说课讲稿（说案），然后登台说课，最后由听课同行和专家做出评价并排出参赛名次。这种性质的说课非常注重说课的艺术性，注重教师各项技能的发挥，更注重教师综合素质的体现。

四、幼儿园说课与授课的区别

说课和授课都是教师通过活动过程展示自己的教学内容、教学方法、教学准备和教学流程及教学设计的鲜明特色、独到见解等，以实现自己的教学目标。但二者却有着本质的不同，具体区别如表 3-1 所示。

表 3-1 幼儿园说课与授课的区别

内容	授课	说课
对象	幼儿	专家、领导或同行
目的	教师将教材内容转化为幼儿的理解，进行某些知识和能力的教育，即"幼儿学会……"	教师向听者介绍一次活动的设想，即"听者听懂教学思路……"
内容	明确"教什么？怎么教？"	讲清"教什么？怎么教？为什么这么教？"
方法	教师和幼儿的双边活动，受时间、空间、地点、幼儿人数和身心发展特点的限制，不同的活动有不同的规范和秩序	教师独立讲解，不受时间、空间、人数的限制，灵活

相关链接

回归儿童本源设计教学活动
——以中班健康活动"牙虫快走开"教研为例

《3～6岁儿童学习与发展指南》（以下简称《指南》）指出："幼儿的学习是以直接经验为基础，……最大限度地支持和满足幼儿通过直接感知、实际操作和亲身体验来获取知识和经验的需要。"但在实践活动中，依然存在着"教师说幼儿听""教师说幼儿做"的成人本位教学现象。下面以中班健康活动"牙虫快走开"教研活动为例，谈谈我们是如何顺应幼儿的需要，在"回归儿童"理念下优化健康活动的。

一、教研背景

有一段时间，各个中班均有幼儿出现了蛀牙。为了引导幼儿学习有关牙齿保健的知识和行为，中班年级组设计了课题为"牙虫快走开"的健康教学活动（蛀牙主要是由口腔细菌入侵牙齿所致。考虑到中班幼儿以具体形象思维为主，我们用拟人、比喻的手法将细菌称为"牙虫"）。试教后，我们发现整个活动表现出教师对幼儿学习的高度控制，即幼儿通过教师的说教，间接地获取保护牙齿的知识。整个活动既缺少师幼之间有效的互动，又缺乏幼儿主动学习和探究学习的过程。于是，我们在南京师范大学教育科学学院顾荣芳教授的指导下，对活动的设计进行了反思与探讨，并采用"儿童为本"的教育理念，对活动设计进行了调整和优化。然后，用新的活动设计进行了第二次试教，并取得了较好成效，顾荣芳教授也给予了较高的评价（见附1）。

二、活动分析

1. 活动目标（表1）

表1 活动目标

	第一次活动	第二次活动
目标	1. 了解蛀牙的危害 2. 养成每天早晚刷牙的卫生习惯	1. 了解蛀牙的危害 2. 通过操作体验学习刷牙的正确方法 3. 乐于与周围同伴分享刷牙的感受

分析：

与第一次活动相比，第二次活动目标对活动过程的导向作用有了如下变化：

（1）引领活动的方向从关注幼儿"了解蛀牙"走向关注幼儿"体验参与"。目标的这一变化使得活动过程从第一次活动以教师高控为主的接受式学习走向了幼儿自主发现式学习，体现了"儿童为本"的教育理念。

（2）引领活动的组织形式由幼儿个体式学习转向群体交往、分享式学习。中班幼儿已经由过去的个体学习逐步走向了合作式学习。因此，我们顺应孩子的年龄特点和情感发展的需求，在活动目标上新增了"乐于与周围同伴分享刷牙的感受"。

2. 活动准备（表2）

表2 活动准备

	第一次活动	第二次活动
活动准备	故事《小熊拔牙》	学具：幼儿人手一把牙刷和一个水杯教具，幼儿自创绘本《赶走牙细菌》（内容见附2），牙齿模型一个，视频展示仪

分析：

与第一次活动相比，第二次活动准备有如下特点：

（1）故事由教师选择转变为幼儿自主创编。

幼儿是活动的主体，活动材料对幼儿发挥主体性有重要的影响。因此，在第二次活动准备时，我们放弃了传统故事《小熊拔牙》，改为组织幼儿结合自己的生活经验自主创编绘本故事

《赶走牙细菌》(见附2)。实践证明，幼儿创编的绘本故事有效地激发了他们学习的主动性。

(2) 教具由单一支架转变为多维支架。

所谓支架，是指活动中提供的适宜的环境、材料等，用以支持幼儿的主动学习。第一次活动主要依靠故事《小熊拔牙》这一教具，缺乏让幼儿发现问题、探索问题、解决问题的空间；第二次活动增加了牙齿模型、牙刷等操作性材料，并且创设了让幼儿直接感知、实际操作、亲身体验的学习情景，让幼儿通过自主观察和实际操作来学习刷牙的正确方法。

3. 活动过程（表3）

表3 活动过程

	第一次活动	第二次活动
活动过程	一、谈话导入，引出故事《小熊拔牙》 二、讲述故事《小熊拔牙》，引起孩子共鸣 师：为什么小熊会去拔牙？最终小熊学会了什么？ 三、教师教授正确刷牙的方法，幼儿模仿学习 四、教师总结刷牙的正确方法，帮助幼儿养成良好的卫生习惯	一、猜谜导入，激发兴趣 1. 教师请幼儿猜谜，导入活动 2. 出示牙齿模型，感知牙齿的特点 二、欣赏绘本故事，体验牙齿健康的重要性 三、讨论与分享，探索刷牙的正确方法 1. 幼儿自由组成小组，讨论刷牙方法 2. 小组代表上台展示本组认同的刷牙方法 3. 教师用牙齿模型讲解、示范刷牙的正确方法 4. 幼儿自由结伴到盥洗室内进行练习 四、活动延伸：音乐游戏"蛀牙虫，快走开"

分析：

与第一次活动相比，第二次活动的过程具有以下特点：

(1) 活动的形式由讲授式转变为探索式。

第一次活动的全过程都显现了教师"高控"的教学模式。比如，教师用"听老师讲，看老师做"的方式来告知幼儿正确刷牙的方法，并让幼儿通过机械式的模仿来练习。显然，教师是牵着幼儿"一路前行"。

中班幼儿对知识的学习更多是从自己的经历和经验出发，因此，在第二次活动中我们调整了教学策略，给予幼儿更多操作、探索的空间，让他们体验和经历学习的内容。如环节二的设计：先组织小组成员集体讨论刷牙的方法，再请小组代表上台展示，随后教师公布刷牙的正确方法，最后再让幼儿通过操作来学习刷牙的正确方法。

(2) 活动的价值从单一转变为多元。

《指南》要求："关注幼儿学习与发展的整体性。儿童的发展是一个整体，要注重领域之间、目标之间的相互渗透和整合，促进幼儿身心全面协调发展，而不应片面追求某一方面或几方面的发展。"第一次活动的价值局限在健康领域的单一维度上，缺乏领域之间渗透的潜在价值。第二次活动增加了延伸活动：音乐游戏"蛀牙虫，快走开"，为表演区域的活动做好了铺垫。

三、活动感悟

(1) 发现幼儿兴趣，使活动由预设转向生成和回归儿童本源的活动。主要表现在活动是幼儿自主生成的，是根据幼儿的兴趣展开的，不是由教师牵着鼻子走的。所有活动都应该源于幼儿的生活经验和兴趣。

本次活动无论是主题还是材料，都来源于幼儿，并且引导幼儿通过实际操作、亲身体验来丰富经验、获取知识、发展能力，达到幼儿主动学习的目的。

（2）找准基点，过程由幼儿被动学习转向主动学习。《指南》要求："理解幼儿的学习方式和特点，最大限度地支持和满足幼儿通过直接感知、实际操作和亲身体验获取经验的需要。"其中的"直接感知、实际操作、亲身体验"就是促进幼儿主动学习的基点。找准了这一基点，幼儿就可以从过去由教师"牵着鼻子走"的被动式学习，逐步走向探索、体验的主动学习。比如第二次活动中，使用幼儿自主创编的绘本故事，让幼儿在盥洗室通过操作来体验刷牙等方法，帮助孩子在亲身经历中扩展自己的经验和能力，体现了"幼儿在前，教师在后"的教育理念。

附1：顾荣芳教授对第二次活动的点评

"牙虫快走开"是一节符合中班幼儿年龄特点的健康课，活动来源于幼儿的实际生活，符合他们的日常经验，活动中孩子们参与的热情、积极性也比较高。

教师在设计活动时，能用猜谜语、故事导入、话题讨论等方式来引导幼儿萌发保护牙齿健康的意识，并能提供机会让他们亲身体验和实际操作，掌握正确刷牙的方法。在选用故事时并没有使用传统的拔牙故事，而是独具匠心地使用了本班幼儿自主创编的绘本《赶走牙细菌》，在趣味盎然的故事中自然引入"坚持刷牙"的生活习惯。

整个活动中，教师比较重视与幼儿展开互动，如用了猜谜游戏、故事欣赏、角色体验、实践操作等多种方式让幼儿主动参与到活动中，促进幼儿在学习过程中逐步实现知识、能力、情感三者的有机融合。

总体来说，整个教学过程流畅，环环相扣，层层递进，取得了较好的效果。更为重要的是，整个活动的实施过程体现了"幼儿经验在前，教师讲解在后；幼儿探索在前，教师追问在后"的理念引导。并且，活动并不是就此戛然而止，教师在后续的活动中考虑了区域活动、家园联系等内容，延伸了整个活动的时空范围和教育价值。

附2：幼儿自创绘本故事《赶走牙细菌》

月月不愿意刷牙，每次妈妈让他刷牙，他总是找各种理由拒绝。

一段时间后，牙细菌爸爸钻进了月月的牙齿里，大口地吃月月牙齿里残留的各种好吃的东西。

几天后，正好是月月的生日，月月吃了很多好吃的东西，有蛋糕、巧克力、牛肉干，还有薯片。月月吃完了还是不愿意去刷牙，而是跑到床上去睡觉。在月月睡得又香又甜时，牙细菌妈妈和孩子都钻进了月月的嘴巴里，吧唧吧唧地吃着月月嘴巴里残留的食物碎屑。

没过多久，牙细菌一家把月月的牙齿弄了一个小窟窿。月月疼醒了，忍不住叫醒妈妈。妈妈拿来了牙刷，告诉月月，牙刷和牙膏是和牙细菌们作战的最好武器。从此，月月每天坚持早晚刷牙。不久，牙细菌一家都被月月赶走了。

议一议

根据本课的内容，分析下面案例在教育活动设计和实施过程中所体现的优缺点。

【案例3-1】

一天，小一班的孩子们在餐后散步，突然很多孩子停住了脚步并围蹲在一起，原来他们发现了一条毛毛虫。

孩子们边看边七嘴八舌地议论开了:"这是什么虫?"

"是毛毛虫!它会变成蝴蝶。"

"你看它真漂亮,背上有一道道的花纹。"

接下来的日子里,孩子们到处寻找毛毛虫。

幼儿对毛毛虫的关注让我们发现了其中的美术教育价值:引导幼儿通过绘画的方式表现有趣而可爱的毛毛虫。就此,园美术教研组设计了小班绘画活动"毛毛虫野餐会"的方案,但试教后发现了许多问题,集中表现为活动设计对幼儿经验的关注不到位。

练一练

(1) 什么是"幼儿园说课"?

(2) "幼儿园说课"有哪些作用?

(3) "幼儿园说课"有哪几种类型?

(4) 幼儿园"说课"与"授课"有什么区别?

做一做

设计一次教育活动,比较先试课再说课与先说课再试课的异同。

第二课 幼儿园说课的内容

情境案例

颠倒的世界

小海是一位实习生,她听说学校的实习指导老师要来观摩她的教学活动,于是特别准备了一个语言和美术相结合的教学活动。为了使指导老师满意,她不仅进行了精心的准备,还进行了试教。

活动过程大致是:首先,讲一个故事,叫"颠倒的世界",故事内容说的是在一个颠倒的世界里,所有的事情都反了,比如长颈鹿变短颈鹿了,乌龟跑得飞快,小兔子挪动身子很慢,房子会走……故事很好玩,讲得幼儿哈哈大笑。然后,老师让幼儿自己想象,在你的颠倒世界里,还有什么事情反过来了,把它画下来以后进行交流。

令小海老师没有想到的是,事情真的颠倒了。试教时,她找来的孩子中有一半都是平时被认为画画不好的,而留下准备正式上课的那一半幼儿都在外面学画,有的还得过奖。但遗憾的是,试教很成功,而正式教学很失败。表现为试教时的那批孩子想象力丰富,讲了很多稀奇古怪的相反事,比如,"在我的颠倒世界里,我变成了妈妈,妈妈变成了孩子,我看电视,命令妈妈写字。"大家笑得前仰后翻。而正式教学中,那些很会画画的孩子却抓耳挠腮,想不出要画什么,总有孩子说这个东西不会画,那个东西不会画,还有的相互模仿。最不可思议的是,他们的绘画一点也不显得比另一些孩子好,也不比自己平时绘画课上的好。

小海老师陷入了深深的沉思。

点评:从小培养幼儿善于发现美,这对于他们的一生是非常重要的。孩子们的世界是丰富多彩的,他们有自己独特的语言、思维方式和解决问题的方法。教师不应该用自以为是的权威去剥夺孩子的权益,应多创造机会和平台提供丰富而适宜的开放性材料,让孩子成为主角去主动体验、探索学习。孩子创作时的那种独特的灵性是成人无法模仿的，成人不应该对其进行扼杀，否则就会折断孩子自由创想的翅膀。如果案例中的教师事先进行说课，也就不会出现如此尴尬的局面了。

一、幼儿园说课的内容

幼儿园的说课不同于其他教育层次的说课，主要包括六个环节，即说教材、说目标、说准备、说教学方法、说活动过程、说总结。其中，"说活动过程"这一环节包含几个步骤，各个步骤由"教什么（做什么）？怎么教（怎么做）？为什么这么教（为什么这么做)？"三个方面组成。

（一）说教材

说教材要求说课者说清楚该设计活动的地位和作用，并依据前二者进行学情分析。说教材也就是明确设计意图。

1. 地位和作用

活动的地位是指说课者所设计的活动内容在幼儿园课程或某一主题教学中所处的位置。活动的作用是指此项活动内容对幼儿身心发展、自然和社会发展等方面的价值。

2. 学情分析

学情分析是指说课者针对设计的此项活动内容所对应的幼儿现状进行简要分析，主要分析此阶段的幼儿与教师当前设计的活动内容要求之间有哪些差距，即他们已经获得了和此活动内容有关的哪些方面的发展，还需要进行哪些方面的学习。

教师要对幼儿在与本活动内容有关的方面已经获得的发展水平做出恰当的判断，也可以说，学情分析是研判并指出幼儿本次活动的最近发展区，为活动目标的确定以及后续各个环节的可操作性提供科学的生理心理依据。

【案例3-2】大班数学活动"二等分"

我说课的内容是幼儿园大班数学活动"二等分"（地位）。

在日常生活中，我们进行某些活动的时候，常常需要将人或物进行等分。幼儿园的小朋友同样需要用到等分的方法，例如分点心、分玩具、分餐具等（作用）。大班幼儿的抽象思维开始萌芽，对简单的数学概念和10以内的加减已经有了初步的认识，在此基础上联系生活理解等分已经不是难事（学情分析），为此，我设计了本次活动。

【案例3-3】中班社会活动"特殊的电话号码"

今天，我说课的内容是幼儿园中班社会活动"特殊的电话号码"（地位）。

信息时代，电话成了最便捷的传达信息的工具，它为我们的生活、工作和学习提供了很多便利（作用）。中班幼儿已熟知0~9这10个数字，他们能够记住爸爸妈妈的电话，在需要的时候拨打已经不是问题了。但是，现实社会常常会有意外发生，加之幼儿弱小，身心不够成熟，有必要让他们知道119、120、110这三个特殊的电话号码及其功能（学情分析），因此，我设计了本次活动。

【案例3-4】中班语言（社会）活动"小猫钓鱼"

今天，我说课的内容是中班语言活动"小猫钓鱼"（地位）。

"小猫钓鱼"是一则寓意深刻的童话故事。故事讲述了一只小猫和猫妈妈一起钓鱼，小猫开始三心二意，没有钓到一条鱼。后来，在猫妈妈的教育下，小猫一心一意地钓鱼，终于钓到了鱼。故事简单，道理深刻（作用）。中班幼儿的语言表达能力有了明显的提高，对一些事情能进行简单的描述，掌握的词汇数量和种类逐渐增加，但还不习惯或不会用准确的词语表达事物，有时做事不够专心（学情分析），为此，我设计了本次活动。

（二）说目标

目标是教育活动设计所要达到的目的或标准，它决定设计活动的方向，是活动的起点和归宿。在说教材的基础上，教师要根据活动内容，确定本次活动的目标。目标的确定与表述要求已在第二单元第四课上讲述过，需要注意的是，教师每次在叙述活动目标的同时，还要指出本次活动目标的重点和难点。

【案例 3-5】大班数学活动"二等分"

通过上述分析（说教材），我为本次活动确定了如下目标：

（1）初步理解"二等分"的含义，知道整体与部分的关系。这是本次活动目标的重点。

（2）幼儿会用"二等分"的方法解决生活中的分配问题。这是本次活动目标的难点。

（3）生活或游戏中，喜欢用等分的方法与小朋友分享物品。

【案例 3-6】中班社会活动"特殊的电话号码"

通过上述分析（说教材），我为本次活动确定了如下目标：

（1）幼儿知道电话119、120、110的特殊意义。这是本次活动目标的重点。

（2）幼儿会正确使用和拨打特殊电话。这是本次活动目标的难点。

（3）养成记电话号码和灵活运用电话的好习惯。

【案例 3-7】中班语言（社会）活动"小猫钓鱼"

通过上述分析（说教材），我为本次活动确定了如下目标：

（1）初步理解"一心一意"和"三心二意"的含义。这是本次活动目标的重点。

（2）能根据图片描述故事情节。这是本次活动目标的难点。

（3）知道做事要一心一意，养成专心做事的好习惯。

（三）说准备

活动准备是指幼儿园课程实施之前所要做的准备，包括精神方面和物质方面准备两个方面。具体地说，精神方面的准备指在某一活动实施中，教师要具有和这一活动相关的各方面知识和技能，幼儿要具有接受和理解新内容的经验或技能；物质方面的准备是指实施活动时教师施教的教具和幼儿学习的学具，也包括实施活动的场所及其环境的创设、社区协调及需要家长做的工作等。

【案例 3-8】大班数学活动"二等分"

为完成上述目标（说目标），我做了如下准备：

精神准备：幼儿已有生活中分东西的经验。

物质准备：Flash课件、饮料、饼干、绳子以及彩色的几何图形。

【案例 3-9】中班社会活动"特殊的电话号码"

为完成上述目标（说目标），我做了如下准备：

精神准备：幼儿在日常生活中有拨打电话的经历和体验。
物质准备：多媒体情景图片、电话机或手机一部。

【案例 3-10】中班语言（社会）活动"小猫钓鱼"

为完成上述目标（说目标），我做了如下准备：
精神准备：幼儿在现实生活中看过小猫和小鱼，并知道猫爱吃鱼。
物质准备："小猫钓鱼"多媒体情景图片。

（四）说教学方法

教学方法是为完成活动任务而采用的办法。它包括教师教的方法和幼儿学的方法，是教师引导幼儿学习知识技能、获得身心发展而共同活动的方法。

教法和学法是一个活动的两个方面，教的方法依据学的方法。因教师或幼儿角度的不同，教法和学法的命名也有区别，如，教师用演示法教，相对应地，幼儿用观察法学；教师用实践法教，相对应地，幼儿用操作法学。因此，教的方法和学的方法所起的作用是一致的。

每一次活动过程中运用的往往是教学方法组合，即教师根据活动的特点、幼儿身心发展的实际、教师的特长及幼儿园的设备情况等选择适宜施教的各种方法。说课时所用的教学方法不需要一一进行说明，说课者说出活动过程中起关键作用的方法即可。

【案例 3-11】中班社会活动"特殊的电话号码"

为了使活动有一个很好的氛围（调动幼儿参与的积极性），我采用了如下的教学方法：
我采用的主要教学方法有演示法、引导法；幼儿学的方法主要有观察法、操作法和讨论法。借助幼儿生活中熟悉的情景图片进行演示，生动形象，加之适当的引导，有利于幼儿对特殊电话号码作用的理解。观察法有利于幼儿全面、正确地理解图片内容；操作法可以让幼儿通过自主操作，加深对特殊电话号码的认识及其正确应用；讨论法能够训练幼儿主动思考、交流思想的能力，提高其语言表达能力。

（五）说活动过程

活动过程是说课中最重要的部分，说课者对活动过程设计的阐述能反映出说课者独具匠心的活动设计，如，教学理念是否先进、活动内容是否科学正确、活动方法是否适宜、语言表达是否儿童化、教具学具是否与内容相符、是否具有可操作性等，同时也更能彰显出说课者独特的个性风格和教学的艺术魅力。

说活动过程就是说明整个活动的流程。一般活动过程要分几步来完成，每一步都要说明"教什么（做什么）？怎么教（怎么做）？为什么这么教（为什么这么做）？"三方面内容。一个完整的活动过程包括导入、主体部分、结束。

导入主要激发幼儿参与活动的兴趣和欲望，引出主题；

活动主体部分是说课的关键，目标要在此部分完成，主体部分根据活动内容及具体情况确定完成的步骤；

结束是活动过程的最后一步，往往采用对活动内容起总结性作用的方法完成。有时为了满足幼儿高涨的兴趣和欲望，教师在活动结束后会进行活动延伸。活动延伸指幼儿离开实施活动的地方，在其他地方进行的与刚刚实施的活动内容有关的，对刚实施的活动内容起巩固和强化理解作用的活动。因此，延伸活动的途径和形式多种多样，如延伸至家庭、社区、区域等地方。

根据研究性说课和评比性说课在实际工作中的性质，说课者在说"怎么教（怎么做）？"这一方面内容时运用的语言表达方式有所不同：研究性说课说课者更多地使用叙述性语言表达；评比性说课说课者更多地使用教学语言表达，因为教学语言能更好地展现说课者所具备的教学素质和能力，如，讲授的逻辑性、教学的举止形态、语言表达的适宜性、多媒体的使用等，同时也利于听课者明白说课者独具匠心的设计思路。

（六）说总结

总结意味着说课活动的结束。总结是说课者对本次活动设计进行的概括性说明。总结不是反思，而是向听众说明活动设计的新意或亮点。创新是说课之魂，说课者要说出自己鲜明的特色、独到的见解，让听众为之一振。

二、说课时要注意的几个问题

（一）说课不等同于背教案

说课时间只是上课时间的四分之一或三分之一，在这有限的时间里，说课者要详略得当、繁简适宜、有理有据，相当于"脱稿演说"。这就要求说课者吃透教材，将备课过程浓缩和升华，将教学方案装入心中而后表达。说课时，说课者要处在备课和上课的交界点，处于听者思维和幼儿思维的交汇处，使听者"知其然，还要知其所以然"。即说课除了说教学内容与方法，还要重点讲清"为什么这样教的理论依据"。

（二）说课要认清说课对象

说课的对象不是幼儿，而是领导、同行或评委，但听者会自觉地站在幼儿的角度审视说课者的说课，看说课者如何选用教学方法突出重点、突破难点，因此说课者要注意自己的一字一句、一举一动，包括称呼、语言动作、表情等。

（三）说课是理论和实践的完美结合

说课重理性思维，讲课重感性和实践。有的教师认为有了技能技巧就能上讲台，她们注重的是搭花架、摆花样，不重视理论的学习，不注重活动过程的实施、活动任务的完成、活动信息的反馈、活动效率的提高，如此组织实施教育活动也就说不清楚"为什么这样教（为什么这样做）？"导致教育活动盲目、流于形式、"华而无实"。可以说，只会组织实施教育活动、不会说课的教师可能会成为一个很好的"教书匠"，但既会组织实施教育活动又能说好课的教师有可能成为一个教育专家。

相关链接　　**学前教育专业学生"说课稿"分析**
　　　　　　　　——以重庆市 T 大学为例

摘　要：

本研究主要运用内容分析法对学前教育专业学生"说课稿"进行调查与分析。研究表明，在制定"说课稿"时，大多数学生能根据幼儿的身心发展来制定，但存在如下问题：活动板块思路不明，对幼儿关注度不够，内容操作性考虑欠缺；重、难点如何突破不明确；教法的科学性和适宜性不够，学法的科学性欠缺；活动过程设计思路不明，理论支撑低，时间安排欠缺；延伸理论依据较欠缺。在分析问题的基础上，本人对如何写好一篇学前教育专业"说课稿"提出了可行性建议。

一、问题的提出

学前教育专业"说课稿"是在考虑到幼儿身心发展特点，具体分析每一次活动的活动来源、活动目标、活动准备、活动重点和难点、活动过程、活动延伸和活动反思的基础上，遵循"整体构思、融为一体"的原则，逐步展开、层层深入地阐述教学内容的文稿，主要阐述"为什么这样教"的问题。目前对学前教育"说课稿"的研究很少，本人通过分析重庆市T大学学前教育专业学生的"说课稿"，发现问题、找出原因，并提出合理建议。

二、研究方法

（一）内容分析法

本研究采用内容分析法，从重庆市T大学学生的"说课稿"中抽取100份进行分析。其中小班20份、中班50份、大班30份，借助内容分析表记录。

（二）案例法

本研究采用案例法对具体的实例进行分析，特别是对一些典型案例进行分析，从中提炼和论证结论。

三、研究结果

（一）综合情况

学前教育专业"说课稿"完整性较好，但活动延伸、反思环节仍有思路不明的情况，见表1。

表1　学前教育专业学生说课稿统计表（频次）

分析板块	是	否
说设计意图	100	0
说活动目标	100	0
说活动准备	99	1
说活动重、难点	95	5
说教法和学法	98	2
说活动过程	100	0
说活动延伸	52	48

注：学前教育专业100份学生说课稿。

（二）说设计意图

说设计意图时，不仅要说清教学构想，还要说清其理论依据，将教育理论与教学实践有机结合起来，做到理论和实践的高度统一。研究发现，学生的说课稿理论支撑较好，偏重《纲要》或《指南》等精神；对幼儿年龄、身心特点关注较好，原有知识关注度低，对幼儿的兴趣和关注有待提升；内容分析教育性、适宜性好，操作性差。见表2。

表2 设计意图统计表（频次）

维度	项目	是	否
理论支撑	《纲要》或《指南》等精神	78	22
	学前课程与教学理论	14	86
	学前教育学和心理学原理	32	68
教育对象	符合幼儿年龄、身心发展	59	41
	考虑幼儿原有知识	33	67
	幼儿兴趣与关注	47	53
内容分析（教材分析）	适宜性	79	21
	教育性	72	28
	操作性	37	63

注：学前教育专业100份学生说课稿。

（三）说活动目标

教学目标指预期学生通过教学活动获得的学习结果。研究发现，学生的说课稿理论支撑度好，偏重《纲要》或《指南》等精神；说活动目标的取向偏重于行为目标；说目标内容时考虑全面，侧重行为能力目标。见表3。

表3 活动目标统计表（频次）

维度	项目	是	否
理论支撑	《纲要》或《指南》等精神	80	20
	学前课程与教学理论	21	79
	学前教育学和心理学原理	18	82
目标取向	行为目标	84	16
	表现目标	31	69
目标内容	认知技能	73	27
	情感态度	70	30
	行为能力	88	12

注：学前教育专业100份学生说课稿。

（四）说活动准备

研究发现，说活动准备时理论支撑低，物质经验准备较好，但更偏重物质准备。见表4。

表 4 活动准备统计表（频次）

维度	项目	是	否
理论支撑	《纲要》或《指南》等精神	34	65
	学前课程与教学理论	22	77
	学前教育学和心理学原理	12	87
目标内容	环境创设	75	24
	玩、教具材料	66	33
心理准备	经验准备	68	31

注：学前教育专业 99 份学生说课稿。

（五）说活动重、难点

研究发现，学生的说课稿理论支撑度较好，偏重学前教育学和心理学原理；表述上的正确和清晰度一般，与目标符合度较好；如何突破不明确。见表 5。

表 5 活动重、难点统计表（频次）

维度	项目	是	否
理论支撑	《纲要》或《指南》等精神	24	71
	学前课程与教学理论	17	78
	学前教育学和心理学原理	51	44
表述	正确清晰	50	45
	紧扣目标	59	36
	如何突破	37	58

注：学前教育专业 95 份学生说课稿。

（六）说教法和学法

教学法是教学活动的思想，科学的教学法有利于活动的进行、目标的实现和达成。研究发现，学生的说课稿教法理论支撑好，科学性、适宜性欠缺；学法理论支撑和适宜性好，科学性欠缺。见表 6。

表 6 教学和学法统计表（频次）

维度	项目	是	否
教学	理论支撑	80	18
	科学性	38	60
	适宜性	42	56
学法	理论支撑	77	21
	科学性	36	62
	适宜性	60	38

注：学前教育专业 98 份学生说课稿。

(七)说活动过程

说活动过程是说课的主要环节,应有相应理论支撑,每个环节应完整规范表述。研究发现,学生的说课稿活动理论支撑度低;设计思路不明确;流程清晰连贯度好,目标的指向和达成较好;活动重、难点如何突破不明确;时间安排欠缺。见表7。

表7 活动过程统计表(频次)

维度	项目	是	否
理论支撑	《纲要》或《指南》等精神	34	66
	学前课程与教学理论	6	94
	学前教育学和心理学原理	31	69
进行	设计思路	42	58
	流程清晰连贯	78	22
	时间安排	5	95
	目标的指向和达成	63	37
	重、难点解决和突破	24	76

注:学前教育专业100份学生说课稿。

(八)说活动延伸

调查显示,学生的说课稿理论依据比较欠缺。100份说课稿中,有52份涉及活动延伸,其中说理论依据也不足29%。见表8。

表8 活动延伸统计表(频次)

维度	项目	是	否
理论支撑	《纲要》或《指南》等精神	15	37
	学前课程与教学理论	5	47
	学前教育学和心理学原理	9	43

注:学前教育专业52份学生说课稿。

四、分析与建议

(一)原因分析

1. 对说课稿的认识度和重视度不够

说课稿主要阐述的是"为什么要这样教"。从表1可以看出,不少同学在制作"说课稿"时,对活动结束部分没有明确的认识。学前教育对促进个体发展、各级各类教育协调发展、社会经济发展意义重大。学前教育专业"说课稿"是实现教学活动开展的支撑和准备。

2. 缺乏对幼儿的了解

对幼儿身心特点了解不够,对其学习和发展规律特点把握不准。例如,在中班艺术活动"夏天的雷雨"中,行为能力的目标为:理解歌词,熟悉歌曲的旋律,能完整有感情地加上肢体动作演唱,能够创编歌词。其中,"创编歌词"对于中班幼儿来说目标过难。

(二)建议

1. 明确活动板块，保障"说课稿"结构完整

学前教育专业说课稿包括设计意图、活动目标、活动准备、活动重点和难点、说教法和学法、活动过程、活动延伸。表1数据显示，48份说课稿没有活动延伸，说明学前教育专业学生对说课稿的认识度不够。针对这一现状，学前教育课程可开展专门的说课活动，组织学生进行说课，明确活动板块，保障结构的完整，提升学生对说课稿的组织和运用能力。

2. 内容选择考虑幼儿身心，提升操作性

幼儿园课程内容应具有启蒙性、直接兴趣性、人文性、情境性、活动性、整体性和发展性。维果茨基的"最近发展区"理论指出，内容的选择应充分尊重幼儿的身心发展特点。表2显示，说课稿中考虑幼儿原有知识的占33%，说明学生对幼儿的了解不够。针对这一情况，可加强高校和幼儿园的合作，组织学生进行见习、实习。

3~6岁幼儿处于具体形象思维阶段，其获得的经验往往是通过自己直接感知和操作的，可见提升活动内容操作性的重要。表2显示，操作性仅占37%。

3. 目标考虑全面，注重情感态度目标

《纲要》中指出：幼儿园各领域的内容是相互渗透的，包括情感、认知、态度、能力等方面发展。研究发现，学生对这方面的关注需要进一步提升。例如，在大班社会活动"有趣的广告"中，活动目标表述为：①初步发现广告的特点及在生活中的作用。②能清楚地表述自己的观点，学会创编简单的广告语。可以看出，其中没有情感态度方面的目标。

4. 关注活动过程，规范表述过程环节

(1) 提升学生专业素养，加强理论支撑学习。

学前教育专业说课稿主要说明的是为什么这样教，理论支撑对整个教学活动有着规范和导向的作用。表7显示，说课稿的理论支撑度不到35%，由此可见加强理论知识学习的必要性。因此，教师不仅要学习幼儿心理学、教育学方面的知识和《指南》《纲要》等精神文件，而且应该关注学前教育发展动态，多关注国际、国内学前教育的发展动态。

(2) 明确活动目标，有效突破重、难点。

有效地突破活动的重、难点，是活动目标实现的体现，是有效组织和开展教学活动的依据，对整个活动有着十分重要的作用。研究发现，学前教育专业学生在如何突破活动重、难点方面考虑不够。例如，在中班健康活动"小手小手摸摸摸"中，学生能够根据活动目标将重点定位为"亲自用手去触摸不同质地和相同质地的东西，体验不同的感觉"，活动难点定位为"清楚表达不同的感觉，进一步认识手的触觉，喜欢自己的手"。但对活动中如何突破活动重、难点没有任何的表述。

(3) 明确设计思路，有效安排环节时间。

设计思路说明了设计者的思路和构想。良好的设计思路和科学合理的时间安排，有利于活动的开展与进行。研究发现，学前教育专业学生的说课稿中存在设计思路不明、环节时间安排欠缺的情况。例如，中班语言活动"你想借什么动物"的活动过程环节表述为：

①开始部分，以一个谜语导入活动，激发幼儿兴趣。

②中间部分，首先，将每一个小故事分开讲，结合每一个问题让幼儿大胆想象；其次，有目的地引导幼儿回忆故事，用提问的方式让幼儿敢说、想说、能说。

③高潮部分，用一个故事再次引导幼儿想象，让幼儿了解更多动物的习性和特点。给幼

儿提供头饰和布置简单的场景，请幼儿自己选择角色进行故事表演，加深对动物习性和特点的了解，感受到帮助他人的乐趣。

④结束部分，依据幼儿的生活环境，用语言引导幼儿感受帮助别人的乐趣。

可以看出，以上活动没有设计思路和时间环节安排的表述。

议一议

说一说下面案例的活动片段的不合理之处。

【案例 3-12】

小班的美术活动中，教师通过 PPT 导入七色花的故事，目的是让幼儿通过准备好的大小瓶盖组合，印画有七个花瓣的七色花。故事导入环节结束后，教师为幼儿呈现了一幅标准的七色花"示范图"，并在过程中强调了赤、橙、黄、绿、青、蓝、紫七种颜色。活动进行中，很多孩子都选择了大小不同的瓶盖，用大瓶盖画的圆作花心，用小瓶盖围着大瓶盖画圆作花瓣。圆画好后很多孩子便开始在自己画的"七色花"上涂色（大多数孩子选择示范图的颜色）。豆豆选择了两个大小相同的瓶盖。他先在白纸上分散画了多个圆，然后分别为每个独立的圆涂上一种或多种色彩，有的圆甚至因多种颜色重叠混合而变成了深棕色。教师指导到豆豆这桌的时候，表扬了豆豆同桌的一位幼儿画得非常"标准"，很多小朋友便开始抢着把自己的画给老师看。豆豆还差一个"圆"就涂完了，他没有急着给老师看，仍然在奋力地涂着。教师指导完其他小朋友，看到了豆豆的画，严肃地说："豆豆，你画的是什么呀？画那么多圆干什么，重新拿张纸画吧。"老师转身拿纸，豆豆看看老师，看看同伴，小声说："我画的是还没有开的七色花。"他想再次给老师解释，但老师匆忙抽走了豆豆的那幅没来得及绽放的"七色花"。茫然的豆豆看了看白纸，看了看老师，又看了看周围很多已经开始交作品的小朋友，没有再去选择瓶盖，而是拿着各色的笔，在白纸上留下了天马行空的彩色曲线团。

练一练

(1) 在幼儿园说课中，说教材部分主要说什么？
(2) 说目标、说准备时各需要说什么？
(3) 说过程要求说出哪几个层面的内容？
(4) 幼儿园说课要注意哪几个问题？
(5) 怎样理解教法和学法？

做一做

自行设计一次教育活动，并进行评比性说课和研究性说课演练。

附：幼儿园说课经典案例

大班科学教育活动："管子的秘密"（评比性说课）

"管子的秘密"是大班科学教育活动。无论是家庭生活还是社会生产，都离不开"管子"。日常生活中，随处都可以见到管子。幼儿对管子的认识比较粗浅，只掌握生活中比较常见的管子，如水管、暖气管等，原因是他们根本不知道什么是"管子"。大班幼儿的抽象思维已经开始萌芽，他们完全可以理解各种管子的不同用途。在认识各种管子的过程中，既可以开阔幼儿的眼界，又能潜移默化地培养幼儿学科学、爱科学的情感，为此，我设计了这一活动。（说教材）

根据上述分析和本班幼儿的实际情况，我确定了如下活动目标：（说目标）

（1）知识目标：初步了解生活中各种管子的作用。这是本次活动的重点。

（2）能力目标：会用管子解决简单的问题。这是本次活动的难点。

（3）情感目标：乐于探索，善于发现生活中的奥秘。

为了很好地完成上述活动目标，我做了如下准备：（说准备）

经验准备：幼儿认识生活中的水管、电线、暖气管等；

物质准备：植物根茎导管疏导营养水分、人体血液和呼吸循环活动消化管多媒体课件；电池和电线；水杯、水壶等。

为了调动幼儿参与活动的积极性，根据教学内容和幼儿学习的特点，我采用的教的方法主要是演示法，通过演示生活中水的流动，调动幼儿的多种感官——眼看、耳听、脑想，从而使他们理解"管子"的本质；幼儿学的方法主要有实践操作法、观察法。实践操作使幼儿动手参与并体验活动的全过程，通过观察和探索发现生活中的管子及其作用。只有这样，教师的主导作用和幼儿的主体作用才得以真正体现。（说教学方法）

为了使活动顺利进行，并取得好的效果，整个活动我分四步完成：（说活动过程）

第一步，问题导入，激发兴趣引出主题。（教什么或做什么？）

我是这样做的："小朋友们每天饭前便后都要洗手，这时我们就会打开水龙头，让水流出来，把我们的小手洗得干干净净。那水是从哪里流出来，使我们的小手变干净的呢？对，是从水管里面。在生活中，我们还见过哪些管子呢？"（怎么教或怎么做？）

提出问题，引起幼儿注意，唤起幼儿联想，并积极进行思考，寻找答案。（为什么这么教或为什么这么做？）

第二步，实践操作生活中常见的管子，初步理解管子的作用。（教什么或做什么？）

我是这样做的："老师为小朋友们准备了许多好玩的东西，这些东西都在小朋友们的桌子上。我们分成三组。第一组小朋友的桌子上有电线、电池和小灯泡，我们看看怎么接上使灯泡亮起来；第二组小朋友想一下，怎样把杯子里的水一点也不撒地倒入小嘴瓶里；第三组小朋友把茶壶里面的水倒给每个小朋友半杯，口渴的小朋友可以喝水。"

接下来我会问："灯泡是怎么亮的？""水是怎么一点没有撒地进入了小嘴瓶里？""小朋友们是怎么把水喝到肚子里的？"从而使小朋友们知道管子是起疏导作用的。（怎么教或怎么做？）

幼儿以具体形象思维为主，幼儿通过亲自操作、体验，获取了关于管子作用的直接经验，他们认识了生活中常用的管子后，更容易理解管子的疏导作用，即管子能把一些物质输送到需要的地方。（为什么这么教或为什么这么做？）

第三步，认识植物根茎部的管子。（教什么或做什么？）

我是这样做的："小朋友们知道吗？植物的身体上到处都是管子。小朋友们看，老师手里拿的蔬菜叫作芹菜，小朋友们都吃过。现在请每组小朋友把芹菜的茎放到红色墨水中浸泡。小朋友们会发现在植物的茎和根部有许多细细的导管，这些管子把土中的水分和养料慢慢地吸收上来，送到植物的茎、叶、花，还有果实中去。"

接下来我给幼儿放多媒体课件,让他们了解阳光与叶子相互作用后产生的物质也是这样慢慢地沿着植物的叶脉输送到植物的体内,使植物更加茁壮成长的。(怎么教或怎么做?)

新奇的事物易引起幼儿注意,可以调动幼儿主动参与学习的兴趣。幼儿通过亲自尝试、自主探索,再结合日常区角活动中种植的植物生长过程的经验,明白了植物中管子的作用。(为什么这么教或为什么这么做?)

第四步,认知人体中的管子并结束活动。(教什么或做什么?)

我是这样做的:"刚才小朋友们口渴喝水,那水通过口腔进到哪里让我们解渴了呢?请小朋友们看一看、找一找你们的手臂、大腿有没有管子的存在呢?"引导幼儿发现血管后,让幼儿认知血管的作用。接下来,我会播放关于人体中各个系统的多媒体课件。

"看,这是血管,它是我们人体内不可缺少的管子,它负责把血液输送到人体的各个部位,然后再输送回心脏,这样我们人类才能够生存。"

"小朋友们,你们知道我们每天吃进嘴里的食物,都经过身体中的哪些管子吗?我们每天吃的食物要经过一条长长的管子。食物首先由口腔进入食管,然后再经过食管进入胃中,再由胃到达弯弯曲曲的小肠和又短又粗的大肠,最后再排出体外。"(怎么教或怎么做?)

多媒体课件直观、生动,把抽象的事物形象化,符合幼儿的思维特点。(为什么这么教或为什么这么做?)

活动结束后,我会让幼儿回家后观察家中的煤气管、排水管、各种电器的电线,了解人体的呼吸管道以及周围的各种管子,看看它们是怎么进行疏导的。(活动延伸)

在本次活动中,我让幼儿自己动手、动脑、动嘴,调动他们的多种感官参与活动,并利用形象生动的多媒体课件,使幼儿全面、准确地认识了生活中各种管子、植物的管子和人体身上的管子是怎样进行疏导作用的,并让他们知道了管子无处不在。(说课总结)

大班语言活动:"用'因为……所以……'说一句话"(评比性说课)

"用'因为……所以……'说一句话"是幼儿园大班语言活动。语言是人们交流思想的工具,人们的生活、工作、学习都离不开语言。《幼儿园工作规程》中指出,发展幼儿口语表达能力是语言教育目标的核心。幼儿的语言是在与成人和同伴的交往中获得发展的,大班幼儿口头语言已经有了很好的发展,并已经开始向书面语言过渡。为了规范幼儿书面语言的表达,有必要让他们学习简单的复合句,表达生活中遇到的事情或问题,为此我设计了本次活动。(说教材)

根据上述分析,我为本次活动确定了如下教育目标:(说目标)

(1) 知识目标:幼儿知道这一句式是因果句。这是本次活动的重点。

(2) 能力目标:幼儿会运用"因为……所以……"表达事情。这是本次活动的难点。

(3) 情感目标:幼儿养成积极主动参与活动,大胆发言的好习惯。

为了很好地完成上述目标,我为本次活动做了如下准备:(说准备)

知识准备:知道小猴子、螃蟹、青蛙、山羊的特长;

物质准备:小猴子、螃蟹、青蛙、山羊动物图片各一张;背景图一张;火车头图示一个;"因为……所以……"字条一个。

为了活跃活动的氛围,使幼儿积极参与到活动中来,我主要采用了如下教和学的方法:(说教学方法)

(1) 图片讲解法:让幼儿了解小猴子、螃蟹、青蛙、山羊四种小动物的特长,以便进行句式表达。

（2）故事情境教学法：利用故事贯穿整个活动，既能激发幼儿兴趣，又能保证整个活动的连续性。

（3）操作练习法：锻炼幼儿大胆运用句式说话并懂得如何应用句式。

为了使活动有一个好的效果，我分四步完成本次活动：（说活动过程）

第一步，图片导入，激起幼儿对活动的兴趣。（教什么或做什么？）

我是这样做的："今天，老师请来了四种小动物，它们是小猴子、螃蟹、青蛙、山羊。因为它们的本领可大了，所以老师把它们带到了这里。那小朋友们能说出它们都有什么本领吗？"（怎么教或怎么做？）

动物是小朋友们的最爱，色彩鲜艳、形象的动物图片能很快吸引幼儿的注意力，使幼儿伴随老师的问题积极思考，知道事情之所以合理是有一定原因的，为练习运用句式奠定基础。（为什么这么教或为什么这么做？）

第二步，根据动物的特长，运用"因为……所以……"练习说话。（教什么或做什么？）

我是这样做的："瞧，它们是谁呀？（分别出示小动物图片）你们能用一个好听的词来形容一下它们吗？看谁说的和其他小朋友不一样。小朋友们说得非常好，这里有机灵、会爬高的小猴子；有会跳水的青蛙；有大夹子像剪刀的螃蟹；还有脾气好的小山羊。它们一起出来找工作，来到了招聘市场。（出示背景图片，直接将'因为……所以……'的字条插入背景图中）这里缺少修理红绿灯的电工；缺服装店里的裁缝；缺水果店里的老板；还缺跳水教练。下面请小朋友们帮它们找到最适合它们的工作。如果你为哪个小动物找到了合适的工作，就用'因为……所以……'说出来。（教师和小朋友们一起小结）因为小猴机灵、会爬高，所以它能当修理红绿灯的电工；因为小青蛙会跳水，所以它能当跳水教练；因为小山羊脾气好，所以它能当水果店的老板；因为螃蟹的大夹子像剪刀，所以它能当裁缝店的裁缝。"（怎么教或怎么做？）

利用幼儿喜欢、熟知的小动物进行句式练习，既能调动幼儿参与活动的积极性，又能帮助幼儿理解"因为……所以……"的用法。（为什么这么教或为什么这么做？）

第三步，联系生活，巩固理解"因为……所以……"句式的用法。（教什么或做什么？）

我是这样做的："刚才小朋友们看图片说了很多'因为……所以……'的句子。在小朋友们的生活中，很多事情都可以用'因为……所以……'来说。现在请小朋友们动脑筋想一想。看哪个小朋友想得好、说得好、动脑筋，和其他小朋友说的不一样。"（怎么教或怎么做？）

这样既可以强化理解"因为……所以……"句式的用法，又能锻炼幼儿的思维力、想象力和语言表达能力，增强幼儿的自信心和成就感。（为什么这么教或为什么这么做？）

第四步，游戏：开火车，练习"因为……所以……"句式并结束活动。（教什么或做什么？）

游戏玩法是这样的：我当火车司机，小朋友们当乘客。司机说出原因，乘客必须用完整的"因为……所以……"句式对上司机的话。

伴着欢快的乐曲，游戏开始了："呜呜呜，火车开，我的火车真奇怪，小朋友们要上车，不用你把车票买，只要能够对上我的话，就能坐到车上来。"（如，教师："因为我长大了。"幼儿："所以我可以自己坐车了。"教师："因为爷爷年纪大了。"幼儿："所以我要给爷爷让座。")（怎么教或怎么做？）

游戏是幼儿最喜爱的活动，通过这一游戏，教师帮助幼儿逐步做到言能达意，从而真正实现发展幼儿口语表达这一目标。（为什么这么教或为什么这么做？）

活动结束后，我在语言活动区贴上一些情景图片，请幼儿继续用"因为……所以……"句式进行练习（叙述性语言）："小朋友们，老师在语言活动区放了好多有趣的图片，小朋友们看看能不能用'因为……所以……'句式把图片的内容表达出来"（教学语言）。（活动延伸）

本次活动我创设一个宽松、愉快的氛围，利用幼儿喜欢的活动和熟知的图片，调动每个幼儿参与活动的积极性。在活动中幼儿积极大胆地发言，既学会了因果句的用法，又锻炼了思维想象能力和口语表达能力。（说课总结）

中班科学活动："找空气"（评比性说课）

"找空气"是幼儿园中班科学活动。空气无处不在，空气是人类、自然界生物赖以生存的物质，尤其随着社会的发展，在大气环境遭到污染的今天，幼儿更应该懂得保护大气环境的重要性。由于中班幼儿以具体形象思维为主，"空气"无论是从物质还是从概念上理解都很抽象，幼儿感到好奇却又无法认识。因此，让幼儿亲自去感知、操作、探索、发现"空气"的特点很有必要，为此，我设计了本次活动。（说教材）

根据上述分析，我为本次活动确定了如下目标：（说目标）

（1）知识目标：初步了解空气的存在及特性。这是本次活动的难点。

（2）能力目标：能简单解释人和动植物与空气的关系。

（3）情感目标：幼儿知道空气的重要，自觉保护大气环境。这是本次活动的重点。

为了完成上述目标，我做了如下准备：（说准备）

经验准备：幼儿有过鼻子不通气的经历；

物质准备：鱼缸，手绢，空玻璃杯，吸管，幼儿每人一只空塑料袋，水，吹气玩具。

为激发幼儿参与活动的兴趣，我主要采用了如下教和学的方法：（说教学方法）

（1）演示法：通过演示，引起幼儿的疑问，激发幼儿自主获取答案的欲望。

（2）实验操作法：幼儿通过自己动手操作、体验，理解空气抽象的特性。

为了取得好的活动效果，我分三步来完成本次活动：（说活动过程）

第一步，实验演示导入，激发兴趣，引出主题。（教什么或做什么？）

我是这样做的："小朋友们看，老师手里拿了一只空玻璃杯。现在老师将一个手帕塞进杯底，并将它垂直倒扣入装水的盆中。小朋友们想一下，手帕会不会湿？老师拿出来验证一下小朋友们说的对不对。咦，手帕一点儿没湿呀，这是怎么回事呢？哦，原来是空气把水隔住了，老师怎么没有看到空气呢？空气在哪里呢？"（怎么教或怎么做？）

以幼儿的水平，他们无法知道手帕湿与不湿的道理，只是猜测而已。实验结果是手帕没有湿，这会激起他们求知的欲望，从而调动幼儿参与并积极思考获取答案的积极性。（为什么这么教或为什么这么做？）

第二步，幼儿自主操作实验找空气，从而了解空气的特性。（教什么或做什么？）

（1）"小朋友们，老师给你们每人一个方便袋。你们在我们房间里的任意地方兜一下，然后把方便袋的口封住。看，方便袋是不是鼓起来了？刚才我们拿到手的方便袋还是瘪的，里面什么也没有，现在鼓起来了，里面装进了什么呢？原来是空气。看来我们的身边、角落、桌子下面到处都有空气的存在。"

（2）"小朋友们，现在老师给你们每人一个气球。小朋友们把你们的气球吹起来，然后把气球的口封住。小朋友们想一下，是什么让这些原本瘪的气球鼓起来了？哦，原来是空气。小朋友们把气球的口放在自己的脸颊，慢慢松开气球口，会感觉到有一股气流吹到了脸上，这气流就是空气流。那么，这空气是从哪里进到气球里面的呢？对，是从我们的身体里面出来的，所以，我们人的身体里面也有空气。"

（3）"老师给每一组小朋友都准备了几块泥土，还有装水的盆子，现在请小朋友们把土块放进水盆中。看，有什么现象发生？哦，原来从水里冒出来许多小泡泡。这些小泡泡又不见了，这些小泡泡是什么呢？对了，其实这些小泡泡就是从泥土里跑出来的空气，所以，泥土里面也有空气。"

（4）"刚才小朋友们做了这么多实验，知道了到处都有空气，空气无处不在，那我们看到空气什么样了吗？闻到空气什么味道了吗？对呀，空气是没有颜色、没有味道的；我们把它装进气球随便捏一捏，会出现不同的形状，所以，空气是没有形状的；我们用方便袋随处都能兜到空气，可是我们现在用手抓一下，能抓到空气吗？抓不到。所以，空气是看不见、摸不着，并且透明的，但我们能感觉到它。"

（5）"下面我和小朋友们一起做一个试验。我们闭上嘴巴，然后用自己的手捏住鼻子，我们会感到憋得上不来气，所以，我们人类、动物和植物时刻都离不开空气，随时都在呼吸空气。"（怎么教或怎么做？）

幼儿通过亲自参与实验、探索、发现，知道空气无处不在，这易于幼儿总结出空气的特性，也利于幼儿理解空气的特性及其重要性，为下一步保护大气环境做铺垫。（为什么这么教或为什么这么做？）

第三步，联系现实生活，让幼儿知道保护大气环境的重要性并结束活动。（教什么或做什么？）

"小朋友们，刚才通过实验，我们知道空气是没有味道、透明的。可是在生活中，有时走在马路上，汽车开过之后，我们就会闻到一股特别的味道；我们走到垃圾多的地方，就会闻到一种难闻的气味。这是为什么呢？这是因为我们周围的大气被污染了、变味了。我们每天都要进行呼吸，如果呼吸到不干净的空气，我们的健康就会受到威胁。所以，我们一定要保护我们生活周围的大气环境，让我们每一天都能呼吸到新鲜的空气。"（怎么教或怎么做？）

联系幼儿身边的事物，更能引起幼儿的重视，使其知道保护大气环境的重要，从小养成好的生活卫生习惯和保护环境的意识。（为什么这么教或为什么这么做？）

活动结束后，我会让幼儿回家后或者在爸爸妈妈带他们去街上玩的时候，注意一下，有哪些破坏大气环境的现象。（活动延伸）

空气是抽象的概念，它的特性也是抽象的，对于这个年龄的幼儿来说很难理解。本次活动我采用幼儿熟悉、感兴趣的活动，通过让幼儿亲自实验、操作，既激发了幼儿参与活动的热情，也轻松地让幼儿明白了空气的特性，并懂得了保护大气环境的重要。（说课总结）

中班科学活动："找空气"（研究性说课）

说教材

"找空气"是幼儿园中班科学活动。空气无处不在，空气是人类、自然界生物赖以生存的物质，尤其随着社会的发展，在大气环境遭到污染的今天，幼儿更应该懂得保护大气环境的重要性。由于中班幼儿思维以具体形象思维为主，"空气"无论是从物质还是从概念上理解都很抽象，幼儿感到好奇却又无法认识。因此，让幼儿亲自去感知、操作、探索、发现"空气"的特点很有必要，为此，我设计了本次活动。

说目标

根据上述分析，我为本次活动确定了如下目标：

（1）知识目标：初步了解空气的存在及特性。这是本次活动的难点。

（2）能力目标：能简单解释人和动植物与空气的关系。

（3）情感目标：幼儿知道空气的重要，自觉保护大气环境。这是本次活动的重点。

说准备

经验准备：幼儿有过鼻子不通气的经历；

物质准备：鱼缸，手绢，空玻璃杯，吸管，幼儿每人一只空塑料袋，水，吹气玩具。

说教学方法

我主要采用了以下教和学的方法：

（1）演示法：通过演示，引起幼儿的疑问，激发幼儿自主获取答案的欲望。

（2）实验操作法：通过让幼儿自己动手操作、体验，有利于幼儿理解空气抽象的特性。

说活动过程

第一步，实验演示导入，激发兴趣，引出主题。（教什么或做什么？）

首先我会拿出一只空玻璃杯，将一个手绢塞入杯底，并将它垂直倒扣入装水的盆中，问幼儿"手绢湿了吗？"孩子们带着这个问题观察和思索。凭经验，他们很可能回答"湿了"，这时我再拿出杯子，并取出手绢，问幼儿"手绢为什么没湿？水为什么进不了杯子？杯子里面有什么东西不让水进去呢？"以此引出主题"空气"。（怎么教或怎么做？）

以幼儿的水平，他们无法知道手帕湿与不湿的道理，只是猜测而已。实验结果是手帕没有湿，这会激起他们求知的欲望，从而调动他们参与并积极思考获取答案的积极性。（为什么这么教或为什么这么做？）

第二步，幼儿自主操作实验找空气，从而了解空气的特性。（教什么或做什么？）

找空气这一环节注重幼儿自身的活动过程，充分体现幼儿的主体地位，而不是以教师为中心，使幼儿真正成为周围世界的主动探索者和学习者。

首先，我向幼儿提出问题："我们身边、角落里、桌子下有空气吗？你们有办法把它抓到吗？"于是孩子们拿着空塑料袋到处去抓空气，然后他们每个人会兴高采烈地举着一只鼓鼓的塑料袋回来。我会马上问他们"你们是从哪里抓到的空气呀？"由此，幼儿知道了原来我们身边、角落里、桌子下、走廊里到处都有空气。接下来我会让孩子们把塑料袋口打开，闻一闻空气是什么味道。

其次，我会问幼儿"人的身体里有空气吗？"我觉得这个问题对幼儿来说非常富有奥秘性。我采用的方法是：先让幼儿向气球里吹气，这时气球会鼓起来，再让幼儿挤一挤气球，这时空气就会跑出来，吹到脸上凉凉的，由此孩子们发现，空气虽然看不见、摸不着，但我们可以想办法感觉到它；原来人的身体里也有空气。接下来我会让幼儿闭上嘴巴、捏住鼻子，体会一下人不进行呼吸的感觉。这一实验的目的是让幼儿明白人随时都要进行呼吸，而且应该呼吸新鲜空气。

再次，我会问幼儿"泥土里有空气吗？用什么方法来试一试呢？"这时我会引导幼儿将土块扔到水里去试一试。通过操作孩子们会发现水里有气泡溢出,从而知道泥土里也有空气,空气是无孔不入的。(怎么教或怎么做?)

幼儿通过亲自参与实验、探索、发现,知道空气无处不在,这易于幼儿总结出空气的特性,也利于幼儿理解空气的特性及其重要性,为下一步保护大气环境做铺垫。(为什么这么教或为什么这么做?)

第三步,联系现实生活,让幼儿知道保护大气环境的重要性并结束活动。(教什么或做什么?)

我告诉幼儿:"在生活中,如果我们走在大街上,有车路过,我们就会闻到一种怪味;如果我们从垃圾附近走过,也会闻到一种刺鼻的气味。"联系生活中这样的例子,让幼儿明白大气是容易被污染的,所以我们要保护好大气环境。(怎么教或怎么做?)

联系幼儿身边的事物,更能引起幼儿的重视,使其知道保护大气环境的重要,从小养成好的生活卫生习惯和建立保护环境的意识。(为什么这么教或为什么这么做?)

活动延伸

活动结束后,我会让幼儿回家后或者在爸爸妈妈带他们去街上玩的时候,注意一下,有哪些破坏大气环境的现象。

说课总结

空气是抽象的概念,它的特性也是抽象的,这对于这个年龄的幼儿来说很难理解。本次活动我采用幼儿熟悉、感兴趣的活动,通过让幼儿亲自实验、操作,既激发了幼儿参与活动的热情,也轻松地让幼儿明白了空气的特性,并懂得了保护大气环境的重要。

大班科学社会活动:"动物的妈妈和孩子"(研究性说课)

说教材

"动物的妈妈和孩子"是幼儿园大班科学社会活动。动物和人类的繁衍都受遗传基因的影响。繁衍和遗传这些概念对幼儿来说是难以理解的,所以本活动利用"像和不像",使幼儿初步懂得遗传的本质。大班幼儿的观察兴趣日益浓厚,观察的目的性、系统性较中班有所增强。本活动以动物的生长变化为主线,讨论动物的妈妈和孩子长得"像和不像",发展幼儿的分析、辨别、推断、概括的能力。同时,本活动寓情于教。动物王国里的亲情深深地感染着每一个幼儿,因此,本活动是一次很好的情商教育,发挥了活动内在的社会教育功能。

说目标

根据上述分析,我为本次活动确定了如下目标:

(1)知识目标:初步了解动物生长变化的各种特征。这是本次活动的重点。

(2)能力目标:幼儿能根据特征分辨不同种类动物的后代。这是本次活动的难点。

(3)情感目标:领悟人、动物的亲情关系,愿意表达爱的情感。

说准备

为了更好地完成上述目标,我做了如下准备:

经验准备:活动前,幼儿收集有关动物的妈妈和孩子在一起的图片;

物质准备:不同动物生长变化的多媒体课件。

说教学方法

为了幼儿能很好地理解本次活动的内容,我主要采用了以下几种教和学的方法:

(1)讲解演示法:借助多媒体课件提供的形象、生动的画面进行讲解,使抽象的内容变得具体，易于幼儿理解接受。

（2）讨论法：讨论促使幼儿积极思考，使其交流范围变广、信息量增大，能够更好地发展幼儿倾听与表达的能力。

说活动过程

本次活动我分五步来完成：

第一步，激发兴趣，引出主题。（教什么或做什么？）

我拿出幼儿和家长的合影，让小朋友们看一看照片上的小朋友长得像妈妈还是像爸爸。告诉幼儿，有的小朋友长得更像妈妈，有的小朋友长得更像爸爸，还有的小朋友既像妈妈也像爸爸。（怎么教或怎么做？）

从幼儿身边熟悉的人物关系说起，更利于幼儿理解动物也存在这样的关系，并促使幼儿积极思考。（为什么这么教或为什么这么做？）

第二步，让幼儿观察多媒体课件，了解动物成长过程的各种特征。（教什么或做什么？）

首先，我播放宝宝出生后长相就和妈妈接近的动物多媒体课件"熊猫妈妈和熊猫宝宝""猪妈妈和猪宝宝""羊妈妈和羊宝宝"。

其次，我播放"青蛙的生长变化过程"多媒体课件，请小朋友们观察。卵先变成小蝌蚪，然后小蝌蚪长出两条后腿，再长出两条前腿，最后变成一只呱呱叫的小青蛙。

播放完多媒体课件后，我会和小朋友们一起讨论：哪些动物的宝宝出生后就很像妈妈，哪些动物的宝宝长大后才像妈妈呢？（怎么教或怎么做？）

多媒体课件形象生动，符合幼儿思维特点，能更好地调动幼儿参与的热情，并使其集中注意力进行思考。通过讨论、交流，幼儿对不同动物及其宝宝的成长过程有了更多的认识，同时也发展了语言表达能力。（为什么这么教或为什么这么做？）

第三步，播放动物的亲情录像，使幼儿懂得爱、学会爱。（教什么或做什么？）

我会提出问题："小朋友们，你们的妈妈是怎样照料你们的呢？"接下来我会问："动物的宝宝是怎么长大的？"之后播放录像"丹顶鹤的生长变化过程""袋鼠的生长过程""小猴子的生长过程""小燕子的生长过程"，并结合录像进行讲解：

"这是美丽的丹顶鹤，看一看，它在生长的过程中发生了怎样的变化呢？"孩子们在观看的过程中惊奇地发现，原来美丽的丹顶鹤在小的时候是一只丑小鸭，和妈妈长得一点都不像；时间飞快地过去了，往日的丑小鸭渐渐地变成了美丽的丹顶鹤，和妈妈一起自由自在地飞翔在蓝天上，多么有趣的母子啊！

"这是袋鼠，刚生下来的袋鼠生活在妈妈的育儿袋里，长大以后它要离开妈妈的育儿袋，如果它不肯出来，妈妈就会把它赶出来。这倒不是妈妈心狠，而是育儿袋又要养育它的小弟弟了。"

"猴子的妈妈最会照料小宝宝了，就连出去找食物的时候也要带上它们，时时刻刻地照料着自己的宝宝。"

"燕子的妈妈最辛苦了，每天它都要飞到很远很远的地方捕捉食物，然后将食物衔在嘴里又飞回自己的窝里，一口一口地喂养它的小宝宝，小燕子在妈妈的细心照料下一天天地长大了。"（怎么教或怎么做？）

通过这一活动，让幼儿真实地体会到妈妈怎样哺育和照顾自己的宝宝，让他们在温暖、友爱的环境中成长，从而懂得爱，会表达爱。（为什么这么教或为什么这么做？）

延伸活动

活动结束后,我会让幼儿回家后和爸爸妈妈找一找、看一看,树袋熊、蝴蝶的宝宝是怎么生长变化的。

说课总结

本次活动利用生动、形象的多媒体课件,展示幼儿熟悉喜欢的动物。幼儿通过观察不同动物及其宝宝的成长过程,既了解人类和动物相同的一面,又知道了不同动物宝宝成长不尽相同的特征,从而使幼儿懂得爱的真谛,并学会爱。

大班数学活动:"二等分"(评比性说课)

"二等分"是幼儿园大班数学活动。在日常生活中,我们进行某些活动的时候,常常需要将人或物进行等分。幼儿园的小朋友同样需要用到等分的方法,例如分点心、分玩具、分活动用品等。他们对等分已有了初步的经验,也常常因为分得不公平找老师帮忙。大班的幼儿抽象思维有了一定的发展,探究欲望增强,对简单数学概念的认识已经初步形成。为了进一步促进幼儿对数学活动的兴趣并在数学活动中促进幼儿的思维能力、语言表达能力、动手操作能力以及解决问题能力的发展与提高,我选择了本次幼儿园大班数学活动"二等分"。(说教材)

根据《纲要》中数学领域的目标要求"引导幼儿对周围环境中的数、量、形、空间和时间等现象产生兴趣,构建初步的数概念,并能用简单的数学方法解决生活中遇到的某些简单的问题",我为本次活动确定了以下三个目标:(说目标)

(1)认知目标:理解二等分的含义,知道整体与部分的关系。这是本次活动的重点。

(2)能力目标:善于用二等分的方法解决生活中平均分类的问题。这是本次活动难点。

(3)情感目标:懂得凡事都要讲究公平,公平让人感到开心。

为完成上述目标,我做了如下准备:(说准备)

知识准备:幼儿已有分东西的经验;

物质准备:Flash 课件、塑料球 10 个、绳子以及彩色的几何图形。

为使活动有良好的氛围,充分调动幼儿的积极性,我采用了如下教和学的方法:(说教学方法)

(1)故事引入法:通过生动有趣的动画故事《两只笨狗熊》的导入,二等分的需求由内而生,激发幼儿的兴趣与学习的欲望。

(2)观察探究法:让幼儿能主动观察物体的特点,并根据物体的特点主动地解决问题,突破了"老师教与幼儿学"的传统教学模式,满足了幼儿探究的欲望。

(3)操作法:让幼儿自主地操作材料,主动地感受、体验,在操作中探索与发现,从而获得有关数学概念的感性经验。

为了取得好的活动效果,我分四步完成本次活动:(说活动过程)

第一步,故事导入,激发兴趣,引出主题。(教什么或做什么?)

我是这样做的:"小朋友们,大家好。今天,老师给大家带来一个故事,故事的名字叫《两只笨狗熊》。在一座小山上,狗熊妈妈有两个孩子,一个叫大黑,一个叫二黑。在阳光明媚的一天,哥儿俩悠闲地散着步,走着走着看见地上有一块儿香喷喷的面包。嗯~可真香啊!可是一块儿面包两个狗熊,这要怎么分啊。因此狗熊兄弟打了起来。不行,不行,我们要一样大小的面包。小朋友们想一想:如果你们是狗熊兄弟,你们会怎么分?"(怎么教或怎么做？）

故事是幼儿课堂最好的营养剂，声情并茂地讲述故事更有利于激发幼儿的兴趣。通过提问引出主题，有利于激起幼儿思考。（为什么这么教或为什么这么做？）

第二步，理解二等分的含义，明确整体与部分的关系。（教什么或做什么？）

我是这样做的："小朋友们，将你们桌子上放的圆形纸片想象成熊兄弟捡到的圆形面包，试着分一分，怎么样才能把它分成一样大小的两部分呢？谁来告诉老师，你是怎么分的？哦，原来是把圆形的纸片沿着中间的一条线对折，两个半圆形纸片重合，这样就把圆形纸片分成了两个一样大小的半圆。"

"小朋友们，睁大你们的小眼睛看一看老师手中的魔法棒是怎样做的吧"。这时小朋友桌上的粉红色圆形从中间平分成两个部分（播放 Flash 课件），变成了一个淡粉色半圆和一个红色半圆，淡粉色半圆转一圈和红色半圆完全的重合。"看一看，把它们再分开，这样又合成了一个完整的圆形。我们把一个圆形分成两个一样大的部分，这就叫把一个物体进行'二等分'。"（怎么教或怎么做？）

幼儿自己动手操作，能很好地体会如何把一个整体进行二等分，而教师利用"魔法棒"进行的第二次操作让幼儿感到神奇，更能引起幼儿注意，从而使他们更好地理解"二等分"的含义。（为什么这么教或为什么这么做？）

第三步，了解二等分在生活中的应用。（教什么或做什么？）

我是这样做的："小朋友们，在生活中我们经常会遇到二等分的问题。老师在你们的桌子上放了几样东西：10 个塑料球球、黄色的正方形、蓝色的长方形。现在，老师想请小朋友们把塑料球球、黄色的正方形和蓝色的长方形进行等分，两个小朋友一组，每个小朋友一份。"

"下面，小朋友们看你们分的图形和老师的魔法棒分得一样吗？哦，有的小朋友发现了，原来正方形有两种分法。看一看老师手中的魔法棒是怎样将正方形进行二等分的吧。"这时小朋友手中的正方形（播放 Flash 课件）沿着平行的两边从中间分成了紫色和蓝色的小长方形，紫色和蓝色小长方形完全重合，沿着对角分，又分成了两个完全重合的三角形。（怎么教或怎么做？）

幼儿通过实物操作，又一次强化了对二等分意义的理解，同时也知道了二等分在生活中的应用。把抽象的概念具体化，符合幼儿思维的特点。（为什么这么教或为什么这么做？）

第四步，拔河游戏巩固二等分的应用并结束活动。（教什么或做什么？）

我是这样做的："我班有 20 个小朋友，分成人数相等的两组，到外面进行拔河比赛。二等分成两组，每组 10 个小朋友，我们要参加幼儿园春天举行的拔河比赛。"（怎么教或怎么做？）

游戏是幼儿的生命。把二等分应用到幼儿喜欢的游戏中，既强化了幼儿对二等分含义的理解，又能使幼儿在游戏中体会二等分的用法，充分体现了幼儿是活动的主体。（为什么这么教或为什么这么做？）

活动结束后我让幼儿为家人平分餐点、水果等，使他们知道二等分在生活中随处可用，并更深一层地理解等分的实用性。（延伸活动）

本次活动我通过 Flash 课件与"魔法棒"的完美结合，将幼儿带入一个童话般的世界，故事导入、课件演示以及幼儿自主操作一系列内容贯穿本次活动，使幼儿处于积极主动的状

态，在轻松、愉悦的活动中理解了二等分的含义，并初步了解了二等分在生活中的应用。（说课总结）

中班数学活动："5以内的序数"（评比性说课）

"5以内的序数"是幼儿园中班数学活动。在日常生活中，无论是坐公交车，到超市买东西，还是摆放物体……随处可见排队和排序的现象，而这些都离不开序数。中班幼儿对数的敏感性逐渐增强，尤其会关注与生活密切相关的事物。这个年龄的幼儿对5以内的数已经能正确地认知，他们的规则意识正在形成，为此我设计了"5以内的序数"这一活动。（说教材）

基于上面的分析，我为本次活动确定了如下几个目标：（说目标）

（1）认知目标：知道"5以内的序数"。这是本次活动的重点。

（2）能力目标：会用5以内的序数表示事物。这是本次活动的难点。

（3）情感目标：喜欢有序的生活，养成好的生活习惯。

为了更好地完成本次活动目标，我做了两方面的准备：（说准备）

知识准备：认识数字1~5；能区分上下、左右；

物质准备：一张楼房图片；一张小汽车图片；小动物卡片若干；PPT课件。

为了使本次活动有一个良好的氛围，我采用了如下教和学的方法：（说教学方法）

（1）讲解演示法：讲解演示法可以使抽象的事物变得形象具体，利于幼儿的理解。

（2）游戏操作法：通过游戏操作，让幼儿在游戏中更好地理解序数的含义，增加活动的乐趣。

为了使活动达到良好的效果，我为本次活动设计了以下几个环节：（说活动过程）

第一环节，创设问题情境，激发幼儿兴趣。（教什么或做什么？）

我是这样做的："小朋友们，在青青草原上，有一座美丽的楼房，楼房里住着5位可爱的动物好朋友，分别是活泼的小兔子、可爱的小鸭子、聪明的小狗，还有善良的小羊和憨厚的小熊，它们每天都在一起快乐地做游戏。"

"有一天，小熊对小伙伴们说：'小伙伴们，再过几天就是大象伯伯的生日啦，我们一起去城里的商场为大象伯伯买礼物吧！'小伙伴们听了小熊的话，都高兴地蹦了起来，说：'好啊，好啊，我们一起去吧。'就在这时，小狗大声地说：'汪汪，就由我来担任这次活动的小队长吧。'"

"小朋友们，你们知道吗，小动物们不仅给大象伯伯买了礼物，而且在买礼物的过程中还学到了许多新知识呢。你们想不想知道小动物们学到了哪些新知识啊？"（怎么教或怎么做？）

情境的创设符合幼儿具体形象的思维特点，尤其利用小朋友喜欢的小动物创设情境，更能引起幼儿的注意，从而激发幼儿的好奇心，使其对活动产生兴趣。（为什么这么教或为什么这么做？）

第二环节，初步认识"5以内的序数"。（教什么或做什么？）

在这一环节我展开故事情节，引出"5以内的序数"。我是这样做的："第二天，小动物们准备去城里买礼物，可是青青草原离商场很远，小动物们就租了一辆小客车。这时小羊喊道：'咩咩，快看！小客车来了，我们快上车吧。'只听队长小狗说：'汪汪，小朋友们，客车的门很小，每次只能上去一个小动物，所以我们要排队上车。按照个子的高矮排成一排。

小兔子，你最矮了，你排在第一位；小鸭子排在第二位；接下来是小狗队长我，排在第三位；小羊你排在第四位；小熊最高了，排在第五位。'于是，整整齐齐的队就排好了。小狗接着说：'排在第一位的小兔子，就坐在第一个座位上；排在第二位的小鸭子，就坐在第二个位子上；排在第三位的小狗队长我，就坐在第三个位子上；排在第四位的小羊，就坐在第四个位子上；排在第五位的小熊，就坐在第五个位子上。'司机叔叔回头笑着说：'小动物们坐得真整齐呀，我们的小客车马上就要出发了。'"（怎么教或怎么做？）

这一环节中，小动物们排队上车、依次对号入座这一形象生动的情景表演，既符合幼儿的生活实际，也使幼儿对"5以内的序数"的应用有了初步的了解。（为什么这么教或为什么这么做？）

第三环节，强化"5以内的序数"的应用，懂得秩序使生活方便而且美好，以此结束本次活动。（教什么或做什么？）

具体我是这样做的："小动物们逛了好久，小兔子说：'小伙伴们，我们买了太多的礼物了，有点拿不动了。听说幼儿园里的小朋友很愿意帮助别人，我们想请小朋友们帮助我们一起把礼物送回家。小朋友们，你们愿意吗？'

"小朋友们，快看！这就是小动物们的家。（出示楼房挂图，动物图片）哇，好大的楼房啊，快和老师一起来数一数它有几个单元，有几层吧。第一单元、第二单元、第三单元、第四单元、第五单元；第一层、第二层、第三层、第四层、第五层。啊，原来它有五个单元、五层楼。可是，小朋友们，你们知道每个小动物住在第几单元第几层吗？老师可知道他们都住在哪里。

"下面老师说出小动物家住在哪里，请小朋友们帮小动物把它的礼物一起送回家，小朋友们要仔细听哦！可千万别找错门啊！

"聪明的小狗跑得最快了，所以它住在第一单元第五层；憨厚的小熊胖嘟嘟的，走起路来晃悠悠的，所以它住在第五单元第一层；可爱的小鸭嘎嘎走起路来摇摇晃晃的，所以它住在第三单元第三层；活泼可爱的小兔子走起路来一蹦一跳的，所以小兔子住在第二单元第四层；小山羊咩咩走路吧嗒、吧嗒的，所以小羊住在第四单元第二层。"

接下来我会问小朋友："小动物们在买礼物的过程中学到了什么新知识啊？对了，就是做什么事情都要有秩序，整齐的事物看着很美。"（怎么教或怎么做？）

这一环节联系现实生活，让幼儿进一步了解了5以内的序数；让幼儿自己动脑思考、动手操作，进一步加深了对5以内的序数的理解和这些序数在现实生活的应用，同时懂得秩序让我们的生活变得方便而且美好。（为什么这么教或为什么这么做？）

活动结束后，让幼儿观察，人们做哪些事情的时候需要有一定的秩序，家里、商城等地方的物品怎样摆放更美观、更方便，从而进一步强化幼儿对5以内的序数的认识和这些序数在现实生活中的应用。（活动延伸）

数学是一门工具性学科，它让人们的工作、学习、生活变得更加规律化和秩序化。"5以内的序数"的学习让幼儿从小就建立一种秩序感，为他们未来的和谐生活打下基础。（说课总结）

中班社会活动："特殊的电话号码"（评比性说课）

"特殊的电话号码"是幼儿园中班社会活动。随着科技的发展，电话越来越普及，它让我们的生活、学习和工作中信息的传递方便又迅捷。电话号码是由数字组成的，中班幼儿已熟知0~9这10个数字,能够记住爸爸妈妈的电话,在需要的时候拨打爸爸妈妈的电话对于他们已经不是问题。但是,由于现在社会危险因素多,而幼儿的年龄还很小,心智不够成熟,社会经验也不足,因此在危险的时候要学会利用紧急电话号码保护自己。为此,我设计了"特殊的电话号码"这一活动。(说教材)

根据上述分析,我为本次活动确定了以下活动目标:(说目标)

(1) 认知目标:幼儿知道电话号码119、120、110的特殊意义。这是本次活动的重点。

(2) 能力目标:幼儿学会正确拨打特殊电话。这是本次活动的难点。

(3) 情感目标:知道电话的用途并且愿意记住这些常用的电话号码。

为了完成本次目标,我做了如下准备:(说活动准备)

知识准备:幼儿在日常生活中有拨打电话的经验;

物质准备:多媒体情景图片。

为了使幼儿积极主动地参与到活动中来,我采用了如下教和学的方法:(说教学方法)

(1) 演示法:演示法生动、直观、形象,有利于孩子全面感知事物情景。

(2) 观察法:通过观察可以提高他们的观察力。

(3) 讨论法:通过对幼儿提问,可以训练他们主动思考、积极发言、相互交流的能力,并且可以提高他们的语言表达能力。

为了更好地完成本次活动,我设计了以下几个环节:(说活动过程)

第一环节,问题导入,引出主题,激发幼儿对活动的兴趣。(教什么或做什么?)

我是这样做的:"小朋友们谁知道自己家的电话号码是多少呢?请你们数一数,它们是由几位数字组成的呢?"

"小朋友们都知道并且记住了自己家的电话号码。今天,老师要给小朋友们介绍三位新朋友,这三位新朋友是由三个数字组成的电话号码。认识它们之后,在遇到困难的时候不仅可以找爸爸妈妈来帮忙,还可以找这三位新朋友来帮忙。小朋友们知道它们是什么样的号码吗?"(怎么教或怎么做?)

生动形象的语言能吸引孩子注意力。在这一环节,我联系幼儿熟悉的生活,引起幼儿注意,激发他们的兴趣并引出主题。(为什么这么教或为什么这么做?)

第二环节,通过情景故事,认识特殊的电话号码及其作用。(教什么或做什么?)

我是这样做的:(播放情景图片)"小朋友们快看,小猪跟猪妈妈赶集回到家,刚进大门,就看见旁边红彤彤的。小猪大声地喊道:'吭吭……着火了着火了!'"

"小朋友们,小猪跟猪妈妈该找谁帮忙呢?哈哈,还是小猪聪明。小猪急忙掏出电话,一边拨打一边说道:'发生火灾要给119打电话。喂,我是小猪,我家发生了火灾,我家住在元宝区元宝街1段111号,请快来吧。'"

接下来我会出示一幅老奶奶摔倒的图片以及小偷偷东西的图片,从而引出急救电话120及匪警电话110。(怎么教或怎么做?)

情景图片形象、生动、贴近现实生活,能唤起幼儿的想象;真实的现场操作具体形象,幼儿容易理解、接受,从而明白特殊电话号码的特殊用途。(为什么这么教或为什么这么做?)

第三环节,模仿练习,学会拨打特殊电话。(教什么或做什么?)

我是这样做的:(播放情景图片)"在刚才的故事里,小猪是怎样打电话的呢?小猪打电话的时候是怎样说的呢?"

"现在，小兔子的奶奶生病了，小兔子非常着急，这时小兔子拿起电话就拨110：'喂喂喂，我是小兔，警察叔叔，我奶奶病倒了，你快来吧。'小朋友们，小兔子说话太快了，老师都没有听清楚她说了些什么，小兔子电话打得对吗？"

"小朋友们真聪明，刚才小兔子在打电话的时候出现了两个错误：第一个错误，奶奶生病了不应该找警察叔叔来帮忙，而是要拨打急救电话120来寻求帮助；第二个错误，它说得太快了，没有说清楚在什么地方、发生了什么事。"

（播放情景图片，幼儿模仿拨打）"小朋友们看，这幅图里发生什么事啦？噢，原来是一位阿姨在圆圆路圆圆街的圆圆超市晕倒了。小朋友们帮旁边这位叔叔想想办法，这时候该给谁打电话呢？"

（播放情景图片，幼儿模仿拨打）"小朋友们看，这个人现在满脑袋都是大问号，原来他在小草街小草路迷路了。小朋友们想想，这时候该给谁打电话寻求帮助呢？"（怎么教或怎么做？）

陈鹤琴先生说过"让孩子教孩子"，这样不仅使示范的孩子获得成功的体验，还可以激发其他孩子的参与兴趣，从而形成互动效应。中班幼儿的语言表达能力正处于发展阶段，所以他们在打电话的时候还不能将有些信息表达清楚。通过不同情景图片的播放以及幼儿拨打练习，幼儿知道了在什么情况下拨打哪种特殊电话，以及拨打电话时需要注意哪些事项。（为什么这么教或为什么这么做？）

第四环节，特殊情况下拨打特殊电话。（教什么或做什么？）

我是这样做的：（播放一幅需要拨打多个电话求助的事故图片）"小朋友们看，这幅图里发生什么事啦？原来在森林街森林路有两辆车相撞了。这时候我们该给谁打电话寻求帮助呢？这里既发生了火灾，又有人受伤，还要进行事故处理。这时候要拨打119、120、110来寻求帮忙。"（怎么教或怎么做？）

不同的事物要区别对待。中班幼儿正处在良好习惯的养成阶段。在这一环节，应训练幼儿观察和解决问题的能力，使他们明白，遇事要细心，要学会处理和解决问题。（为什么这么教或为什么这么做？）

第五环节，讨论交流，懂得拨打特殊电话的规则并结束活动。（教什么或做什么？）

我是这样做的："小朋友们，小狗在家可无聊了，于是它就给警察叔叔打电话，它是这样说的：'喂，警察叔叔，我是小狗。我可喜欢枪了，可是爸爸没有，你有啊，你可以带着枪来我家跟我一起玩吗？'小朋友们，小狗的做法对吗？为什么？"（怎么教或怎么做？）

幼儿自主讨论，发表自己的看法。自主讨论既锻炼幼儿的思维能力，又能提高他们解决问题和语言表达的能力，还加深了他们对特殊电话拨打规则的理解。（为什么这么教或为什么这么做？）

活动结束后，请幼儿到活动区，针对不同情景，练习如何拨打特殊电话。（活动延伸）

蒙台梭利说过："只告诉我，我可能会忘记；要是演给我看，我就会记住；如果让我参与其中，我就会明白。"整个活动，我始终围绕着"特殊电话号码"这一活动展开，以幼儿为主体，使幼儿真正地认识了特殊电话号码的特殊用途。（说课总结）

幼儿园大班科学活动："认识日历"（评比性说课）

"认识日历"是幼儿园大班下学期的科学活动。日历是用来标志时间的工具，人们每一天都在依据时间，日复一日、年复一年地生活、工作和学习。时间是抽象的，日历中的年、月、日之间有着内在的逻辑关系，幼儿很难理解。大班幼儿抽象思维开始萌芽，对数字大小有了一定的认识，也知道日历是表示时间的，但他们对日历的结构并不了解，更不会看日历。为此，我设计了这一活动，以便幼儿知道时间的重要。（说教材）

基于上述分析，我为本次活动确定以下三个目标：（说目标）

（1）认知目标：初步了解日历中年、月、日之间的关系。这是本次活动的重点。

（2）情感目标：珍惜时间，养成良好的作息习惯。

（3）能力目标：会用年、月、日表达日子。这是本次活动的难点。

为了完成上述目标，我为本次活动做了以下准备：（说准备）

经验准备：幼儿有看日历的经历；知道日历是表示时间的；

物质准备：幼儿人手一份台历，当年大挂历一张，台历一本。

为了使幼儿积极地参与到活动中来，我主要采用如下教和学的方法：

（1）演示法：演示生活中常见的各种日历，使抽象的时间变得具体、形象，从而激发幼儿对活动的兴趣。

（2）讲解法：对日历上面的各种标志进行简单讲解。

（3）观察法：通过观察了解日历的构成。

（4）操作法：幼儿亲自实践操作，理解年、月、日之间的内在关系。（说教学方法）

为了使本次活动取得良好的效果，我设计了如下几个环节：（说活动过程）

第一环节，创设情境，激发兴趣。（教什么或做什么？）

我是这样做的："小朋友们，今天老师想请小朋友们参观日历展览会，请你们看一看、说一说日历都有什么样的？（放在桌子上的叫台历，挂起来的叫挂历；有大的有小的）日历上都有什么？（汉字、数字）每一页有哪些相同之处和不同之处？"（怎么教或怎么做？）

教师演示，幼儿观察。由于日历是具体的实物，所以幼儿对日历的结构有了直观的认识，产生了想了解日历具体作用的兴趣。（为什么这么教或为什么这么做？）

第二环节，初步感知日历是如何标志时间的。（教什么或做什么？）

（1）感知年、月之间的关系。

"小朋友们看这张年历上面表示的是哪一年？你们是怎么看出来的？每个大格表示一个月。小朋友们数一数一共有几个大格？有多少个大格就表示一年有多少个月。"

（2）感知月、日之间的关系。

"小朋友们知道了一个大格表示一个月，那么一个月里有多少天呢？现在小朋友们伸出手指和老师一起数一数，看看一个月里有多少天。我们把一天也叫一日。5月的第一天我们称为'5月1日'，这一天也是国际劳动节。小朋友说一说，6月的第一天是什么日子？10月的第一天是什么日子？"

（3）知道大月、小月、平月的不同，从而知道一年有365天或366天。

"小朋友们看，日历上每个月的天数不一样，有的格内有31天，有的有30天，还有一个月只有28天。我们就给天数多的31天的月份起个名字，叫'大月'。我们数一数，一共有7个大月（1、3、5、7、8、10、12）；我们给有30天的月份起个名字，叫'小月'。数一数，一共有4个小月（4、6、9、11）；我们给只有28天或29天的月份起个名字，叫'平月'。平月只有一个，那就是2月。我们把各个月份的天数加起来就是一年的天数，所以一年有 365 天或 366 天。"

（4）认识星期。

"小朋友们都知道，一个星期有 7 天。我们把一年分成了若干个星期。小朋友们看，日历中星期六和星期日都是红颜色的，这两天我们可以休息，爸爸妈妈也休息。星期一爸爸妈妈开始上班，小朋友们就来幼儿园了。所以，我们就是这样一星期一星期地过完一年的。日历中的特殊节日都是休息日，所以都是红颜色的。"（怎么教或怎么做？）

通过形象直观的日历，结合与小朋友关系密切的生活实际，使抽象的时间具体化，利于幼儿理解。（为什么这么教或为什么这么做？）

第三环节，联系生活，进一步理解年、月、日之间的关系，并结束活动。（教什么或做什么？）

"请小朋友在日历中找一找，今天是哪一年几月几日，是星期几？老师告诉小朋友们小班、中班开学各是哪一年几月几日。小朋友们经历了小班、中班，现在是大班，马上就要上小学了。时间过得很快，所以要珍惜时间。"（怎么教或怎么做？）

这一环节主要利用幼儿经历和体验过的事物，强化幼儿对日历的认识。同时，让幼儿初步了解时间一去不复返，从而珍惜时间。（为什么这么教或为什么这么做？）

"活动结束后，请小朋友们回家后和爸爸、妈妈一起找一找，爸爸、妈妈和自己的生日都是哪一年的几月几日？那一天又是星期几呢？"（活动延伸）

在本次活动中，我紧密结合幼儿生活中熟悉的事物，用直观的挂历，通过幼儿自己一步一步操作，使抽象的年、月、日之间的关系变得具体、形象，幼儿很容易就理解了时间的概念，同时，幼儿也能感受到时间的珍贵。（说课总结）

附故事

——在很早很早以前，罗马帝国有一个叫恺撒的皇帝。他将一年 365 天分成 12 个月。由于他的生日是前半年的单月，所以他就规定单月为大月（31 天），双月为小月（30 天），这样算下来一年是 366 天。多了一天，怎么办呢？当时的罗马帝国认为，一年中 2 月是不吉利的月份（因为罗马帝国处死犯人是在 2 月），所以恺撒皇帝就决定从 2 月里减少一天，即 2 月本应是 30 天，减少一天就是 29 天，这样一年就是 365 天了。

后来，恺撒皇帝死了，由他的侄子奥古斯做皇帝。奥古斯的生日在 8 月。8 月本应是小月，30 天，但这个皇帝不愿自己的生日是小月，于是将 8 月改成大月，变成 31 天，这样又多了一天。奥古斯皇帝就决定再从不吉利的 2 月中减少一天，所以 2 月就变成了 28 天（平月），这样全年又正好是 365 天了。此日历使用至今，规定为 1 月大，2 月平，3 月大，4 月小，5 月大，6 月小，7 月大，8 月大，9 月小，10 月大，11 月小，12 月大。

第四单元

幼儿园课程评价

单元介绍

随着幼儿教育改革的不断深入，幼儿园课程评价越来越受到重视。本单元从幼儿园课程评价的内涵、幼儿园课程实施的评价、幼儿园课程实施效果的评价三个方面，以案例导引的形式进行理论联系实践的解读，易于幼教工作者掌握、理解、应用，有利于幼教工作者的专业成长。

知识目标

了解幼儿园课程评价的目的、作用及价值取向，理解幼儿园课程实施的评价、幼儿园课程实施效果的评价。

能力目标

幼教工作者能根据幼儿园课程评价策略，指导日常各项工作。

情感目标

喜欢儿童，热爱幼教工作，希望通过反思评价促进幼儿的发展和提升自身的专业素质。

第一课　幼儿园课程评价概述

情境案例

×年×月×日，某幼儿园迎来省示范幼儿园验收小组成员。验收小组由省教育厅学前处干部、教研员、幼儿园园长、卫生厅干部、教科所研究人员组成。该小组利用2天的时间，对该园的园舍建设、教育装备、教职工队伍、行政管理、卫生保健、教育管理等方面进行评估，以便确定该园能否晋级为省级示范园。他们检查幼儿园环境、材料设备、食堂，查阅幼儿园工作计划、教育方案、教育笔记、相关档案，观察记录幼儿园一日生活的全部环节和幼儿及教师的表现，听取园内汇报，进行问卷调查，和家长、教师座谈了解相关情况。最终得出结论：该幼儿园达到省级示范园的标准。验收小组认为：该幼儿园硬件方面全面达到要求，教职工精神面貌积极向上，幼儿园课程设置比较合理，能贯彻国家倡导的文件精神，"以幼儿为本"的教育观念能渗透在办园思想中，幼儿的主动性、互动性、创造性强，对幼儿的行为习惯、情感态度、解决问题的能力培养较好。当然，小组也提出了一些建议，如继续加强教育科研工作，促进幼儿园园本课程的建设和发展，加强园所文化内涵建设等。

点评：此情境案例是各级教育行政部门在每年针对不同级别幼儿园进行评估定级常用的一种验收方式，以此加强对幼儿园教育质量的监控。这种验收就是一种评价，是对幼儿园各方面工作全方位的评价，即教育质量评价。它包括基础设施评价、教学游戏设备评价、师资队伍评价、课程评价等，而幼儿园课程评价是其中最重要的一项，也是促进幼儿园课程发展的关键内容。

一、幼儿园课程评价的内涵

评价是一种价值判断的活动，是对客体满足主体需要程度的判断。它是一个运用标准（Criteria）对事物的准确性、实效性、经济性以及满意度等方面进行评估的过程。

幼儿园课程评价就是一种以幼儿园课程为评价对象的特殊的认识活动，它是针对幼儿园课程的特点和组成要素，收集相关信息，对幼儿园课程的价值、适宜性、效益做出判断的过程。简单地说，幼儿园课程评价就是要探索课程的编订和实施是否符合教育目的和儿童特点的要求；通过课程的学习，是否收到了预期的效果；课程的什么方法需要改进，等等。

课程评价作为幼儿园教育活动的基本反馈机制，是深化课程改革、提高教育质量的必要手段。如今，随着我国幼儿园课程改革的不断深入，幼儿园课程地方化、特色化的追求日益加深，幼儿园课程呈现多元化的发展态势，课程评价在整个课程系统中的作用日益凸显。由于评价本身具有诊断、调节和导向功能，因此课程评价对幼儿园课程的目标设计、内容选择、组织和实施等各个环节，都会产生重要的影响。

如何认定课程的合理性、科学性？怎样克服照抄照搬、盲目模仿的不科学现象？这些问题的解决都离不开幼儿园的课程评价。

二、幼儿园课程评价的目的

幼儿园课程评价在整个课程系统中占有举足轻重的地位，因为它既是幼儿园课程运作的终点，又是幼儿园课程继续发展的起点，伴随着课程运作的全过程。

（一）课程形成前评价的目的是需求评估、比较与选择课程

幼儿园在确定课程前，需要了解本园幼儿的发展现状、需求以及社会需求来比较、选择、确定课程。幼儿园的备选课程可以是国内外已有的课程，也可以是由幼儿园自己开发的园本课程，还可以是二者结合的课程。

通过课程前的评价可以确定在目标设置、内容实施、教学实施以及实际效果等方面课程具有哪些优势，从整体上判断其价值，对课程做出选择。

这种评价有助于幼儿园了解课程的优缺点，从而结合本园的实际情况，选择合适的课程模式，并做出适当的调整和修改，最终确定幼儿园的课程。

（二）课程实施阶段评价的目的是诊断与修订课程

诊断与修订课程是课程评价的基本目的。在课程组织实施过程中，通过科学地对幼儿园

的课程方案、课程组织、师幼互动的质量、幼儿园环境的创设和利用等方面进行评价，可以发现课程系统各方面存在的问题和不足，从而找出问题的原因和影响因素，为课程的进一步调整和改进提供充分的依据，通过总结和提炼，形成适宜的课程。

（三）课程实施结束后评价的目的是判断课程的成效

对课程效果的评价，可以了解幼儿学习后的发展状况和预期课程目标的达成情况。当然，课程效果有的是显性的，有的是隐性的；有的是长效的，有的是短效的；有的是预期的，有的是非预期的。在评价的过程中要客观、全面地了解和把握，发挥课程评价的作用。

【案例 4-1】

有一幼儿园在中班组教研过程中，听课发现幼儿的小肌肉动作发展迟缓，手指动作不灵活，大多数幼儿不会用剪刀。针对这种现象，中班组在活动区游戏中增添活动材料，如美工区增添剪纸材料、操作区投放筷子和豆子、生活区投放编辫子的娃娃等，引导幼儿进行这方面的练习活动。通过一段时间的努力，孩子们都能顺利地使用剪刀，弥补了幼儿在这方面发展的缺失。

在案例 4-1 中，通过课程实施阶段的评价，教师们发现了问题并及时调整计划，达到了促进幼儿发展的目的。

三、幼儿园课程评价中的价值取向

（一）幼儿园课程评价的主客体关系

《纲要》中指出"管理人员、教师、幼儿及家长均是幼儿园教育评价工作的参与者"。所以，教育行政管理人员、幼儿园园长、教师、幼儿、家长均可以成为评价的主体，只不过，不同主体所进行的课程评价具有不同的视角和目的。

1. 各级教育行政管理部门作为评价主体

我国幼儿教育实行"地方负责、分级管理"的方针，幼儿园课程评价的主要任务和权力在地方。中央政府主要通过一系列的法规、文件等对幼儿教育进行宏观指导，地方行政管理部门主要通过对幼儿园评定等级来进行评价。因此，作为评价的主体，他们对幼儿园课程的评价具有重要的导向作用，直接影响幼儿园教育的发展方向和发展水平。从这个意义上说，评价者的教育价值观在一定程度上是地方政府教育价值观的体现。

2. 幼儿园园长作为评价主体

园长在幼儿园课程评价中起着领导、组织的作用，评价的目的是了解本园课程的实施状况，整体把握本园的教育质量。幼儿园确立什么样的办园理念、教育观，实施什么样的课程，都与园长的教育价值观息息相关。园长的教育价值观反映一所幼儿园基本的办园思路，园长的评价标准对教师实施幼儿园课程的行为有重要影响。因此，园长在幼儿园课程评价主体中是重要决策者和实施者。

3. 幼儿教师作为评价主体

幼儿教师作为评价主体的目的是了解幼儿发展的水平，发现课程的优点与不足，改进课程，促进幼儿发展。因为教师是课程的实施者，所以他们的观念和行为是影响幼儿园课程实施效果的主要因素。

教师应该运用幼儿发展方面的知识，保持客观的态度，做出有利于幼儿发展的决策，成为有效的评价者,获得对每个幼儿的正确理解,成为幼儿真实的观察者,而不是判定者。

教师的评价贯穿一日生活的全部活动,这种评价随时随地地发生着。

【案例 4-2】

有一位大班的幼儿教师在与幼儿的交往中,发现班上幼儿普遍一遇到事情就来找老师,问这怎么办,那该不该做,等等。他对这一现象进行了分析和评估,找到两个方面的原因:一个原因可能是教师在日常教学中对幼儿的束缚太多了,导致幼儿"凡事先请示";另一个原因可能是独生子女的依赖性使他们缺乏自信、怕挫折。由此他设计和组织了"我们都是小老师"这个活动,让每个幼儿展现自己的长处,并教给别人,帮助幼儿树立信心,主动去做自己能做的事情。此次活动取得了很好的效果。

作为评价主体,案例 4-2 中的教师能及时调整自己的观念和行为,这不仅有助于幼儿的发展,更有助于教师自身的成长与提高。

4. 幼儿作为评价主体

幼儿对自己的发展有自评或互评的权利,从这个意义上说,幼儿是最实际的评价主体。幼儿的发展是通过与外界的交互作用形成的,幼儿对知识的自我建构往往是其自主探索、合作交流、自评及互评的结果,教师要多给予幼儿自评或互评的机会。

当然,幼儿作为课程评价者,其评价的方式、途径是有别于成人的,其内在准则是自身的需要和兴趣。幼儿的评价纯粹、率真,幼儿园课程评价不能缺少和无视幼儿的评价。

【案例 4-3】

研究人员对成都市区内一、二、三及无等级的 13 所幼儿园里的 126 名大班儿童进行访谈。儿童对幼儿园教育质量的评价结果如下:

在一日生活各环节中,儿童对入园、游戏、离园环节的评价较高,而对如厕、午睡环节的评价最低;

儿童对人际交往整体上的评价较高,但存在个别差异;

儿童对幼儿园环境中的操场、活动室评价较高,对盥洗室评价最低;

儿童对幼儿园的整体评价较高。

从案例 4-3 我们可以分析出影响儿童对幼儿园教育质量评价的因素,主要包括:游戏、同伴、教师、环境。充足的室内外游戏、积极的同伴互动与师幼互动,以及漂亮、舒适、有序的环境能给儿童带来积极的情绪体验,从而使儿童对幼儿园教育质量做出积极的评价;相反,同伴冲突、教师责罚、混乱的秩序以及糟糕的环境会给儿童带来消极的情绪体验,从而使儿童对幼儿园教育质量做出消极的评价。可见,幼儿作为评价的主体有其独特性。

5. 家长作为评价主体

家长是幼儿园的重要合作伙伴,他们对课程的评价反映着幼儿园对家长需求的满足状况。特别是当前,家长在幼儿园课程评价中的积极性及所发挥的作用正在提升。有些幼儿园的"家长接待日""一日活动开放日""家长座谈日""家园联系册""班级微信群""QQ 群"等就是家长参与幼儿园课程评价的重要形式。

需要注意的是,家长在给幼儿园课程评价增添了新视角的同时,也存在着与其他主体之间的矛盾和冲突;家长对子女发展的期望往往会演化为对幼儿园课程及教育的期待。幼儿园无视家长的评价作用是不可取的,完全被家长的评价牵着鼻子走也须谨防。

除了上述提到的评价主体，还可以尝试让所有与幼儿园课程相关的人员都成为评价的主体，参与到这一过程中。当然，最理想的状态是让教师、幼儿、家长和教育部门的管理者一起参与评价政策的制定过程，这样才能保证评价活动最根本的评价主体对评价本身的认同和积极参与。

幼儿园课程评价的客体即幼儿园课程评价的对象和内容，如，课程的方案、课程的内容、课程实施的过程、课程的效果都是课程评价的客体（在第二、三课将一一阐述）。另外，幼儿园、教师、幼儿等既是课程评价的主体，也是课程评价的客体，幼儿园课程评价是一种多主体与动态客体之间以满足需要为纽带的关系，课程方案的优劣标准、课程实施的效果，主要是看教师与幼儿能否在课程中得到最大发展。因此，幼儿园课程评价既要全面关注其客体，又要充分注意不同价值主体的需要。

(二) 幼儿园课程评价的发展现状及价值导向

幼儿园教育评价工作从20世纪80年代开始受到关注，特别是1989年颁发的《幼儿园工作规程》吹响了我国幼教改革的号角，"教育应促进每个幼儿在原有水平上的发展"这一理念的提出，使课程评价开始从关注结果向关注过程发展。2001年9月教育部颁布的《幼儿园教育指导纲要（试行）》（简称《纲要》）将教育评价作为与总则、教育内容与要求、组织与实施相并列的四个基本内容之一进行了专门阐述，提出了幼儿园教育评价的发展性、合作性、标准的多元性以及多角度、多主体、多方法、重视过程、重视差异等原则。课程评价也由封闭、单一的"完人"式的评价，开始转向动态多元化评价。这是一个质的变化。

【案例4-4】一个案例引发对幼儿发展评价的再思考

那天，我相约乘坐同事的车上班。在车上，看到同事上小班的女儿手上拿着《幼儿园综合指导丛书》的《幼儿指导画册》，正想问问，谁想小家伙很高兴地对我说："阿姨，我来讲个故事给你听吧。""那好啊！"我欣然接受，并"洗耳恭听"。

宝贝将故事《小熊醒来吧》讲得很连贯，就连细节描写处也讲得一字不落，我连连竖起大拇指给了她一个"重重"的表扬。小家伙这可乐翻了，硬要我也来讲这个故事。于是我便接过她手中的书，发挥我幼儿园老师的优势，绘声绘色地讲起故事来。

可没想到，正当我沉浸在尽情发挥的想象中时，小家伙突然一把夺过我手中的书，很认真地对我说："阿姨，不是这样讲的。小鸟叫小熊的时候，没有说'小熊你醒醒吧'。还是听我来讲吧。"于是，小家伙又一字不落地将故事很连贯地讲述了一遍。在惊叹她优越记忆力的同时，我陷入了深深的思考中。

同样的事，也是发生在车上。第二天我乘坐公交，正巧碰上了我园大班的一个孩子，手中也拿着一本《幼儿园综合指导丛书》的《幼儿指导画册》。见我上车，孩子便和我热情地打招呼，我找了个邻座挨着她坐了下来。女孩见状急忙扬扬手中的书激动地说："老师，这个书上的故事我都会讲了。马上要考试了，我肯定能得100分。"看到她那自信的表情，我真不知是喜还是悲啊！

一次也许可以说是偶然，那两次呢？难道，这就是我们为此追求的教育效果吗？难道，这就是所谓的立足儿童本位吗？我们的教育对象到底是孩子还是老师？为了呈现出班级幼儿发展全面、发展良好的美好局面，我们就能以这样的方式来对待孩子吗？一连串的问号，不得不让我们沉思……

上述的两个例子，展现出了目前幼儿园实施评价的弊端：

弊端一：为了评价而评价，不能真正反映幼儿的发展。很多时候评价仅仅作为一种形式，为了评价而评价从实质上是不能真实反映幼儿现有发展水平的，更不能促进幼儿的可持续发展。从上述的例子中就可以看到，孩子只是评价中的一个"道具"，一个学习"复读机"。孩子的语言表现力、想象力等都不能充分地显现出来，这与我们的教育大目标是相悖的。

弊端二：重视对结果的评价，忽视活动过程及其本身在幼儿发展中的价值。《纲要》中强调评价的多元性，评价标准、评价手段等在不同孩子身上要有不同评价策略。然而，实施时，又有多少老师真正做到了多元？很多时候，我们还是受到传统评价的影响，重视结果的显现，忽略个体的纵向发展。就上述案例中的两位小姑娘而言，也许她们能语言流畅地复述整个故事，然而这又能说明什么？能说明她们的语言表现力强、想象丰富吗？显然不能。评价一个孩子的能力是否得到提高，不能仅仅看他或她在这个语言活动中复述故事的能力，亦或是对一个问题的解答。因为每个孩子的外在表现都是不尽相同的。有的孩子也许在语言方面不善于表达，但他或她会通过画笔来展现他或她富有想象的另一面；他或她也许对于老师上课的某个提问没有回答，但他或她在聆听同伴发言的同时会有自己的理解……

弊端三：扩大评价功能，评价工作偏离方向。目前，很多幼儿园把对孩子的评价作为考量教师教学效果的重要手段。由于幼儿园和小学的不同，没有一个显现的东西可以来评价教师的教学效果，所以很多幼儿园将幼儿的发展单一地等同于教师的教学质量，片面地衡量教师的工作质量，在某种程度上给"评价"套上了"金属味"（因为这直接影响到教师奖金）。正如案例中所反映的，孩子要带着《幼儿画册》回家复习，目的是在测评时表现优越，这与小学教育有何区别呢？这难道不就是"小学化"倾向吗？所以，我们要正确对待评价，发挥它的功能，更好地为幼儿服务，促进其情感、意志等各方面发展，真正为幼儿的可持续发展奠定基础。

案例4-4对幼儿园课程评价存在的弊端做了透彻的分析。在世界课程评价领域中，课程评价的多元化已经成为现代教育评价的重要标志之一。幼儿园课程评价所倡导的评价主体、评价内容以及评价方式的多元化，将利于增强幼儿园课程评价的有效性，将为幼儿园课程的长足发展奠定基础和提供有力保障。

相关链接 　　　　　　评价，幼儿园发展的神奇"路标"

评价是幼儿园工作的重要组成部分，也是进一步提高教育教学质量的重要途径之一。当前，幼儿园在发展中，不时会受上级部门或专家对办园各方面情况的评价。那么，从幼儿园管理者视角来看，什么样的评价更利于幼儿园发展呢？

为了解幼儿园管理者在迎评中遇到的困惑，以及他们对评价指标制订和评价方式的建议，记者采访了广东省深圳市第十一幼儿园园长池丽萍、山东省寿光市古城街道弥景苑幼儿园园长郑素荣、长江少儿出版集团武汉爱立方幼儿园园长杨慧玲。

关注点从硬件转向规范办园与安全管理

记者：您所在的幼儿园多久会经历一次上级部门或专家对幼儿园工作的评价？如果经历过多次，您能讲讲评价关注点的变化吗？您觉得这些变化反映了学前教育发展哪些新要求？

池丽萍：我所在的幼儿园是深圳市省一级幼儿园、市属公办园。按照深圳市教育局的要求，每四年要进行一次省级园复评。此外，我园也是深圳市首批优质特色示范园创建单位，目前正处于创建过程中，市教育局会派视导员来园观察指导。再有就是我园会根据课程建设的需求，自主邀请专家来园指导，并就幼儿园所遇到的困难请专家给予评估指导。

在多次迎评的经历中，我们感觉评价能够促进幼儿园保教质量的规范化，激发幼儿园不断克服困难、积极进取的上进心。在这些年的评估中，最被关注的就是安全问题，上上下下都极其重视。因此，一旦有安全问题的存在，评估组专家就将其作为最基本的要求提出，幼儿园也会基于自身的情况进行整改或请求上级部门的帮助。一般情况下，安全问题都能及时得到整改资金的支持。

此外，评估也更加关注幼儿园的理念是否与国家的理念一致、有没有真正落实到位。特别是关于"小学化"教育、违规办学等问题，一经发现，会非常严厉地要求幼儿园整改。

郑素荣：我园是一所农村幼儿园，每年潍坊市教育局、寿光市托幼办都会对幼儿园进行一次综合评估，并且这项评估已经进行了多年，评价的办法和内容一年比一年详细，要求也越来越高。以前关注的是幼儿园的硬件设施配备，而现在更强调幼儿园的内涵发展和教育科研的创新等，这反映出寿光的幼儿教育正在大力进行教育改革和创新。

杨慧玲：我园是国企办园。对幼儿园而言，最固定的评估活动就是等级园检查。根据园所的等级不同，等级园检查的间隔时间也不一样，通常两三年一次。其他的各项专项检查，如卫生防疫部门等的检查，是每学期一两次。另外，不定期的各部门检查，如食品安全、校园安全等，也是比较频繁的。

上级部门和专家以前对幼儿园的硬件要求关注较多，对课程的管理要求比较统一，现在对幼儿园是否规范办园、课程改革、幼儿发展和教师队伍建设更为关注。我个人觉得，这些变化反映了学前教育正朝着进一步规范办园行为、强化安全管理意识与责任、凸显幼儿的主体地位和教师的职业幸福感以及关注园所特色的方向发展。

真正发挥专业引领作用的评估很少

记者：请您举例谈谈上级部门或专家在评价幼儿园工作时，哪些评价会让幼儿园感到很有帮助、启发。

池丽萍：公办园最需要的帮助是在专业发展方面的引领。但目前能真正发挥引领作用的评估是很少的。基本上都是对着指标打分，然后讲讲存在的问题。有些问题也讲不清楚。

我们感觉幼儿园在自主请专家来园评估指导时最受益。这样的话，幼儿园有机会提出自己想要解决的问题，专家也会基于现场所观察到的情况分析问题的性质、问题是否真的存在等，并且会在关键点上给予指引，使我们有种"醒悟"的感觉。比如，专家会提醒我们从理念的角度思考，用实践来寻找理论、用理论来引领实践，实际上幼儿园的课程建设就是在这样一个反复思考的过程中不断完善而成的。这真的非常受用！

郑素荣：回顾这些年我们迎接过的考核评价，那些符合幼儿园实际情况、对老师们的业务水平和整体素质有提升作用的评价，都能得到老师们的热烈欢迎和积极拥护。

比如，前段时间教办举行了"幼儿园主题活动游戏设计评比"活动，将此作为评价教师工作的一项准则。原因在于：我们总是强调要遵循"以游戏为基本活动"的教育原则，让孩子们在"玩中学"。但是，真实情况却是教学方式"小学化"代替了"游戏式"，很多教师根本不明白、不知道"游戏化"教学到底怎么做。而通过教办组织的这项活动，教师人人参与，根据主题活动精心设计游戏教案，将"游戏化"教学内化于心，并呈现出许多优秀的主题活动设计教案。大家相互学习、借鉴，受益匪浅。

杨慧玲：以等级园评估为例，上级部门或专家在评价幼儿园工作时，会向被评估园介绍已经取得良好效果的经验，以帮助被评估园进一步改进工作。因为专家组里的一线园长通常都是省级或市级示范园的园长，他们在专业上有很深的积淀，所以能够给被评价园很好的建议。

比如，我们在做等级园评估的资料时，有部分资料是交叉的，我们原来的做法是严格按照评估标准装盒，这样就会产生大量的复印工作。专家在评估时，给出的建议是在档案盒的标注上用不同颜色的标签注明，以减少复印工作，这样检查不同板块资料的专家就可以根据色彩标记找到所需要的资料，既环保又一目了然。虽然这是一件小事，但是它解决了幼儿园资料整理的一个大麻烦。这样的指导很接地气，并且能够解决实际问题，是园所非常需要的。

有些问题单靠幼儿园主观努力难以解决

记者：请您举例谈谈上级部门或专家在评价幼儿园工作时，哪些评价让幼儿园不太容易理解，或哪些意见让幼儿园觉得不太容易落实。

池丽萍：不太容易理解的评价倒还没见过。不太容易落实的评价确实有。比如，教师队伍的专业化程度需提高、教师队伍流动性的问题需解决等。这些问题基本上是客观原因造成的，单靠幼儿园主观上的努力也难以落实。有的结了婚的老师说："自己上班了，孩子没人带，要请保姆，花的钱比工资还多，干脆自己在家带孩子吧。"这样很难留住优秀教师，也很难使队伍有稳定性。公办园不是营利机构，需要依靠政府的支持，这就是客观原因。

郑素荣：并不是所有的评价工作都能得到老师们的认可，如综合评估活动涉及的一些具体指标老师们就不认可。本来综合评估活动是对幼儿园工作的一个总体评价，但是一般的综合评估标准都是由上级主管部门制订的，很多不符合幼儿园的实际情况。同时，很多硬件建设方面的评价中提到的问题，幼儿园没有能力解决，反而增加了老师们不必要的负担。比如，对于农村幼儿园中的种植角、饲养角，本来校舍环境就有限，而且农村家庭一般都会种植庄稼，养几只鸡、鸭、鹅，但每年为了应付综合评估，总是临近检查的时候让幼儿从家里带小动物到幼儿园应急，这样的评价只能让老师们敷衍了事。

将力量用在"提内涵、促成长"方面

记者：您对上级部门和专家对幼儿园的这种外部评价，都有什么样的建议？比如，在评价指标制订、评价结果怎样使用方面。

池丽萍：我期望能有好的评价来引导幼儿园真正为幼儿的发展服务，真正将力量用在提升内涵、促进教师专业成长方面。评价指标的质量影响着幼儿园发展的质量，所以很期待有专业的机构来做评价指标体系。

对幼儿园的评价要科学、全面，要真正能关注到人的发展。很多时候社会上流传的"评价一个幼儿园好不好的标准"其实存在着偏见，认为装修得越高档越好，老师对家长的态度越殷勤越好。这种偏见使家长在挑选幼儿园时不去关注内在的保教质量，而是关注这些外在的因素，也导致一些幼儿园只注重外在的形象，不注重内在的提升。

对于评价结果，我觉得越是正规的、有质量的评价越应当向社会公开，让全社会来关注幼儿园的质量评价。当公众觉醒了，就会有股力量来推动幼儿园向着更好的方向发展。

郑素荣：幼儿园的评价标准应体现教师的主体性和创新性。教师是教育教学的设计者和创造者，上级只有与一线教师多商讨，制定出来的评价标准才会更为科学。另外，评价标准应该与当地的资源进行有力的结合，如农村幼儿园的评价标准应该与农村幼儿生活及社会实践相结合，这样才能更准确地体现评价的意义。

杨慧玲：当前，民办园在教师队伍建设上存在一定的现实困难。教师队伍流动性大是一个不争的事实，优秀的师资主要被公办园吸纳了，所以在教研和科研上，民办园的水平和公办园有着比较大的差距。我建议在评估标准的制定以及评估结果的使用上，应考虑到整体水平的均衡性。

议一议

运用本课学习的相关评价理论分析以下两个评价案例有何不同。

【案例 4-5】

1994 年 6 月 24 日，×市××幼儿园来了 6 位区评价组成员，其中有教研员 1 人，职业培训机构教学人员 1 人，幼儿园园长 4 人。她们对幼儿园的教学状况进行了评价。她们带来了操作材料两盒，约 35 件，儿童图书 6 本。她们分成了三组，分别随机抽取该幼儿园大、中、小班各 20 名幼儿进行测查。测查的主要内容是动作、数量关系、匹配、科学常识、搭积木、讲故事和唱歌。搭积木是开放的，不做具体要求，但有评分标准；匹配、科学常识、动作、讲故事和唱歌等各项内容都是指定的。每个幼儿的测查时间一般为 35~40 分钟。测查活动用了一天的时间。测查组最后告诉幼儿园每个年龄段幼儿的平均分，并提出了改进教学工作的建议。

【案例 4-6】

某市幼儿教育教研员协同一位高校教授、两位幼儿园园长受邀到该市一所民办幼儿园，进行为期两天的幼儿园课程评价。她们通过交谈和查阅工作计划，初步了解了幼儿园课程的目标、选择的课程内容及如何组织实施课程，并分头对该园一日生活的全程进行了系统的观察。在观察的同时，她们还查阅了幼儿园的教育方案、教师的教案及各类记录，还和教师、家长及幼儿进行了广泛的交流。评价组最后就幼儿和教师的表现以及家长的反应等与幼儿园交换了意见，既肯定了幼儿园教育改革的成绩，也有针对性地指出了一些不足，还就困惑及存在的问题同老师们进行了深入的讨论。

练一练

（1）幼儿园课程评价的内涵是什么？
（2）幼儿园课程评价的目的是什么？
（3）你认为幼儿园课程评价的主体应该由谁承担更为合适？
（4）如何理解幼儿园课程评价的多元化？

做一做

试着对某一所幼儿园的课程进行评价，并写出评价报告。

第二课　幼儿园课程实施的评价

情景案例

小班主题"花儿朵朵"
——在操作区中对个别幼儿的评价与教育对策

幼儿姓名：傅乐

观察地点：操作区

观察时间：2010年6月16日上午9：35—9：46

观察背景：操作区有一盘老师自制的插花玩具；有红、黄、蓝三个不同颜色纸盒做的花盆；红、黄、蓝三种颜色的纸花各3～5朵；1～5的数字卡片。

玩具的玩法：幼儿认识、辨认三种颜色，将纸花插到相应颜色的"花盆"里，并且数一数"花盆"中有几朵花，找出相应的数字卡片插在"花盆"上。

观察记录：傅乐小朋友来到了操作区，她看见这个区的位置都被小伙伴们坐满了，就走到了摆放在玩具柜上的"插花"玩具前。她先将三个"花盆"从木盘里拿出来排放整齐，再拿出一朵黄色的纸花，对比了三个花盆的颜色后，把这朵黄色纸花插进了黄色的"花盆"里，接着她把所有的纸花都插进了相应颜色的"花盆"中。这时，红色"花盆"里有4朵花，黄色"花盆"里有3朵花，蓝色"花盆"里有5朵花。但是她在拿起数字卡片时发愁了，停顿了许久后，随便从手中抽取了一张数字卡片"3"插在了蓝色"花盆"上，茫然了一会儿，没等其他的"花盆"插上数字卡片，她就把玩具收回了木盘中。

评析：从该活动片段中，我们可以看出傅乐小朋友的空间视觉智能、自然观察智能以及肢体动作智能较强，而其他智能相对薄弱。当她看见操作区内的座位被小伙伴坐满了时，能够找到柜子旁边玩的位置，并没有打扰别的同伴。但傅乐小朋友在活动过程中不能把与花盆里的花相对应的数字卡片找出来，遇到困难时不会主动请老师、同伴来帮助自己，而是采取放弃的方式，通过这些表现可以看出，她在数理逻辑智能和人际交往智能方面比较薄弱，在克服困难的勇气及坚持等意志品质方面也有待培养。

教育对策：针对傅乐在人际交往方面的弱势，老师应鼓励善于交往的幼儿先主动和她成为好朋友，让她找到亲切感、安全感，并慢慢由被动交往变为主动交往。在数理逻辑这方面，除了幼儿在幼儿园的游戏和操作学习，我们还建议家长在日常生活中渗透这方面的教育和游戏，以更好地发展幼儿的数理逻辑智能。

点评：随着课程改革的不断深入，幼儿的很多学习及探究内容是通过区域活动来完成的。情境案例中，傅乐小朋友在操作区进行游戏时，教师通过对她行为表现细致的观察，对照幼儿多元智能发展目标进行记录与评析，并提出下一步的教育对策。这与我们所提倡的在课程实施过程中动态地分析、评价幼儿的学习与发展的观念相吻合。教师正是通过各种情景和途径来观察和解读幼儿、科学地分析和评价幼儿，并给予更适合的支持的。

课程的实施是整个课程系统运作的中心环节。课程实施评价主要包括：了解幼儿在课程活动中的反应（主动性、参与程度、情绪等）；教师的态度和行为（对儿童的控制程度、管理方式、教育机制和技巧等）；师生互动的质量；学习环境（条件和利用方式等）。因此，对幼儿园课程实施的评价应该是一个动态的过程，应根据幼儿一日生活过程中的所有表现来判断课程实施的效果。

幼儿园课程实施的评价不是抽象的工作,而是在具体的情境中完成的。这个具体情境就是幼儿的一日生活,而幼儿的一日生活从作息的角度主要包括幼儿园生活活动、集体教学活动、游戏活动。

一、幼儿园课程实施评价的基本理念

由于课程实施评价是价值行为,需要价值判断,因而需要扎实的理念来支撑。

1. 切实了解评价在幼儿园教育中的地位和作用

评价是幼儿园课程实践系统的基本要素,缺少了评价,课程的实践系统就不完善了,课程就会缺乏反馈和动力。教师没有进行课程评价,就没有充分履行自己的职责。只有当评价真正成为幼儿园必不可少的工作、成为全体教职工尤其是教师的重要责任时,评价才能真正起到完善、改进幼儿园课程的作用。

2. 切实把幼儿作为幼儿园课程关注的核心

评价不是控制、制约和刺激幼儿,它最根本的目的是让幼儿更好地生活、更好地发展。所谓"因材施教""以学定教""儿童在前教师在后",都是建立在对幼儿评价的基础上的。没有对幼儿的了解,就没有真正适宜的教育。教师正是在不断观察、分析和评价幼儿的行为过程中,感受到他们的需要、兴趣、困惑和喜悦,推断他们的认识、能力和情感,从而不断改进课程。

3. 切实关注一日生活的全过程

幼儿园的课程有其独特性,一日生活中的每个机会对于幼儿来说都具有发展价值。因此,必须纠正和克服以课堂为中心的做法,切实关注晨间活动、进餐、盥洗、游戏等活动环节,拓展评价的视角,更真实全面地反映幼儿的发展。

4. 切实提高教师的观察和记录能力

观察和记录是幼儿教师在课程实施过程中必备的能力。教师需要掌握观察和记录的方法,知道如何在众多的现象中确定自己的观察点,如何在众多的感官信息中选择自己记录的内容,如何有效地记录有意义的内容,只有这样才能科学地进行课程评价。

二、幼儿园生活活动的评价

幼儿园的生活活动主要包括入/离园、餐点、饮水、如厕、盥洗、午睡等。《指南》中指出"发育良好的身体、愉快的情绪、强健的体质、协调的动作、良好的生活习惯和基本生活能力是幼儿身心健康的重要标志,也是其他领域学习与发展的基础"。这些目标的达成有赖于幼儿生活活动的组织和实施。在幼儿园一日生活中,生活活动的时间占一日活动的50%以上,这些时间幼儿是如何度过的、每个活动环节的时间安排和利用是否符合幼儿的身心健康和发展都是我们评价的内容。

(一)入园与晨间活动的组织评价

入园与晨间活动是一日活动的开始环节。对这一环节的组织评价应关注教师能否有序地带领幼儿走入一天的活动,是否能有效发挥这一环节的隐性教育作用,保证幼儿以积极愉快的情绪参与到集体生活中来。表4-1也说明了评价可以从以下几个方面开展:

1. 内容与形式

——根据不同年龄的幼儿特点,安排一些自我服务和为班级服务的项目。如:收拾整理好自己的衣物，做好值日生工作，照料自然角，给种植的植物做观察记录。

——引导幼儿自主选择感兴趣的区域活动自主游戏，如：美工区、益智区、操作区等。

——组织幼儿有序地吃早餐或早点，注意常规养成教育。

——夏季，组织好晨间安排的体育活动，选择有利于幼儿锻炼的运动内容。

2. 时间与材料

——根据季节、年龄、幼儿园及班级实际情况，制定活动时间。

——合理安排各活动内容的时间，过渡环节自然、无痕迹。

——为幼儿提供便于取放、安全卫生的材料。

——区域材料符合幼儿年龄特点，有层次性、丰富且易引发幼儿的活动兴趣。

3. 情绪与状态

——教师以饱满的精神状态迎接幼儿及家长，热情地打招呼，以此感染幼儿。

——活动中幼儿状态积极、情绪良好，对教师发出的信息能做出回应。

——有礼貌地向老师、同伴问好，能与同伴友好相处。

表 4-1　某园快乐入园的目标要求

生活活动环节	幼儿发展目标	基本要求	
		教师工作	保育员工作
快乐入园	1. 衣着整齐，按时、愉快入园，有礼貌地向老师、同伴问好。 2. 积极接受晨检，身体不适时能告诉保健医和老师。 3. 有序做事：主动脱换衣服，自主进入活动区自主游戏。 4. 积极参加晨间活动（中、大班幼儿轮流做值日生）	1. 做好晨间接待的准备工作。 2. 主动、热情、礼貌地迎接幼儿和家长，灵活组织晨间谈话活动，与幼儿交流感兴趣的事。 3. 参与幼儿的晨间活动，回应幼儿的个别需要。 4. 观察幼儿情绪及身体状况，做好相应处理。 5. 查看幼儿是否携带不安全物品，如发现则代为保管	1. 提前做好开窗、换气、采光、打扫室内卫生、消毒、早餐、供水等准备工作，保证环境整洁、空气清新，确保物品和饮水安全。 2. 协助教师做好晨间接待。 3. 帮助小班幼儿或指导中、大班幼儿摆放好自己的物品。

【案例 4-7】自主安排早点时间

我园的晨间活动包括入园、洗手、进行区域游戏、吃早点等内容。我们改变以往教师整齐划一地管理晨间每个活动内容的状况，将吃早点变为生活区的一个活动，幼儿可自主安排吃早点时间。根据幼儿的年龄特点，在小班，我们采取"挂钟上贴标记"的提示方式，帮助幼儿理解"长针指到标记之前可轮流到生活区吃早点"；在中大班，我们则通过班级"图文作息时间表"，鼓励幼儿根据钟面数字自主安排吃早点的时间。

我们还将生活区布置成温馨的小餐厅，将大壶中的豆浆、牛奶等分别倒入小巧的茶壶中，用可爱的卡通餐盘盛放点心，吸引幼儿主动参与。这样既满足了幼儿自我服务的愿望，也锻炼了幼儿有计划地安排事情的能力。通过一段时间的实践，幼儿逐渐有意识地根据实际情况安排吃早点的时间和晨间区域游戏。比如：有的幼儿来得早，时间充裕，就会先去玩区域游戏，中途再来盥洗吃早点；有的幼儿来得迟，入园盥洗完后就直接先到生活区中吃早点再去游戏……

案例4-7说明幼儿有了自主权后,在晨间活动环节更放松,也更乐意享受温馨的早点时光。他们逐渐学会根据自己吃早点的速度和游戏的需要合理安排时间,使游戏玩乐与生活自理两不误,从中享受晨间活动的宽松、自由、快乐。

【案例4-8】豆豆（4岁）

早上豆豆是妈妈和姥姥送上楼来的,一路哭到教室门口。老师把他领进教室,他开始自己挂毛巾、洗手,一会儿就安静下来了,走到桌子边看起了书。当老师推着早餐进来时,豆豆马上跑到老师面前说:"老师给我少盛点。"老师给了他比别人少一半的饭,可他刚吃两口就喊起来:"老师喂喂我吧。"边说,边抹起眼泪来。老师喂他吃完早餐,请他自己喝牛奶,只见他眼里含着眼泪,两只手拿着碗,并不是大口大口地喝,而是不时地用舌头舔着喝,眼睛不停地看其他的地方,一不小心牛奶全撒到了地上。豆豆的早餐一共用了30分钟。

生活教育可以随时随刻进行。案例4-8是豆豆来园后吃早餐的表现。吃早餐是观察、了解幼儿和实施教育的绝好时机。观察让教师对幼儿的身心发展更加了解,更容易建立密切的师幼关系。对于豆豆的表现,教师可以和家长沟通,分析原因,使教育更具有针对性,只有这样才能解决问题。

（二）盥洗与如厕环节的评价

一日活动中的盥洗和如厕环节包括洗手、漱口、自己料理大小便等。对教师如何组织好盥洗与如厕环节的评价,关系到幼儿良好生活、卫生习惯的养成。评价可围绕以下几个方面来进行:

1. 空间与时间

——班级硬件环境的创设,如盥洗室的位置、幼儿盥洗所需物品的提供与摆放、男女如厕区域的划分等。

——根据不同年龄的幼儿,合理安排时间,给幼儿一定的自由。

2. 保教人员职责

——教师、保育员对幼儿盥洗、如厕的要求是否一致,提出的要求要有利于良好习惯的养成和常规的建立。

——在幼儿进行盥洗、如厕时,保育员所在的位置是否有利于观察到幼儿的行为,并对需要帮助的幼儿提供指导和关注。

——盥洗的内容及要求应根据不同年龄段及幼儿的原有经验有所侧重,越小的孩子盥洗的要求越细腻,引导的方法越要生动,照料也越要耐心细致。

【案例4-9】用故事代替说教——水宝宝错了吗?

这段时间,有些孩子在洗手时会把衣服弄湿,而且会有很多水流到水池台上,甚至都流了下来。我想,该把孩子们集中起来说一说,提醒他们洗手的时候手放低、水开小了,这也是我在大班的经验。可是转念一想,不对呀,小班孩子和大班孩子完全不一样。我怎样才能让小班的孩子学会洗手呢?

于是,这天早上洗手、喝水前我给小朋友讲了小熊的故事——

有一只小熊3岁,上幼儿园小班了。它每天开开心心地背上小书包去幼儿园,开开心心地玩游戏。这天,它开心地去洗手,准备喝完水后出去玩。它把水开得很大,又把小手放得高高的,水宝宝流到手上,又溅到水池台上,弄得到处都是。水宝宝溅到了小熊的肚子上,把它的衣服弄湿了。小熊可生气了，它责怪水宝宝："呀，水宝宝你怎么那么调皮，把我衣服都弄湿了，多难受啊！"小朋友们，你们说，是水宝宝的错吗？

有几个小朋友明白了，他们说是小熊自己的错，因为它把水开得太大了，又把手放得太高了，水宝宝就到水池台上了。"说得真好！对！我们洗手时要把手放水池里面去，开'面条'水，这样水宝宝就不会弄湿我们的衣服了！"我又正面重说了一遍。

这次洗手，小朋友们可注意了，好多孩子都说："老师，我没有让水宝宝流到外面。""老师你看，我开'面条'水了！"小班幼儿还处在泛灵期，他们认为一切事物都有生命、有情感，从情感的方向去引导孩子比说教更有效。

案例4-9说明，幼儿以具体形象思维为主，课程的实施必须建立在幼儿的直接经验的基础上。案例中幼儿已经有了多次与水打交道的直接经验，而且有情节的故事和游戏容易让幼儿保持长时间的注意，教师抓住这两个特点，利用生动形象的故事，让幼儿懂得了正确使用水的道理和方法。

（三）进餐与点心环节的评价

每个幼儿园因地域、环境等客观条件不同，安排的餐点时间与内容也有所不同。南方的幼儿园多是两点一餐，北方的幼儿园多是三餐两点。这一环节在一日活动中占用的时间较多，它不仅是幼儿补充身体营养的需要，也是幼儿学习就餐知识、适应集体生活的重要活动。评价此环节的组织应分以下几个部分：

1. 时间安排

——两餐间隔时间不少于3小时，上下午点心均安排在两餐中间的适当时间，要考虑与其他环节的衔接。

2. 保教人员职责

——重视进餐前的活动，组织幼儿进行安静的餐前活动，根据幼儿年龄的不同，餐前活动的形式和内容也不同。

——抓住时机，向幼儿介绍饭菜的名称和营养价值，关注挑食与偏食的幼儿，针对幼儿的特点，进行有针对性、循序渐进的引导。

——教师与保育员清楚进餐时的分工，注意协调配合，营造宽松的进餐氛围。

——尊重个体差异，允许幼儿逐步学会正确的进餐方法。

——注意吃点心环节与其他环节的过渡，避免长时间的等待，给幼儿一定的自由支配时间，并提出一定的常规要求。

3. 幼儿表现

——进餐、吃点心时情绪稳定，大部分幼儿能吃完自己的一份。

——能遵守进餐、吃点心的常规要求。

【案例4-10】

镜头一：中午，在幼儿用餐前，老师提醒幼儿用餐时要注意保持桌面干净，告诉幼儿将骨头等放入空碗中，然后组织幼儿用餐。在幼儿用餐过程中，保育员等一组幼儿用完餐后，将桌子擦干净。老师虽然多次提醒幼儿要注意保持桌面整洁，也对吃饭干净的幼儿及时给予了表扬，甚至对个别不注意卫生的幼儿进行了批评。

但是经过一段时间后，这个班幼儿的用餐卫生习惯还是如初、不尽如人意。幼儿的桌面有米粒、菜汤等，吃完的骨头盘中、桌上都有，地面也很脏。

镜头二：中午，在幼儿用餐前，老师提醒幼儿用餐时要注意保持桌面干净，告诉幼儿将骨头等放入空碗中，然后组织幼儿用餐。在幼儿用餐过程中，保育员只要发现有桌面脏了，就过去将桌子擦干净，帮助幼儿将骨头等放入盘中。老师对吃饭干净的幼儿及时给予了表扬。

经过了与镜头一相同的一段时间，这个班的幼儿已经基本形成了良好的用餐习惯，能自觉保持桌面、地面的干净。幼儿能将骨头等物主动放入盘中，当幼儿不小心将东西掉在桌上、地上时，能主动捡起放入盘中。整个班的桌面、地面都比较干净。

案例4-10中两个生活进餐环节极其相似，为什么效果却截然不同呢？

著名心理学家凯琳发现：如果有人打坏了一个建筑物的窗户玻璃，而这扇窗户又得不到及时维修的话，别人就可能受到某些暗示性的纵容，去打烂更多的玻璃。久而久之，这些破玻璃就给人造成一种无序的感觉。其结果是：在这种麻木不仁的氛围中，犯罪就会滋生。这就是著名的破窗理论。

在镜头一中，保育员是等一组幼儿全部用完餐后，才将脏乱不堪的桌面擦干净。对于最初弄脏桌面的幼儿没有及时给予制止，桌面也没有及时进行清洁，这无疑会使弄脏桌子的幼儿受到某些暗示性的纵容，而桌上其他幼儿在这样的氛围中也会觉得：反正桌面已经脏了，再弄脏点也没有关系。

而在镜头二中，保育员只要发现桌面脏了，就马上过去将桌子擦干净，帮助幼儿将骨头等放入盘中。保育员随时擦桌子、帮助幼儿将骨头放入盘中的行为，在无声地提醒幼儿用餐时要注意保持桌面卫生。对弄脏桌面的幼儿来说，这是一种无声的批评。帮助幼儿将骨头放入盘中的动作也在无声地告诉幼儿：应该这样做才对。如果桌面始终保持干净的状态，那么，当幼儿不小心掉下东西时，也能自觉主动地捡干净。

（四）午睡与自我整理环节的评价

午睡与自我整理环节包括幼儿在午睡前后穿脱与摆放衣服、独立按时午睡、按需要增减衣服等内容，对幼儿良好生活习惯的养成有重要的作用。评价可以从以下几个方面考虑：

1. 空间与时间

——午睡室的空间位置，床等家具的提供、摆放要符合国家颁布的有关条例要求，安全、卫生、整洁。

——幼儿午睡时间可根据幼儿的年龄、季节的变化和个体差异适当减少，一般在2小时左右。

2. 教师的组织

——以积极的状态鼓励、引导幼儿，使幼儿愿意尝试自己的事情自己做。

——注意以生动、易接受的方式帮助幼儿掌握穿脱衣服的方法，注意不同年龄、不同能力幼儿间的区别对待，循序渐进，不包办代替。

——特别关注午睡环节，营造良好的午睡氛围，细心观察，在全面照料的同时，对个别有特殊需要的幼儿给予耐心的帮助。

——在一日的其他活动中，注意抓住时机，引导幼儿根据天气冷热和活动的需要增减衣服。

3. 幼儿的参与状态

——乐意尝试自己穿脱衣服，按老师的要求摆放、整理。

——大部分幼儿午睡习惯良好，情绪安定。

【案例 4－11】

小班幼儿点点初来幼儿园时不愿意午睡，连自己的小床都不愿靠近。按照过去的做法，从幼儿健康的角度考虑，教师必须统一要求，谁都不能"特殊"。但现在教师对点点"区别对待"，针对点点入园前在家就不午睡的习惯，放慢了教育速度，降低了常规要求。在最初的一两周内，教师在午睡时间陪着点点玩他最喜爱的毛绒玩具，并在其他孩子熟睡后，带着点点帮同伴掖被子、整理衣物，消除他对幼儿园午睡的陌生感与恐惧感。两个星期后，点点主动提出要坐在自己的小床上玩玩具，教师微笑地答应了，并提醒他说话要像小花猫，别吵醒其他小朋友。一个月后，当园长进行常规检查时，发现点点正盖着自己的小被子熟睡。

案例 4－11 中点点轻松、自然地适应了幼儿园的生活规律，这正是教师尊重幼儿生活与发展规律，让教育去适应幼儿的结果。幼儿在生活活动中的积极"原体验"为他们今后的生活打下了良好的基础。

（五）离园环节的评价

离园前活动是幼儿园一日生活的尾声，但同样是不可忽视的重要环节。在这个环节中，教师如能有目的、有计划地组织好幼儿活动，会给幼儿一日的在园生活画上完满的句号。评价可以从以下方面进行：

1. 内容与形式

——教师可以采取集体或分组的形式组织幼儿做一些安静的游戏，也可以安排活动区活动，让幼儿自由选择。

——根据不同年龄幼儿的特征，培养幼儿清点衣物的习惯，使他们学会收拾好自己的物品，安静等待离园时刻。

——细心做好家园交接工作，认真核对家长及接送卡，还可个别约谈家长，介绍孩子在园表现，实现家园共育。

2. 教师组织

——注意观察和了解幼儿的不同表现，及时引导情绪不够稳定的幼儿愉快离园。

——有针对性地对自理能力较弱的幼儿进行个别指导，并和家长沟通，共同培养。

——注意引导幼儿在离园时和老师、同伴打招呼，培养基本的行为礼仪。

3. 幼儿表现

——不同年龄的孩子都能在离园时收拾好玩具、摆放好椅子。

——不同年龄的孩子都乐于自己整理仪表，能不同程度地收拾好自己的物品。

——能愉快地等待家长，离园时和教师、同伴有礼貌地道别。

【案例 4－12】

一天放学后，活动室里大部分小朋友都被家长接走了，只有少数几个小朋友在那里玩玩具。我刚一坐下，只见应该已被接走的思涵来到我面前，"思涵，刚才不是你奶奶来接你的吗？怎么又回来了？"思涵说："我的卡片落在篮子里了，奶奶叫我带回去。"刚说完，只见晓俊急匆匆地跑了过来，"晓俊，你怎么也来了？""我今天带来一本故事书，我借给向豪看的，他没还我。""他已经回去了，明天老师让他还给你好吗？"晓俊低头无奈地走了。虽然老师平时要求孩子们不把家里的物品带到幼儿园里来玩，可是少数孩子在上幼儿园时还是会偷偷地带一些玩具、书之类自己喜欢的东西，以便和班上的小朋友交换着玩。

案例 4－12 中，小朋友很容易遗落自己的玩具或图书，教师应在幼儿离园前帮助他们点清、认清自己的物品，提醒他们不要遗落物品。

三、幼儿园集体教学活动的评价

幼儿园集体教学活动即我们说的高结构化活动，目前仍然是我国幼儿园普遍采用的一种活动类型，它是幼儿学习与发展的重要途径。幼儿独特的生理和心理特点决定了幼儿园集体教学在选择教育内容、教学方法等方面都与中小学的"上课"有着很大的差异。因此，在对幼儿园集体教学评价的过程中，一定要依据综合性、趣味性、活动性的教学特点，来评价教学活动的成效、师幼的行为及教学对幼儿发展的意义。在我国的幼儿园课程中，学科（领域）课程和综合（主题）课程都是常见的课程类型，二者更多采用集体教学的活动形式来完成，只不过教学活动的设计和实施各有其特点，因此，评价也不尽相同。

（一）幼儿园学科（领域）课程的评价

幼儿园学科（领域）课程就是将幼儿园课程分为若干学科（领域），以学科或领域为单位组织和实施教育的课程。无论是哪个学科（领域）的教学活动，其流程都是一样的，只不过每个学科（领域）体现的核心价值不同。这里仅就学科（领域）的集体教学活动流程来了解如何进行评价。

1. 教学活动目标的评价

教学活动目标对整个教学活动过程具有导向作用。《纲要》中指出："教育活动目标要以《幼儿园工作规程》和本《纲要》所提出的各领域目标为指导，结合本班幼儿的发展水平、经验和需要来确定（前面第二单元第二课已对课程目标进行了宏观的解析）。"因此，我们在评价一个学科（领域）的集体教学活动目标时主要包括：

（1）教学目标全面（包括情感态度、知识经验、能力目标）、具体、明确，符合《指南》、《纲要》、教材要求和幼儿实际情况。

（2）重点、难点把握准确、处理得当，所教知识准确。

（3）教学目标达成意识强，目标能贯穿到教学各个环节。

（4）目标有激励性，有一定的挑战性，能够引导幼儿主动学习。

（5）体现年龄特点和领域的核心价值。

【案例 4－13】中班健康活动"爬爬乐"

活动目标：

（1）探索不同姿势的爬行动作，尝试通过不同的障碍物。（知识目标）

（2）在游戏中增强四肢的力量，提高动作的协调性和平衡能力。（能力目标）

（3）尝试克服困难，体验爬行的乐趣。（情感目标）

《指南》中对中班动作发展爬的部分是这样描述的："能以匍匐、膝盖悬空等多种方式钻爬"。案例 4－13 是中班健康领域的一个教育活动，活动的目标涵盖了情感、知识、能力的三维目标。教师在小班开展简单爬行的基础上制定目标 1，引导幼儿探索用不同的爬行方式通过各种障碍物，进而完成目标2，教学目标达成意识非常强，贯穿活动始终。且各种障碍物的设置由易到难，极易引发幼儿主动探索的精神；该活动趣味性、游戏性强，符合中班幼儿的年龄特点，很好地体现了健康领域的核心价值。

2. 教学准备的评价

教学准备主要包括对教学内容的选择、活动材料的准备和对幼儿知识经验的了解。主要可以考察以下几个方面：

（1）教材是否符合幼儿生活经验水平、认知规律及心理特点。
（2）教材内容是否关注儿童的生活，是否是幼儿感兴趣和需要的。
（3）教学准备是否关注幼儿的已有经验，并注重为本次活动做相应的经验准备。
（4）活动材料准备是否注重多样性、层次性、操作性。
（5）教师对教材的处理是否准确，包括能否对教材进行合理的调整充实，做到难易适中，能重新组织、科学创造性地使用教材。

3. 教学过程的评价

教学目标能不能实现要看教师对教学过程的设计和运作。教学活动设计的流程科学合理是实现集体教学有效性的核心与关键。不同的教学流程会产生不同的教学效果。教学过程的评价主要注意考察：

（1）教学思路和环节、步骤是否清晰合理，层层递进。
（2）教学环节设计是否由易到难，有层次性和挑战性。
（3）教学环节时间分配和衔接是否恰当。
（4）教学过程是否体现幼儿的主体地位和教师的引导作用。
（5）教师能否根据教学情况和突发事件及时调整教学结构，关注活动生成。

【案例4-14】 中班健康活动"钻洞洞"

活动目标：
（1）喜欢并愿意参加游戏，体验游戏带来的快乐。
（2）探索用身体摆出各种洞，建构幼儿的空间知觉。
（3）尝试与同伴共同用身体搭出各种洞，在游戏中有初步解决问题的能力和合作意识。

活动过程：

1. 设计报纸能钻过的洞

教师设计大、小洞，幼儿想办法将一张报纸投入洞中。幼儿分为两组，一组设计不同的洞，一组幼儿将报纸投入洞中。

2. 设计小朋友能钻过的洞

请小朋友设计伙伴可以钻过的洞，并分别请幼儿钻洞。

3. 设计老师能钻过的洞

请小朋友设计老师可以钻过的洞，引发幼儿共同合作。

4. 大家一起钻精彩的洞

活动点评：

此活动分为四个环节：设计报纸能钻过的洞—设计小朋友能钻过的洞—设计教师能钻过的洞—大家一起钻精彩的洞。活动设计层次清晰，环节安排合理，各个环节的衔接、过渡非常自然，由浅入深，由易到难，层层递进，一步步增加难度，挑战幼儿的经验和创造性思维。

在活动开始环节，教师通过设置疑问和障碍，以"谁能设计一个让报纸钻过的洞?"为开端，既有一定的难度又符合幼儿喜欢尝试、挑战的心理，瞬间激发起幼儿极大的参与兴趣。然后，在解决重点、难点环节，教师把活动的主体地位留给幼儿，自己则以一个支持者、合作者、引导者的身份参与活动，通过简洁、有效的提问引导者幼儿积极造洞，例如："能造一个小朋友钻过的洞吗?""谁能造一个老师钻过的洞呢?"幼儿造好洞后，教师又能积极支持、回应幼儿，例如："我喜欢这个连环洞""我要挑战你的洞"，不断激发幼儿去想象、去创造。在教师的引导和鼓励下，幼儿不断解决问题，合作搭出各种教师能钻过的洞，顺利地解决了教学难点。最后，教师通过"大家一起钻精彩的洞"，为幼儿提供了一个相互展示、学习的机会，达到巩固、应用的目的。整个活动展示了一个教师支持、引导下的幼儿自主学习的全过程。幼儿在轻松愉快的氛围中始终保持着高涨的学习兴趣，顺利地完成了教学目标。

案例4-14中的教学活动教师设计合理，整个教学过程充分体现了当代幼教的教学理念。

4. 教学方法的评价

教学方法是教师和幼儿为了实现共同的教学目标，完成共同的教学任务，在教学过程中运用的方式与手段的总称。它不但包括教师的教学活动方式，还包括幼儿在教师指导下"学"的方式，是"教"与"学"方法的统一。在集体教学中教学方法的准确运用会起到事半功倍的效果。教学方法的评价可以注重以下三点：

(1) 教学方法是否量体裁衣，具有适宜性和灵活性。
(2) 教师是否采取多样化的教学方法，具有创新性和艺术性。
(3) 教师是否采用合适的方法指导学法。

5. 教学基本功的评价

教学基本功是教师上好课的一个重要条件。教师的基本功取决于其专业素养，即幼儿教师的专业知识、专业能力和所应具备的通识性知识水平。具体体现在以下几方面：

(1) 教师的普通话是否标准，语气是否抑扬顿挫，语速是否快慢适中。
(2) 教师的教态是否自然、亲切，富有感染力。
(3) 教师的语言是否表达清楚、生动形象；教师是否和蔼可亲，善于与幼儿沟通，富有启发性。
(4) 教师的专业素养和专业技能如何。
(5) 教师驾驭课堂及应变能力如何，是否能灵活应变、机智处理。
(6) 教具制作、演示操作如何，先进的教学媒体手段运用得是否恰当、高效、规范。

【案例4-15】

美国著名幼教专家丽莲·凯兹在《与幼儿教师对话——迈向专业成长之路》一书中举了这样一例：

户外自由活动时，中班幼儿宝宝跑到老师面前告状："小莉霸着三轮车骑了好久，不让我骑。"

面对这一突发的生活事件，专业水平高的教师首先的反应是："我能利用这个机会让幼儿学习什么?"而专业水平低的教师的反应则是："发生了什么事情?"并只想尽快地结束纠纷了事。

在具体的做法上，专业水平高的教师可以迅速地甚至像是直觉反应似地做出判断，利用这个机会帮助幼儿学习交往技能与知识（如轮流、协调、遵守基本的规则、克服挫折感、社会认知、学习解决冲突等）、语言技巧（用清晰有效的语句表达自己的需求，用明确的词语、对话技巧来表达自己的需求）、情感与品质（如同情心、乐于助人、尝试的勇气、公平意识等）等。比如，教师利用这一情景发展宝宝的社会认知，培养其在交往中的"协调"技能，鼓励宝宝想一想小莉对什么事情感兴趣，然后教宝宝去跟小莉说："如果你让我骑三轮车，那么，你要荡秋千时，我就帮你推。"给宝宝示范了如何用口头方式与别人协调的技巧。再如，当宝宝向小莉表达了换骑三轮车的愿望失败后，为了帮助双方幼儿学习公平的观念，知道人人都要遵守规则，教师可以对小莉说："小莉，现在该轮到宝宝了！"但同时告诉小莉："你去玩别的，如果有困难，我也会帮你的。"这样做既让小莉停止了骑三轮车，又不会让她感到老师偏袒宝宝，而是让她意识到，只要遵守规则，老师对谁都是一样的。

而专业水平低的教师往往采取转移宝宝的注意力（"你看那边的东西多好玩，咱们上那边去，不骑三轮车了"）或大声呵止的方法，或将三轮车锁起来，谁都不准骑，快速平息纠纷了事，而不考虑如何帮助幼儿从冲突中学习。

从案例4-15中不难看出，争骑三轮车这样常见的、不起眼的生活琐事，既可能成为幼儿获得多方面学习与发展的机会，也可能成为一场无意义的日常纠纷，这关键取决于教师的专业水平，取决于和幼儿互动的成人。可以说，教师专业水平的高低与一日生活教育价值发挥的大小是成正比的。

(二) 幼儿园综合（主题）课程的评价

综合（主题）活动由多个子活动内容组成，涵盖多个领域的教育内容。从主题的角度进行评价主要注意以下几个方面：

1. 主题的选择与开发

"主题"是主题活动的核心，是进行教育活动的主线。好的主题都来源于幼儿的生活。主题可以是教师预设的，也可以是由幼儿自发生成的，但无论哪种方式产生的主题，在评价时都要关注以下问题：

(1) 主题的选择是否从幼儿、课程和现有的材料出发。
(2) 所选主题是否是幼儿喜欢的，是否符合幼儿的需要，是否来源于幼儿生活。
(3) 所选的主题是否蕴含教育价值，是否有助于达成教育目标。
(4) 所选的主题可行性如何，是否容易转化成让幼儿直接参与的活动。
(5) 所选主题与其他单元之间关系如何，是否有衔接。

【案例4-16】

"环保小卫士"和"不乱扔瓜皮纸屑"这两个主题虽然都可以让幼儿了解一些保护环境的方法，都是为了让孩子萌发保护环境的意识，但"不乱扔瓜皮纸屑"只是在一个限定的范围内开展活动，不如"环保小卫士"容易扩展。在"环保小卫士"主题下，可以介绍目前地球资源的不断减少，带幼儿参观环保主题的展览会，邀请环保专家来园介绍环境保护的方法等。

从案例4-16可以看出，很明显，前一主题比后一主题涵盖的内容更广，蕴含的教育价值更多，更有助于达成教育目标。

2. 主题目标的制定

主题教育活动的目标是对主题教育活动所要实现的最终目的的预期，即期望幼儿获得哪些方面的发展。它是一个纵横交错的目标体系，既要涵盖健康、语言、科学、社会、艺术五个领域的学习与发展目标，又要包括认知目标、情感与态度和技能与方法目标等。只有经过全面的思考与整合的设计，才能科学、合理、有效地指导主题教育活动的开展。

【案例4-17】对主题活动"秋"的目标确定的分析

目标的制定与实施在幼儿园每个活动中都非常重要，它是活动中的精髓，也是主线。在本学期开展的我园园本艺术主题活动"生活取向的艺术主题活动的实施与研究"——"秋"中，教师根据小、中、大孩子的不同年龄特点、发展特点，在主题实施前对主题目标进行了初步的定位，现做一个梳理，如表1、表2、表3所示。

表1 小班艺术主题：秋之叶

年龄班	主题名称		主题目标
小班	秋之叶	主题背景	秋天是一个美丽的季节，树叶就是秋天的精灵。它用多彩的颜色告诉人们季节的变换，用灵动的舞蹈展示着秋天别样的美丽。摇曳飘落、多姿多彩的树叶就是一方天地、一个世界。我们同幼儿一起进入秋天，走入叶子的世界，去探索，去发现，去思考，去想象，去表现
		艺术价值	①幼儿在叶子的小世界里，感受到了秋天的美，感知着秋叶装点出的美好生活。 ②激发起热爱自然和热爱生活的情感。 ③更主动地关注生活、发现生活中的美，并且用多种途径表达着自己的感受和体验
		发展目标	①在观察、交流中，发现秋天树叶的特点，关注生活中树叶的变化。 ②发现树叶颜色、形状、大小的不同，了解树叶的多种多样。 ③感受树叶的美，愿意收藏树叶、装点生活。 ④初步做到在音乐、故事欣赏中用简单的动作和语言表达对秋天的感受，萌生热爱大自然的情感

表2 中班艺术主题：秋之彩

年龄班	主题名称		主题目标
中班	秋之彩	主题背景	秋季，一个色彩斑斓的季节，各色树叶随风飞舞，叙述着秋的精彩；五颜六色、千姿百态的菊花争相开放，演绎着秋的斑斓；甜甜的瓜果身着五彩盛装，展现着秋的收获。大自然的美景装扮着人们的生活，使我们的生活更富色彩、更加精彩
		艺术价值	①秋季是一个色彩极其丰富的季节，孩子们能够在寻找色彩、感知色彩、运用色彩的环境中，感受色彩的装点作用。 ②秋天又是一个充满动感的季节，飘落的树叶随风舞动；干枯的树叶沙沙作响，激发起了孩子们浓厚的表演欲望，在模仿与想象中，感受着动作表现的美与快乐
		发展目标	①能仔细地观察，通过比较发现事物的外部特征。 ②学习运用多种绘画工具和绘画方式，表现秋天的色彩。 ③能用较完整的语言、优美的身体动作和自然、有感情的声音表达自己的感受和理解。 ④萌发观察大自然、探索大自然，装饰、美化生活的兴趣

表3 大班艺术主题：秋之乐

年龄班	主题名称		主题目标
大班	秋之乐	主题背景	金秋十月，稻谷飘香，果实累累，到处一片丰收的景象。田野里，有金黄的稻穗，雪白的棉花，火红的高粱……果园里，有黄澄澄的桔子，红艳艳的苹果，橘黄色的柿子……大街上，到处飘散着炒栗子、烤红薯的香味，这一切深深吸引着孩子，他们循着秋的足迹，聆听秋的声音，感受秋的收获
大班	秋之乐	艺术价值	①引导幼儿感受秋天果树、稻子等丰收的美丽景象。 ②萌发对秋天丰收美、丰收乐的情感体验
		发展目标	①仔细观察果实的特点，知道哪些果实在秋天成熟，感受秋天的丰收。 ②能用动听的声音和优美的动作，如在"稻田丰收"的情景中创编割稻、捆稻、运稻的动作，表达对秋天美的体验。 ③尝试创编故事，乐意用语言、夸张的形象和鲜艳的色彩绘画方式表现秋天丰收的景象

案例4-17展示了主题活动在目标的安排上根据小、中、大不同年龄阶段孩子的特点进行了不同的重点划分。小班从秋天树叶的色彩变化这个最直观的景象入手。中班延续小班的树叶的色彩，将其扩展为花朵等其他一些能代表秋天的美，如：五颜六色、千姿百态的菊花，身着五彩盛装、甜甜的瓜果，使幼儿了解到大自然的美景装扮着人们的生活，使我们的生活更富色彩、更加精彩。大班更为深入，从秋收乐这个"乐"字出发，引导幼儿萌发对秋天丰收美、丰收乐的情感体验。

三个年龄段的目标在横向上都针对了孩子的年龄特点。但是，在纵向的延续性上，大班似乎有些脱节。大班一开始的活动能从中班的树叶或者花朵的色彩着手，引导幼儿观察秋天的树叶的美和一个"变化"的过程，比较符合大班孩子的兴趣点。但在秋收的前提下这个"乐"字如何体现却值得思考。我觉得可以带孩子们观赏果园、采摘果子、做一些橘子灯和南瓜灯等，这样更生活化，和主题的初衷也更切合。

3. 主题环境的创设

《纲要》提出：环境是一种重要的教育资源，它有利于引发、支持幼儿的游戏和各种探索活动。它不再是一种背景、一种支持，而是一种活的课程。特别是主题环境中主题墙的创设，它不仅记录幼儿的学习过程，而且伴随幼儿的兴趣、探索内容不断发展，呈现一个动态变化的过程，和学科（领域）课程有质的区别。因此，我们在评价主题活动时需要关注主题环境。如：

（1）主题环境的创设是否体现出幼儿与环境的互动性，幼儿与主题墙能否产生对话。
（2）主题环境的创设是否体现以幼儿为本，是否发挥幼儿的参与性和主体性。
（3）主题墙与活动区空间布局是否合理、有适用性，作品呈现方式是否多样。
（4）主题环境材料是否丰富、渗透环保理念，色彩运用是否美观、协调。
（5）主题墙的创设是否蕴含教育价值，有利于幼儿获得与主题相关的知识、扩展视野，是否能体现师幼间的互动。
（6）主题环境的创设是否能引起家长的关注、体现家园共育的价值。

【案例 4-18】让墙面带给孩子另一个世界

"墙面已经不再只是环境,还为幼儿提供更多的学习机会——"

在主题活动进行的过程中,墙面的环境就像"骨架"一样把主题活动中的一系列活动呈现出来,使墙饰与幼儿产生互动。如:在创设"挂彩灯"的主题墙时,教师引导幼儿选用不同的材料制作"彩灯"。兴致高涨时,有的幼儿已不满足于老师所提供的报纸、皱纹纸等简单材料,而是别出心裁地选取了区域里的方便面盒、雪碧瓶、各种包装纸等对灯笼进行装饰,做完后还自得其乐地提着这些可爱又别致的灯笼玩起了游戏。此时,教师因势利导,鼓励小朋友自己继续动手动脑,回家和爸爸妈妈一起制作各种漂亮的灯笼。过了两天,教室里的灯笼更加琳琅满目、五彩缤纷,更加漂亮!当小朋友们看到自己动手参与布置的教室时,都兴奋地欢呼雀跃。

案例 4-18 体现主题环境给课程的一种支持。由于这一环境由幼儿自己建造,因此更容易引发幼儿与环境的互动。幼儿通过自己去做、去想、去获取信息和材料,真正成为环境的主人。

4. 主题活动的组织与实施

主题活动提倡幼儿通过自己与周围的自然、社会、人的相互作用,通过观察、操作、实验、探索、调查等方式,在自主学习、自由发现、自由表达中获得多种知识,积累有意义的经验。教师应依据主题教育活动的特点来组织与实施主题活动。评价时应关注以下几个方面:

(1) 主题活动是否关注幼儿学习与发展的整体性。

(2) 主题活动的实施过程中"预设"与"生成"是否能有机结合、相互渗透。

(3) 主题活动的实施过程中教师是否以幼儿为主体,是否是活动的支持者、合作者、引导者。

(4) 主题活动的实施过程中教师是否尊重幼儿的个体差异,教学设计是否体现层次性、针对性。

(5) 教师是否对主题活动内容有机"整合",而不是简单地"综合"。

(6) 教师是否开发家长、社区资源,共同推进主题活动的深入。

【案例 4-19】幼儿园大班主题活动"纸的妙用"

有一次,在区角"超市购物区",小明不小心撕破了阳阳一张壹佰元的纸币,两人争吵起来。顿时,小朋友们纷纷挤了过来,并议论纷纷,"这张壹佰元是纸做的哦!""纸也可以做钱呀?""太好了,我也回家做很多很多的钱,可以买好多玩具!"……孩子们对撕破的纸币产生了浓厚的兴趣,有的孩子甚至到别的区角去找和纸一样材料的东西,表现出对纸的强烈好奇心。我对他们说:"你们想知道纸是怎么变成钱的吗?"于是,一个关于"纸"的探索型主题活动就在小朋友的疑惑中产生了。

评析:纸是生活中最常见的物品,我们的生活离不开纸,幼儿的一日生活更不能缺少纸。教师及时发现幼儿的兴趣点,并分析主题的教育价值,适时开展此活动,符合幼儿的需要。

一、纸的由来

主题确立以后,幼儿开始了关于纸的探索活动。由于此次活动是幼儿自主发起的,因此,幼儿的兴趣高,表现得也很积极。首先,幼儿在教室中自主找纸做的图片或物品。幼儿收集到各种各样的纸后问出了一连串的问题:"这些漂亮的纸到底是怎么来的呀?""怎样做成的?"……这时,明明站起来说:"我在听爸爸讲《十万个为什么?》的时候听到纸好像是一个人发明的,这个人叫蔡伦。"亮亮说:"对,对,我妈妈也对我说了,纸是我们中国人发明的。"小红说:"老师,以前的纸和现在的纸一样吗?"我说:"那纸到底是不是古人蔡伦造出来的呢?是怎么造的呢?还有,现在我们用到的彩色纸又是怎么来的呢?今天回家后,我请小朋友和爸爸、妈妈一起,上网查资料或到图书馆找资料。我们一起寻找答案。"

评析:《纲要》中指出"选择与幼儿认知特点相适应的生活基本物品,通过比较、分析物品的演变,感受科学技术的不断发展"。此时,如果教师马上给幼儿答案,幼儿便失去了一次探索的机会,所以,教师抓住培养学习品质的良好契机,先让幼儿去发现问题,养成自己去找答案的习惯。

第二天早上,孩子们带着自己发现的关于纸的秘密和同伴愉快地交流。有的家长从网上下载了蔡伦的图片和以前在树皮上写的字、龟壳上写的字,还有以前纸的制作过程图。就在这时,我请孩子们观看VCD光盘《造纸的过程》,小朋友带着疑惑的心听得十分认真!同时,我问:"你长大了想干什么?想不想和蔡伦一样发明更多对大家有益的东西呀?"大家议论纷纷,各抒己见。

评析:在这次活动中,教师和幼儿一起学习、认识了蔡伦,了解了纸是我国四大发明之一,了解了没有纸人们是怎样记录的以及以前纸的制作过程,共同学习了造纸的过程,体验现代科技给我们生活带来的便利。幼儿从中不但自己学习了解决问题的方法,而且萌发了对周围事物的兴趣,养成了善于观察的好习惯。

二、纸的种类

接着,小朋友对纸的种类产生了兴趣,我继续发动幼儿和家长一起,通过多种渠道收集各种各样的纸,并了解它们的名称及用途。第二天,小朋友们从家里带来了各式各样的纸。我请小朋友们各自介绍自己带来的纸。亮亮带来了照片,他说:"爸爸说,这相纸也是纸的一种。"吴瑞博带来了各式各样的糖纸,有的还会发光,漂亮极了。兰兰带来了告示贴,她说:"妈妈说,这叫告示贴,她上班记账时把它贴在本子的外面,这样看得清楚。"亮亮还带来了复写纸,他说:"妈妈说,垫上这种纸写字,能一次写出很多张来,可省力了!"许礼带来了牛皮纸,她说:"这种纸可结实了!"孩子们带来了他们平时不常见的纸,这些纸扩充了他们的知识面,我又把平时工作中常用的电光纸、皱纹纸、吹塑纸、卡纸、瓦楞纸、蜡光纸、海绵纸等介绍给了他们。

评析:通过此次活动,幼儿在收集纸、相互介绍纸的同时,积累了关于纸的感性认识,丰富了知识经验,也为他们继续探索做好了铺垫。幼儿能充分利用家长资源,共同推进主题的开展。随着幼儿对纸的深入认识和了解,他们对纸产生了更浓厚的兴趣,关于纸的话题、问题不断在他们中间涌现。

三、探索纸的属性(了解纸易碎、易折、易糅、易湿等特点)

1. 幼儿自由玩纸,集中讨论

孩子们知道了纸的种类之后,我给他们提供了各式各样的纸,让他们去摸一摸、看一看、动一动,探索可以用这些纸做什么呢,有什么发现。大家在操作和讨论中发现,纸可以折飞机、折轮船;薄的纸有易撕碎、易折这两个特性,厚的纸不容易折,并且要用很大的力气才能撕碎。但是,对于纸遇到水和火以后会变成什么样,孩子们的答案不统一。为了让孩子们了解更多有关纸的特性,我让孩子们自己去尝试并获得知识。

2. 了解纸易吸水的特点,并了解一些防水的纸制品

于是,大家带着各种疑惑,分成两组开始实验。我准备了各种各样的纸(白纸、卡纸、

报纸、宣纸、卫生纸、彩色广告纸等），让孩子们进行折船的游戏，并请孩子们到水池里玩轮船比赛。各组成员选择好了纸张，纷纷开始了新的探索任务。过了一会儿，小朋友们用各种材料的纸制作出了一只只小船，纷纷在水池里玩了起来。亮亮刚把小船放入水中，就大声叫了起来："老师，纸（纸币）船遇到水就湿了！没法用了！好像有点烂了！拿不起来了！"明明说："我的纸（报纸）会吸水，有点变黑了！"我问："那么，纸船遇到水会怎样呢？（会烂，会吸水）那怎么样才能使纸不会湿呢？"小朋友们很快就想到了各种办法，他们在纸船外面粘上了透明胶带，还涂上了厚厚的一层蜡笔色来防水。

评析：幼儿通过这个纸船比赛活动，亲身体验了哪些纸会吸水、哪些纸不容易吸水。任何科学活动，只要幼儿感兴趣、愿意去做，能让幼儿真正去体验，去探索，就是成功的科学活动。也许最终幼儿没有探索成功，但是至少他们去尝试了，学会了如何去探索，如何去用更好的办法来解决问题，这才是科学活动的最终目标——萌发幼儿的科学意识，培养幼儿的良好探究能力。

四、纸的用途（寻找生活中的纸制品，并请家长配合，利用纸制品执行任务，制作一幅作品）

随着活动的推进，我结合"三八"妇女节开展了"我和妈妈共同制作"的活动，要求孩子们利用纸来完成制作活动。第二天，教室里热闹极了，孩子们各自带来与爸爸、妈妈一起制作的作品，有的孩子用一次性可口可乐纸杯制作了一条"飞龙"；有的孩子用旧报纸制作了一件时尚的"衣服"；有的孩子用牙膏壳制作了形象的家具（沙发、桌子、椅子、电视机等）；有的孩子用旧挂历纸制作了一幅幅美丽的壁画和相框；还有的孩子用各式各样、长短不一的环保笔（报纸做的）制作了一幅万里长城呢！

评析：幼儿对纸的认识更加深入了，此时让幼儿了解纸的特性和二次利用以及要爱惜纸张和书本，与家长共同创造新的作品，这对于幼儿来说又是一个新的探索主题。

小朋友们探索纸的活动还在进行中，我们将从另一个角度去开展"纸与环保"的主题活动。

案例4-19为我们展示了主题活动"纸的妙用"的活动进程。在整个过程中，我们能看到教师始终关注孩子的兴趣点，让孩子进行各种探索活动，将预设与生成很好地结合，并充分开发家长资源，使家园形成合力，循序渐进地推进主题活动的开展。

四、幼儿园游戏活动的评价

游戏活动是幼儿园课程实施的重要途径。由于划分角度不同，因此幼儿游戏的种类很多。例如，皮亚杰根据儿童认知发展阶段把游戏分为练习性游戏、象征性游戏和有规则游戏；美国心理学家帕藤（Parten）按照儿童社会性发展把游戏分为六种，即无所用心的行为、旁观者行为、单独一人的游戏、平行的游戏、联合的游戏和合作的游戏。在目前我国强调游戏化教学的背景下，游戏可以分为无规则游戏（即真游戏）和规则游戏（即教学游戏）。规则游戏已融入集中的教学中，下面只对无规则游戏进行评价。

幼儿园游戏活动的评价主要包括幼儿园游戏环境创设的评价、游戏活动中幼儿游戏水平与表现的评价及游戏中教师组织和指导能力的评价。

（一）幼儿园游戏环境创设的评价

对幼儿园游戏环境创设的评价，评价的是幼儿园的外部，即幼儿园为幼儿游戏所提供的条件总和。它包括幼儿园游戏的物质环境和幼儿园游戏的精神环境。幼儿园游戏的物质环境是指"幼儿园各种人工或非人工的游戏空间、场地、游戏材料、游戏时间等"。幼儿园游戏的精神环境是指"幼儿游戏中的人际交往和心理氛围,包括教师与幼儿之间的师幼关系、幼儿与幼儿之间的同伴关系以及宽松、自由、平等、和谐的游戏氛围等"。

1. 幼儿园户外游戏场地的评价

(1) 户外游戏场地的面积是否达到有关的规定和要求。(见我国《托儿所、幼儿园建设设计规范》)

(2) 户外游戏场地是否安全适用、尽量保持自然特性。

(3) 户外游戏场地结构安排是否合理,是否按不同性质的游戏活动划分区域。

(4) 户外游戏场地活动器械是否具有多功能组合性、安全性。

为便于评价者的操作,表4-2列出了幼儿园户外游戏场地的评价内容、指标与方法,谨以此表提供参考:

表4-2 幼儿园户外游戏场地评价表

评价项目	评价标准	评价方法	得分
场地面积	①无游戏场地。 ②未达标,尚无有效变通措施。 ③未达标,但已采取变通措施。 ④达标。	对照国家相关规定实地检测	0 1 2 3
场地质量	①全部为水泥地或其他不合格地面。 ②沙土、土地占60%以上,其他为水泥地。 ③沙土、土地,并且有草坪。	实地观察、测量	0 1 2
设备器械	①无或数量极少,不能满足游戏活动需要。 ②数量适宜,质量一般。 ③数量达标,并且器械具有多功能和经济实用的特点。	实地观察	0 1 2
结构安排	①有不同区域的划分。 ②各区域安排合理。 ③能满足幼儿的不同需要。	实地观察	1 1 1
安全性	①地面上无危险物。 ②器械安装牢固。 ③设备功能完善。 ④设备适合幼儿身体和运动特点。	实地观察、检查	1 1 1 1
其他	①有绿化带。 ②绿化带安排合理。 ③有防雨棚或其他防雨设备。	实地观察	1 1 1

说明:前三项只能选一个分值,后三项可多项选择分值。最高得分为18分。

2. 幼儿园室内游戏区设置和空间结构的评价

(1) 室内游戏区的面积是否有利于幼儿游戏的开展。

(2) 设置的游戏区域数量是否符合班级实际,且游戏区域活动内容是否具有多样性。

(3) 游戏区空间布局是否合理,开放式和区隔式是否相互融合且动静分开。

（4）各游戏区域分隔物高度是否适宜，便于幼儿游戏。

3. 幼儿游戏材料的评价

游戏材料是幼儿进行游戏活动的物质基础，幼儿通过与游戏材料的相互作用获得身心的发展，适宜的、符合幼儿年龄特点的游戏材料能激发幼儿的兴趣并维持游戏的开展。教师为幼儿游戏所提供的材料是否合理，可以从以下几个方面来评价：

（1）游戏材料的数量是否充分。
（2）游戏材料是否符合幼儿的经验水平。
（3）游戏材料是否具有可操作性和安全性。
（4）游戏材料是否具有多功能性和可变的特点。
（5）游戏材料是否体现经济实用和地方特色。

【案例4-20】幼儿园区域游戏"管子总动员"

游戏缘起

教师发现多名幼儿对管子产生了浓厚的兴趣，于是和幼儿一起收集了一批粗细不同的管子放在建构区。孩子们一会儿用管子当传话筒，一会儿用管子当望远镜，一会儿又用细管子玩起了"高尔夫"……不亦乐乎。于是，教师思考以下问题：如果多提供一些管子，孩子们会怎么玩？他们已有哪些经验？将管子与哪些材料组合起来能玩出更多的花样？……基于此，教师决定以管子为主体材料，提供长管子、短管子、粗管子、细管子、双通管等，同时基于对幼儿已有经验及发展需求的初步判断，提供小球、小汽车玩具、木板、彩色水瓶等多种辅助材料。

游戏第一阶段

投放长短不一的管子后，孩子们很快选择自己喜欢的材料忙开了：浩浩在多根短粗的管子上面放上一块木板搭成车子，在反复移动"车子"的过程中探索管子的滚动特性。宁宁和楠楠一起用管子、木板和彩色水瓶玩起了"保龄球"的游戏。远远、赛赛等几位幼儿对管子通透、可以传输物体等特性产生了浓厚的兴趣：远远不断尝试着往管子里投球、灌水等，还利用双通管让长长的管子转弯了。每当发现球或者水从管子一端进入，从另一端出来时，孩子们都会欢呼雀跃。当球进入管子时，赛赛马上趴在地上，试图看清球在管子里的情况，嘴里还不时地说着："里面黑乎乎的，小皮球是在坐滑梯吗？"远远回应道："看不清楚啊，小皮球好像是在玩过山车吧！"一旁的牛牛则说："过山车的轨道复杂多了，四通八达的，像立交桥一样。这几根管子才不能做过山车呢！"说完也把头探到管子的另一端，想对管子里面探个究竟。

通过多次游戏，孩子们从最初的随意摆弄管子，到渐渐熟悉管子的特性，并根据其特性产生了一些探索行为。教师从中发现了问题：由于管子两头通透、中间封闭，孩子们不能观察到管子内部的物体滚动时的变化，因而他们感到遗憾；由于管子只能在两头转接，基本以"延长"和"转弯"的方式进行搭建，难以实现孩子们所说的类似"过山车"等复杂物体的建构，因而限制了孩子们的游戏内容和创造行为。怎样进一步支持孩子们的游戏呢？教师试图对材料进行调整与加工，游戏很快进入了第二阶段。

游戏第二阶段

根据第一阶段的游戏观察，基于幼儿的游戏需求，教师和幼儿一起对一部分管子进行了截面、镂空等处理，以便幼儿能够观察到管子内部物体活动的情况。这些经过加工的管子被孩子们称为"怪管子"。另外，教师还根据幼儿的需要增加了水量不同、大小不同的彩色水瓶。

孩子们很快就喜欢上了"怪管子"，开始进行各种组合搭建，做出了诸如水渠、高架桥、隧道之类的建构作品，并试图用各种材质的球在管子渠道里进行比赛，看谁的球滚得快。经过截面处理的管子能让幼儿清晰地看到管子内部的情景，这大大地提高了孩子们的游戏热情，他们一遍又一遍地尝试，乐此不疲。但遗憾的是，由于管子比较硬，在管子中穿越的物体不能任意转弯，常常需要幼儿用手去拨动，因而让幼儿略显失望。

游戏第三阶段

教师根据对幼儿现有经验的分析和未来游戏需求的判断，决定添加软管子。

在发现新材料后，幼儿非常兴奋，三三两两地开始摆弄粗细不同的软管子。很快，幼儿发现了软管子"软、易弯"等特性。教师对幼儿说："你们前天的水渠不是不能转弯吗？看看这根管子能不能帮你们的忙。""对啊，我们再来造个水渠，让水流到很远的地方去吧！"游戏进行了二十多分钟后，孩子们在转弯处接上了软管子，"水渠"能转弯了，水真的流到了很远的地方。多多激动地叫道："我家的自来水就是这样流过来的吧！"

通过几个阶段的游戏，幼儿的游戏经验和水平不断得到提升，他们开始产生持续而深入的游戏主题和游戏行为，逐步进入真正自主的游戏过程。

"管子总动员"游戏仍在进行着，孩子们不断地玩出新花样，而教师的思考、调整也从未停止……

从案例4-20中可以看出：游戏材料不仅能丰富幼儿游戏的内容和形式，还能有效激发幼儿的游戏动机和游戏构思，引起幼儿的游戏联想和游戏行为。在该游戏过程中，教师通过添加、组合、加工、保存等多种调整策略，优化游戏材料。而每一次调整，都是以对幼儿前期游戏经验的判断与把握为基础。添加、调整材料引发幼儿新的探索活动，使游戏出现新的转机。幼儿在与价值隐藏、功能多元的材料的互动中生发出多种探索行为，玩出快乐，玩出智慧。

4. 游戏时间安排的评价

有研究显示，从儿童开始他们的游戏，进展到更加复杂的游戏阶段，这一过程需要至少30分钟。完全参与到游戏中则需要45分钟到1小时。充足的时间是幼儿愉快、顺利地进行游戏的保证。因此，在幼儿园的一日生活中，教师对幼儿游戏时间的安排是否充分合理，我们在评价时可以关注以下几点：

（1）教师每天安排幼儿进行游戏活动的时间总和是否达到要求。
（2）每次游戏活动的时间是否适当。
（3）室内游戏和户外游戏活动时间的分配是否合理。
（4）游戏时间的利用是否充分。

【案例4-21】我园融合式区域活动的探究（节选）

外显性融合的研究——时间安排的机动性。

我园以往上午9：00—10：00是两节集体教学时间，形式的呆板导致了幼儿集体活动的程式化。为改变这种状况，我们调整了作息时间，在9：00—11：00之间，教师可依据活动的需要、孩子的兴趣，灵活安排集体或区域活动时间。现在我园上午的时间段，集体教学与区域活动出现了三种组合方式：

①先集体活动后区域活动。这是一种传统的活动方式，孩子们在集体活动中获得的经验

会自然地运用、迁移、拓展到区域活动当中。

②先区域活动后集体活动。与以往从上而下的集体活动不同，在区域活动中发生的共性问题成为后续集体活动中研讨的问题。孩子们解决问题的需求在这里得到充分满足。

③区域活动、集体活动合二为一。教师在集体活动时提出问题，让幼儿尝试在区域活动中解决，如解决不了又可以拿到集体活动中讨论。集体活动与区域活动的时间长度由教师根据需要灵活地调整……

在案例4-21中，教师尝试在时间上将传统的集体教学与区域游戏活动很好地融合，符合以游戏为基本活动的要求，并灵活地保证了游戏时间，减少不必要的过渡环节，将游戏时间还给孩子。

5. 游戏精神（心理）环境的评价

（1）师幼关系和教师对幼儿的态度：是尊重平等还是居高临下；是耐心还是急躁；是欣赏、接纳还是否定、排斥；是启发诱导还是过于干涉。

（2）幼儿与同伴的关系：是开放还是封闭；是愉快还是不愉快；是分享合作还是自私、冲突；是相互关心还是彼此冷漠。

（3）游戏活动中的心理氛围：是宽松、自由还是过于紧张、约束；是和谐融洽还是充满冲突。

通过以上对幼儿园游戏环境的总体评价，可以让幼儿园和幼儿教师更清楚地认识其优势和不足，为更好地利用和改善各类游戏环境提供依据。

（二）游戏中幼儿水平与表现的评价

幼儿是游戏的主人。在不同游戏活动中，幼儿的表现和水平是有差异的。下面我们以幼儿园最常见的两种游戏活动（即角色游戏和结构游戏）为例，来评价游戏中幼儿的水平与表现。

1. 角色游戏中幼儿游戏水平与表现的评价

角色游戏是幼儿通过扮演角色，运用模仿和想象，创造性地反映现实生活的一种游戏，如娃娃家、商店、理发店、邮局等体现社会性发展的游戏。根据角色游戏的特点和幼儿的认知与技能水平，可以从以下方面进行评价。（见表4-3）

表4-3 角色游戏中幼儿水平与表现评价表

评价项目	评价标准	评价方法	备注说明
游戏主题的选定	①教师指定或听从教师建议。 ②模仿别人。 ③独立或与同伴商定	观察幼儿游戏	记录幼儿表现，并进行描述
情节内容的反映与发展	①反映的情节内容简单、零星、片断化。 ②情节内容基本能反映生活现象。 ③内容丰富，能较广泛地反映社会生活现象，并能使情节不断发展与延伸	观察幼儿游戏	记录幼儿表现，并进行描述
材料的运用	①运用实物或模拟玩具游戏。 ②运用代替物游戏。 ③运用材料组合或自制代替物	观察幼儿游戏	记录幼儿表现，并进行描述

续表

评价项目	评价标准	评价方法	备注说明
角色意识	①无角色意识,只能重复角色的个别动作和语言。 ②有角色意识,会模仿,但不稳定。 ③角色意识稳定,行为、态度、语言符合角色要求	观察幼儿游戏	记录幼儿表现,并进行描述
社会性水平	①独自游戏。 ②平等游戏。 ③联合游戏。 ④合作游戏	观察幼儿游戏	记录幼儿表现,并进行描述
兴趣与参与程度	①缺乏兴趣,游戏呈间断性,经常脱离主题或情境。 ②兴趣一般,游戏呈分节型(有时离开,但每次持续时间较长)。 ③兴趣浓厚,游戏呈连续性	观察幼儿游戏	记录幼儿表现,并进行描述
常规	①不能遵守规则,行为无序或有破坏性行为。 ②有时能遵守规则,在教师提醒下收拾整理。 ③认真遵守游戏规则,爱护玩具并能按类收拾整理	观察幼儿游戏	记录幼儿表现,并进行描述

【案例4-22】主题探究"蔬果乐园"下的角色游戏"水果商店"

游戏实录:幼儿最喜欢角色游戏,他们在环境创设的时候就提到要在班级里开设一家水果商店。班级环境创设刚一完成,孩子们就生成了主题探究活动内容:蔬果乐园。叶书宏、王伊洋问老师:"黄老师,我们可不可以把果园里的水果摘去卖?"老师马上就同意了。他们高兴极了,很快就把班级里布置的各种水果采摘完毕;他们还找出了各种仿真水果,就这样水果商店开张了。

第一次游戏时,叶书宏提出要标上价格,小朋友一看就知道一个水果多少钱了。于是老师就帮助幼儿把讨论的价格写好放在百宝箱里,让他们在第二次游戏时使用。在游戏过程中,除了水果商店,医院、娃娃家、面包店等也都相继开张了。

全班的孩子都投入游戏的情境中,教师在观察中发现:宋林苍、王伊洋、陈扬琪开了一家水果店,他们还自己到果园里去采摘水果来卖,买的人很多,一会儿就卖完了;罗雅琪、龙宇翔开了一家仿真水果店,可惜,没有人来买;叶正妍、吴宇凡的面包店也是门庭若市,非常热闹……游戏结束时,大家依依不舍,叶书宏、吴若涵都说:"老师,明天我们还玩好不好?"

案例4-22中,游戏的主题由幼儿生成,游戏情节丰富并不断发展,全体幼儿积极参与材料收集,和同伴共同制作游戏材料,以物代物。整个游戏过程中,知道自己在娃娃家、医院、商店等情境中的角色行为,每个孩子都能胜任自己所扮演的角色,可以说,幼儿的游戏达到了创造性水平。

2. 结构游戏中幼儿游戏水平与表现的评价

结构游戏是幼儿通过操作各种结构材料来构造物体的一种游戏活动。结构游戏能丰富幼儿的主观体验、发展幼儿的动手能力和建构技能,更重要的是能使幼儿在协商、谦让、交换的游戏氛围中,学会分享与合作,尝试开拓与创新。在评价时可关注以下方面。(见表4-4)

表4-4 结构游戏中幼儿水平与表现评价表

评价项目	评价标准	评价方法	备注说明
游戏主题的目的性	①无目的、无主题。 ②目的、主题不明确,模仿或易受他人影响。 ③能根据目标确定主题,但过程中会出现变化。 ④目的、主题明确,坚持并能深入发掘	观察幼儿游戏	可通过文字记录幼儿的行为表现
结构材料的运用	①对各类材料的性质、质地、特点没有什么意识。 ②对材料的形状、颜色有选择,但意识不强。 ③能有意识地选择各类材料并反复尝试建构。 ④能综合运用各类材料建构物件,选定速度快,运用有特色	观察幼儿游戏;分析作品	可通过文字记录幼儿的行为表现
建构的技能	①会简单排列、插接、堆高、铺平。 ②能运用结构材料建出简单的造型,基本掌握相关技能(如架空、围合、分隔等)。 ③能根据材料的特点建构物体且造型较复杂,技能较熟练。 ④建构技能熟练,速度快,建构物体对称、平衡、协调,并能装饰	观察幼儿游戏;分析作品	可通过文字记录幼儿的行为表现
兴趣与神情专注力	①缺乏兴趣,情绪呆滞,东张西望。 ②情绪一般,注意力易分散。 ③情绪状态较好,注意力较集中,能坚持一定时间,但遇到困难会放弃。 ④情绪积极,神情专注,克服困难,坚持到底	观察幼儿游戏	可通过文字记录幼儿的行为表现
社会性水平	①独自搭建。 ②平等搭建。 ③联合搭建。 ④合作搭建	观察幼儿游戏	可通过文字记录幼儿的行为表现
创造表现	①只会模仿单个物体。 ②能独立建构简单物体。 ③能独立或合作建构较复杂的物体,主题较有个性。 ④建构的主题新颖,造型方式富有创造性	观察幼儿游戏;分析作品	可通过文字记录幼儿的行为表现
常规	①不能遵守规则,有破坏性行为。 ②基本能遵守规则,但需要教师提醒,收拾玩具不主动。 ③熟悉并遵守规则,收拾整理玩具。 ④认真遵守游戏规则,爱护玩具,能主动收拾、按类整理	观察幼儿游戏	可通过文字记录幼儿的行为表现

【案例4-23】开展中班建构游戏点滴尝试——以建构主题"我的幼儿园"为例

结构游戏的材料是幼儿进行结构游戏的物质基础。在投放材料时,除考虑种类多样、新颖,数量充足外,更重要的是要考虑提供的材料是否适合本次活动的建构。同时还要为幼儿准备各种类型的辅助材料,如:卷纸筒、橡皮泥、易拉罐、吸管等辅助材料以及周围可以利用的其他材料,当作替代品。

在第一次搭建"我的幼儿园"时,结构区的小龙选择了易拉罐和软体积木搭建幼儿园的楼房。由于易拉罐不易衔接、垒高,因此孩子每次用的易拉罐达到五六个时,罐子就倒了。孩子连续尝试了几次，都没有成功，最后孩子放弃了搭建，将易拉罐摆成一排当打击乐器使用，在那一边哼着小调，一边用长形积木敲打乐器。在此次建构中，提供的材料不适合导致孩子放弃了进行游戏创造。孩子转移了注意力，根据材料去想象和创造其他玩法，偏离了本次建构主题。

在第二次建构尝试中，我在结构区投放了以乐高材料为主的建构材料。乐高易于衔接、垒高、拼搭，于是孩子们通过自己的自主探索搭建了园厅、大门、沙池、玩具等。在整个搭建过程中没有孩子放弃游戏，大家都在围绕主题全神贯注地搭建。

在第三次活动中，灵儿搭建好升旗台后，发现没有旗杆，于是找来吸管当旗杆，并把科学区的旗子绑在旗杆上，做好后不停地在那欣赏鼓掌。孩子们还使用辅助材料制作了路灯、幼儿园的小树等。通过孩子们一次次的创建，"我的幼儿园"活动内容一次比一次丰富。

案例4-23中，教师通过对投放材料的反思和调整，使幼儿一次比一次体验到更多的搭建游戏的快乐。从幼儿确立主题、选择材料、寻找替代品的过程中可以看到他们自主游戏、想象创造的能力，更可以看到他们依靠自己解决问题的能力。同时也可以看到教师在游戏中的指导作用。教师通过恰当的材料引发幼儿的游戏活动，使幼儿获得经验的提升。

(三) 游戏中教师组织和指导能力的评价

教师是指导游戏的主人。在幼儿游戏过程中教师要发挥"双主体"作用，在适宜的情景和时间给予必要的指导。下面，我们还是以角色游戏和结构游戏为例，一起来看如何评价教师在游戏中组织指导的水平。

1. 角色游戏中教师组织和指导水平的评价

角色游戏中幼儿具有高度的自主性，教师对游戏的组织与指导要以尊重幼儿的意愿为前提。我们可以从几个方面来评价教师组织的指导角色游戏的水平。（见表4-5）

表4-5 角色游戏中教师组织和指导水平评价表

评价项目	评价标准	评价方法	备注说明
组织游戏的目的、计划	①没有计划，指导目的不明确。 ②有计划但不详细，指导重点不突出。 ③游戏计划详细完整，目的明确，有指导重点	查看班级游戏计划	
游戏材料的准备	①材料准备不足，不符合幼儿兴趣及经验水平。 ②材料准备充分，但有些与幼儿的经验和发展水平不相符。 ③材料准备充分，有适合不同主题的各类材料，且符合本班幼儿实际	观察班级幼儿游戏的主题和材料	可举例描述
游戏时间的安排	①游戏时间安排不合理。（每天的次数太少或时间太短） ②游戏时间安排充裕，但利用率不高。 ③能科学合理安排时间，每次游戏活动时间长短适宜	查看一日活动时间的安排；观察游戏	
指导方式	①直接参与和指导。 ②基本尊重幼儿游戏的意愿，能进行一般性指导，但针对性不强，指导方式不适当。 ③尊重幼儿游戏的意愿，能根据游戏不同主题和幼儿游戏的水平采取不同的指导方式	认真观察游戏；教师的自我反思	有重点地进行观察记录

续表

评价项目	评价标准	评价方法	备注说明
指导方法	①方法单一，变化少。 ②能运用指导方法，但指导或干预时机不适当。 ③能综合运用多样化的方法，正确把握指导时机	观察游戏中教师的指导行为；教师的自我反思	多样化方法，如及时提供材料、建议提问、行为示范等
指导效果	①指导后游戏没有变化，或虽有变化但没有向有利于幼儿发展的方向改变，效果差。 ②幼儿游戏经验有一定的扩展，但效果不明显。 ③体现幼儿游戏的自主性，指导后效果显著，幼儿游戏水平提高	观察游戏中教师指导后的变化情况；教师自我反思	可举例描述

【案例4-24】幼儿教师教育随笔"小游戏大学问"

今天，恰逢园里向家长开放半日活动，在观察孩子游戏的过程中，我总有一种隔靴搔痒的感觉，所以我决定充当游戏者深入孩子的游戏。我来到了大班的游戏区"医院"，看到"医生"正在帮一个"病人"包扎头部，于是我也想体验一下病人的感觉。

我：医生，我要挂号。

幼儿：你看什么科？

我：我要看牙齿，挂什么科呢？

幼儿：你先去拿钱。

我：到哪里拿钱？

幼儿：在外面，你拿一块钱。

按"医生"的吩咐，我到"自动取款机"处取了一块"钱"，又来到挂号处。

我：医生，给你钱。

幼儿：好的，你挂内科（挂号牌只有内科和外科）吧。

我拿着挂号牌去看病，只看到一个"内科医生"，我告诉她我牙疼。

幼儿：你每天刷不刷牙？

我：早上刷，晚上不刷。

幼儿：那你早上、晚上都要刷牙。

我：可我现在牙疼得厉害啊，怎么办？帮我处理一下吧。

幼儿：那你疼得这么厉害，中午也要刷牙。

我：只刷牙就行了吗？我的牙都蛀了，现在帮我处理一下吧。

孩子一脸茫然，不知如何处理。

我：是不是要拔牙啊？

旁边挂号的"医生"：好的，拔掉吧，拔了还可以长的。

我：不行啊，我都这么大年纪了，拔了长不了了。

旁边一个孩子：没关系，那就装一个假牙吧。

我：医生，现在我的牙这么疼，给我打一针吧，行不？

幼儿：好的，你去打针吧。

我：你得开个处方。
幼儿：什么处方啊？
我：医生看病要开处方的，如病人要吃什么药、打什么针。
"医生"点点头。于是，我找到另一个"医生"。
我：医生，我要打针。
幼儿：打什么针啊？
我：我牙疼。
幼儿：我们这里没有治牙疼的针，你看牙齿到别的医院去吧。
我：你还是帮我打一针吧，就打手臂吧。
幼儿：好吧。
这时带班老师通知收玩具了。
幼儿：我下班了。
我：不行啊，我的针还没打呢，你怎么可以下班呢？
"医生"没办法，拿着针筒直接在我手臂上戳。
我：你也不消毒啊？
"医生"连忙找来棉签帮我消毒，帮我打了针。
……

充当了一回游戏者，我了解了孩子们的游戏状态，也设想了如何进一步支持孩子的游戏，比如，增加医生开处方的环节，调整医院的科室，丰富孩子们的相关经验，等等。我认为这样的介入是有效的，接下来的园本教研却让我开始重新思考。教研活动的主要议题是：教师是否充当游戏的参与者。讨论中大家基本倾向于不介入孩子的游戏，认为只要细细观察就能发现孩子需要什么，有时孩子也会告诉教师自己需要什么，教师要做的就是旁观、等待、及时回应，根据孩子的需要提供材料，不可"自作多情"。

听了教师们的讨论，我也联想到自己以游戏者的身份加入孩子的游戏时总是以成人的标准去衡量孩子。比如，我看到"医院"只设有内科、外科，却故意说牙疼，还要求医生给我开处方、为我打针，这些都是我以成人的视角来要求孩子做的事。其实在孩子的经验中，世界并没这么复杂。比如，即使"医院"没有设牙科，也照样可以给病人看牙。因此，我们要做的不是介入游戏，随意要求孩子增加这个增加那个，在不经意间主导孩子的游戏，而是要不断丰富孩子的生活经验，让游戏成为孩子自己的游戏而非成人的游戏。

案例4-24中的无规则游戏是幼儿自主、自愿的活动，也就是我们说的真游戏。活动过程中，幼儿根据自己的需要和兴趣，自由选择材料、玩伴和玩法，教师不可以用自己的思想和玩法驾驭和捆绑幼儿的思想和玩法，否则将阻碍幼儿的发展。游戏中教师的任务是观察不同幼儿在某些方面的发展程度和需要，关注幼儿是否有破坏性的行为，以此作为教师的经验和后续工作方向的依据。

2. 结构游戏中教师组织和指导水平的评价

结构游戏的特点决定了如果教师不了解材料的操作，就不能指导结构游戏。教师本身对结构材料的了解和认识程度、对结构技能的掌握都会影响教师对结构游戏的指导水平。因此，教师要真正理解游戏及结构游戏的特殊性，只有真正把游戏当作幼儿自己的活动，才能对结构游戏进行有效的指导。结构游戏中教师组织和指导水平的评价见表4-6。

表 4-6 结构游戏中教师组织和指导水平评价表

评价项目	评价标准	评价方法	备注说明
对结构材料的了解	①不大了解班级结构材料的特点和拥有数量。 ②基本了解班级各结构材料的特点和拥有数量。 ③熟悉各种结构材料的性质、特点，认识正确，熟悉班级材料状况	调查；教师自测	
对结构技能的掌握	①不了解各结构材料的操作方式，操作不熟。 ②了解各种结构材料的操作方式，操作技能不熟练。 ③掌握各种结构材料的操作方式和特点，操作熟练并有创造性	观察教师操作	
对结构游戏阶段的把握	①不清楚幼儿结构游戏发展阶段。 ②知道幼儿结构游戏发展阶段，但对阶段特征了解不够。 ③熟悉幼儿结构游戏发展阶段，并了解各阶段具体特征	调查；教师自测	
指导方式或方法	①不指导或指导方式不适当。 ②指导方式或方法比较适当，但针对性不够。 ③能针对不同幼儿的水平和不同材料的特点，采取不同的指导方式，指导方法灵活多样	观察游戏中教师的指导行为；教师自我反思	指导方法：行为示范、建议提问、鼓励启发等
对幼儿结构游戏水平的了解	①只了解少数幼儿的结构游戏水平。 ②了解多数幼儿的结构游戏水平。 ③了解每个幼儿的结构游戏水平	调查；教师自测	
指导效果	①指导后幼儿游戏没有变化。 ②指导后幼儿游戏有一定的变化，但效果不明显，未达到预期目标。 ③指导后效果显著，幼儿游戏水平提高，达到或超过预期的目标	观察游戏中教师指导后的变化情况	可举例描述

【案例 4-25】幼儿自主性结构游戏中的教师介入

观察记录 1：中班游戏"兵工厂"

幼儿 A："老师，我的枪不牢固。"

教师："少个把手啊。"

幼儿 A 马上找来了可以用来制作把手的材料。

幼儿 B："老师，我总是被小 C 的枪打中，我的冲锋枪怎么也打不中他。"

教师："那你看看你的枪是不是需要一个瞄准镜呢。"

幼儿 B 马上开始制作起了瞄准镜。

观察记录 2：小班游戏"拼装家具"

幼儿 A 正在尝试拼装一个长方形橱柜，拼装中遇到了困难，拆开、重装了很多次。教师发现后开始介入："你看，应该这样，把上面的先装好！"教师边说边将幼儿手中的半成品拼装好了。

观察记录 3：小班游戏"城堡装饰"

城堡主体已经搭建好，幼儿 A 负责为城堡搭建围墙，但他被楼梯搭建吸引，忘记了自己的任务。教师："你看，城堡没有围墙，敌人很容易就攻进来了。"教师拿起一种新的材料对幼儿 A 说："我看围墙用这种材料搭建会非常稳固，你看怎么样？"幼儿 A 看到新的材料，又继续进行围墙的搭建工作了。

案例 4-25 中，教师在介入幼儿自主性结构游戏时多以控制者的身份存在，这说明教师对幼儿的观察理解不够，存在介入时机把握不当、介入过度、介入效果不佳等问题，从而影响幼儿在建构过程中创造力的发挥，更显现了教师指导能力的欠缺。

> **相关链接**

某幼儿园班级幼儿一日活动质量评价表（生活活动部分环节）

活动环节		评价内容与项目	评价效果		
			好	较好	一般
生活活动 20 分	进餐与喝水 5分	营造安静愉快的进餐环境；根据年龄创造幼儿自主用餐的机会与条件			
		正确使用餐具，不挑食；文明就餐（饭菜搭配吃，细嚼慢咽）			
		饭后主动擦嘴漱口、整理进餐的场所，保持桌面和衣服的整洁			
		保证幼儿喝水的质量与条件；养成主动喝水的习惯并喝够量			
	睡眠 4分	睡眠环境舒适安静，有窗帘、床铺（或一人一褥一被一枕、不拥挤）			
		以科学方法引导幼儿尽快入睡和养成正确的睡姿			
		培养幼儿有序整理自己床铺（被褥）、独立穿脱衣裤鞋袜等自理能力			
	盥洗 3分	提供良好的盥洗条件；养成饭前便后和手脏时正确、主动洗手的习惯			
		能节约用水并保持地面清洁			
	如厕 3分	创设蹲便和男女分厕（或遮挡）的文明如厕环境			
		养成自理大小便、女孩用纸和便后主动冲厕、洗手的习惯			
	观察与劳动 5分	利用一切机会（散步、自由活动等）对不同季节的气候、动植物、人们的活动等进行观察，培养幼儿探究的欲望和观察的兴趣			
		师幼协商种植园地（自然角）种植并引导幼儿每周亲自管理（渐到自主管理），给每个幼儿提供随时观察发现、表征记录和尝试劳动的机会			
		每周有固定集体劳动内容（扫地、洗手绢等）；给幼儿提供每周做值日生的机会，随年龄增长值日任务明确、自主管理程度高			

幼儿园活动区教育活动整体状况评价表

单位			时间			
评价项目		评价内容	评价等级			记录
			好3分	中2分	差1分	
区域的设置	目标的全面性	能体现各方面包括健康、科学、语言、艺术、社会等教育目标，活动内容全面、均衡				
		适合幼儿的年龄特点				
	设置的合理性	区域设置符合各区域自身的特点，固定与不固定相结合				
		区域的设置有利于幼儿的参与，方便幼儿活动				
	设置的趣味性	区域设置具有幼儿特点，有趣味性				

续表

单位		时间			
评价项目	评价内容	评价等级			记录
		好3分	中2分	差1分	
材料提供	材料的丰富性	材料数量适宜，足够幼儿操作使用，并能吸引幼儿				
		有自制的玩教具及操作材料				
		能利用自然生活中的材料供幼儿活动				
	材料的操作性	材料富于变化，适合于幼儿动手动脑				
		材料有游戏性，有探究的空间				
	材料的教育性	材料与教育活动内容密切相关				
		材料既能满足全体，又能照顾到个别				
		材料有利于引发、支持幼儿游戏				
	材料的安全性	材料无毒无害，无安全隐患				
		材料卫生整洁				
幼儿的活动状况	幼儿的参与性	材料的提供有幼儿的参与				
		区域内有幼儿的作品				
	活动的积极性	幼儿对活动区感兴趣，愿意参与				
		幼儿的活动有深度，幼儿能投入地探究				
	活动的选择性	幼儿有选择区域的自由				
		在一日中幼儿有自由选择区域活动的时间和机会				
	情绪体验	在活动中体验到快乐、成功与自信				
区域活动的计划	计划的科学性	有区域活动的计划（在周、日计划中体现）				
		计划设计得科学、合理（集中活动、零散活动相结合）				
	计划实施的条件	一日活动中，区域活动的时间有保证（每天1～2小时）				
		活动空间充足，区域活动有保证				
区域活动的指导	指导的适时性	能根据孩子的需要去指导				
	指导的适度性	提出的问题具有开放性，不包办代替				
		能正确引导幼儿的探究活动				
	教师的角色	教师能充当观察记录者、参与者、合作者、支持者、指导者等角色				

续表

单位		时间			
评价项目	评价内容	评价等级			记录
		好3分	中2分	差1分	
区域活动评价	教师对区域活动有反思、自评				
	有观察记录及问题解决策略				
	能对自己组织的区域活动进行正确评价（包括分享、讨论、商议等）				
综合评价					

（使用说明：本评价标准的等级分为好（80分以上）、中（60~79分）、差（59分以下）三级，评价者在评价的相应位置上画"√"即可）

议一议

请你评价一下这两个生活活动案例存在哪些问题。

【案例4-26】

12点老师准时组织幼儿上床休息，"小朋友们午安！""老师午安！"看着孩子们睡下，老师便开始忙着准备下一周的教案。有的孩子一躺下就进入梦乡，有的孩子翻来覆去睡不着，有的孩子玩被角，有的孩子坐起来看看别的小朋友然后再躺下，有的孩子在自言自语……2点起床的时候，有的孩子才刚刚睡着，而有的孩子早早醒来，在等待着起床。

【案例4-27】

11点半开始吃午餐。小朋友们穿好罩衣排队等候领餐，领完餐的小朋友在餐桌上等待。等全部小朋友都领到午餐时，老师说："今天的午餐是金银米饭、木耳紫菜汤、宫保鸡丁。小朋友们请吃。"孩子们回答："谢谢老师。"11:40左右，吃得快的小朋友已经吃完了，他们只能等待没有吃完的小朋友吃完饭然后再一起去餐后散步。

练一练

（1）幼儿园生活活动都包括哪些环节？从中选择一个环节，阐述在评价此环节时应关注哪些方面。

（2）幼儿园学科（领域）课程评价可以从哪些方面来完成？请你重点举例阐述其中一个。

（3）幼儿园主题（综合）活动课程在选择与开发主题方面应从哪些方面来评价？

（4）举例说明对幼儿游戏活动材料的评价应注意哪些方面？

（5）在幼儿园角色游戏和结构游戏中，幼儿的游戏水平都表现在哪些方面？

（6）在幼儿园角色游戏和结构游戏中，评价教师的指导方式、方法时应关注哪些方面？

做一做

对某幼儿园课程实施中的一个环节进行观察，并尝试利用所学的相关知识进行评价，提交一份评估报告。

第三课　幼儿园课程实施效果的评价

> **情境案例**
>
> 　　过去，一听到领导要来看课、评价，心里就紧张得不得了。那个时候，对教师的评价往往是上级说什么就是什么。评判的标准基本上是课堂效果、孩子学到哪些本领，最后结论是这个老师能力不强，不是孩子不好，而是教师教得不好。
> 　　点评：这是一位教师真实的感受。在传统的评价中，针对性差、科学性低的评价使教师出现严重的"评课倦怠症"，致使一线教师在理论与实践层面上产生很大的困惑，严重抑制教师专业发展的可持续性。那么，到底应该怎样对幼儿园课程实施效果进行评价呢？

　　幼儿园课程实施是一个过程。在这个过程结束后，我们通常会关注这个过程的效果，即对课程实施效果进行评价。幼儿园课程实施的主要参与者是幼儿和教师，因此，对幼儿园课程实施效果的评价，应重点考察这两个参与主体的发展情况。

一、幼儿发展评价

（一）课程实施与幼儿发展评价

　　促进幼儿发展是学前教育的根本目的，也是幼儿园课程实施的根本目的。在传统评价中，我们更多地关注儿童的智力开发和测评，其评价内容大多局限于认知方面，评价内容与课程内容往往不一致。随着对幼儿教育评价的深入研究，我国的幼儿发展评价逐渐由以结果为导向的评价向强调幼儿发展评价的服务功能转变。通过评价幼儿在活动过程中的参与程度、兴趣、态度、学习方式、学习能力和参考信息，帮助教师判断当前的课程内容和教学是否能够满足幼儿普遍的发展需求和个性化需要，从而对课程和教学进行科学有效的改进，最终更好地促进幼儿的发展。

　　《指南》从健康、语言、社会、科学、艺术五个领域描述幼儿的学习与发展，每个领域按照幼儿学习与发展最基本、最重要的内容划分为若干方面。《指南》中提出的幼儿学习与发展目标，一方面为课程内容的设置指明了方向，另一方面也为评价提供了依据。

（二）幼儿发展评价的方法

　　《纲要》中指出："评价应自然地伴随整个教育过程进行。综合采用观察、谈话、作品分析等多种方法。"在幼儿发展评价中，观察成为评价幼儿发展最重要的信息来源，教师通过情境性的观察，在幼儿的一日生活中准确地记录幼儿的发展变化和进步，真实地了解幼儿的发展水平和需要。因此，幼儿教师应学会观察与记录幼儿的具体行为表现，并根据不同评价目的的需要，借助其他一些辅助方法和手段，如测试、问卷等，综合考察各类信息，做出幼儿发展的评价判断。

1. 观察法

　　观察法是一种重要的质化评价方法，也是目前幼儿园中进行课程评价的主要手段。观察法有助于教师在真实情景中记录、有系统地收集儿童能做什么和如何做的资料，清楚了解每一位儿童的需求、能力和兴趣。因此，观察法是教师每天都要使用的方法，并主要在日常活动与教育教学过程中进行。教师一般采用的观察法有两种：

第一种是行为检核，即"将要观察的项目和行为预先列成表格，然后检查行为是否出现，或行为表现的等级如何，并在所选择的项目上做出标记"。

第二种是事件详录，即借助录音、摄像、照相等方式，对幼儿自然表露的行为或某一特定事件的过程进行原始、真实的记录，并对记录结果进行分析评价。教师用记叙性和描述性语言观察记录幼儿的动作、语言和活动过程，从而获得对幼儿个体或群体的认识。主要有日记描述法、轶事记录法、实况详录法等。如，日记描述法是对观察对象进行长期的跟踪观察，以日记形式记录观察对象行为表现的方法。使用这种方法时，可以采用综合日记，即记录儿童身心发展各方面具有重要意义的行为现象；也可采用主题日记，即主要跟踪记录儿童某一方面的新进展，如语言、认知、情绪等。

【案例4-28】幼儿园区域活动中儿童行为的观察与评价

教师想了解宇宇的角色游戏发展水平，对宇宇进行了如下的观察：

观察对象：宇宇，女，4岁半

当教师宣布小朋友们可以去选择自己想玩的游戏后，她快速地跑到娃娃家，伸手从台上抱起了一个娃娃，并拿了一个小纸片放在娃娃的嘴旁边，这时我问她："放在娃娃嘴边的是什么东西呢？"她很得意地说："吸管。我喂娃娃吃药，她嗓子发炎了，我是医生。"回答完我的问题后，她就开始在活动室里走来走去，接着走到一个拼插的玩具柜边，用几个塑料条搭成了一条腰带的形状，束在自己的腰间。过了一会，她走到"肯德基"的柜台前，没有说一句话，自己动手拿起了汉堡包，张开嘴假装吃了一下，又放了回去。接着又拿了另外一个汉堡包，做了同样的动作，这样的动作她重复了5次，然后离开，在活动室里走来走去，直到游戏结束。

从宇宇一系列的行为活动中可以分析出，在游戏活动前，宇宇已经具有了玩某种游戏的动机和意图，能较合理地选择与自己的游戏主题相关的游戏材料，并会主动找替代物来替代游戏中的"用品"，但在游戏中缺少与他人合作、交往的行为。

从案例4-28中可以看出，教师运用描述性语言，将观察到的幼儿游戏行为进行记录，并对幼儿游戏水平进行分析和评价。

2. 测试法

观察法一般只用于能直接被感知的现象。对于一些不易观察到的行为现象，教师可以有目的地安排某种发展情况测试，并以此做出评判。例如，要评价幼儿"形状与数概念理解能力"，教师可在幼儿小组或个别活动时，出示相关材料，有目的地对幼儿进行测试和提问，记录幼儿的反应，并做出评价。表4-7就是一种测试法。

表4-7 "形状与数概念理解能力"测试表

评价项目	测试内容	结果记录		
		能	不能	日期
按名称指出图形	圆形 正方形 三角形 长方形			

续表

评价项目	测试内容	结果记录		
		能	不能	日期
正确说出形状名称	圆形 正方形 三角形 长方形			
做出一一对应反应	2个物体 3~5个物体 6~10个物体 10个物体以上			
口头数数	从1到10 从1到20 20以上 50以上			
理解概念	大小比较 长短比较 高矮比较 宽窄比较			
……	……			

3. 问卷法

观察与测试只能获取幼儿在园的相关信息，教师要全面了解幼儿的情况，特别是幼儿生活习惯和社会性发展等方面的状况，常常需要从幼儿家长那获取有关的信息，作为评价的参考依据。

【案例4-29】综合分析各班生活活动评价表，解决存在的共性问题

小班老师在10月份对评价的30份评估手册进行梳理、统计后发现，家长们在对"孩子喜欢自己入睡吗"这一指标做选择评价时，7人选择的是"喜欢"，占总数的23.3%，23人选择的是"不喜欢"，占总数的76.7%。在分类排序中这一项作为共性问题被排在首位。针对这一问题，老师进行了分析，制定了相关对策，并借助家长开放日与家长进行了交流。老师提出的对策主要包括三个方面的内容：

一是引导家长营造氛围。我们对家长提出的建议包括：播放舒缓的音乐或优美的故事，让孩子感觉睡觉是一件美好的事情；入睡前保持幼儿情绪稳定，避免孩子进行过度兴奋的活动和处在紧张、害怕的不良情绪中；逐渐减少陪同孩子的时间，给孩子营造安全的氛围等。

二是收集资料，展示共享。收集一些关于培养入睡习惯和情绪的高招并在家长园地中展示，建议家长写表扬信及时肯定孩子喜欢独自入睡的行为。

三是老师配合开展讲故事、谈话等活动，鼓励幼儿自己入睡。

经过两个月的家园配合后，教师在12月份再次对收回的30份评估手册进行梳理、统计后发现，家长们在评价该项时，选择"喜欢"的人数增加到了19人，占到了63.3%，而且这一项在排序后排到了第 4 位，不再成为突出问题，如下表所示。

小班幼儿"入睡问题"前后对比表

时间	幼儿喜欢入睡人数	占总数比例	幼儿不喜欢入睡人数	占总数比例
10 月份	7 人	23.3%	23 人	76.7%
12 月份	19 人	63.3%	11 人	36.7%

案例 4-29 中，幼儿园教师采用问卷法了解幼儿在家能否独立入睡的情况，并采取相关策略帮助家长一起解决幼儿这一问题，取得了很好的效果。

4. 幼儿成长记录袋

利用成长记录袋进行发展评价又称为档案袋评定（Portfolio Assessment），是一种典型的质化评价方法，能真实完整地反映幼儿成长的过程。幼儿成长记录袋主要收集幼儿在各类活动过程中生成的作品，如幼儿的绘画、手工制作、活动照片、表演录像、创作的儿歌、故事等。当然，不是幼儿所有的作品都要装进去，而是依据成长记录的特定目的分类收集。除此之外，还应包括教师、幼儿同伴对该幼儿作品的评价，教师对该幼儿成长过程中的观察、轶事、测验等记录内容。

（1）将幼儿在幼儿园的各种活动和各领域的发展状况全面呈现，主要以照片附文字的形式，反映活动中的情境，包括一日活动中幼儿的表现。

（2）对于表现幼儿具有个性发展的内容，可以以照片、作品、视频等形式记录幼儿的精彩瞬间，并呈现出来。

（3）搜集反映幼儿某项技能获得的过程资料，记录教师的分析。

（4）根据课程实施的内容，对幼儿进行月度或学期的综合评价，对孩子某阶段的发展进行客观的分析。

二、教师发展评价

（一）课程实施与教师发展评价

教师发展评价就是在新课程的理念下，把课程实施的过程变成教师发展的过程，改变过去评价教师的观念与方法，使评价成为教师发展的动力。《专业标准》从宏观上对教师的专业理念与师德、专业知识、专业能力提出了要求，较为全面系统地规定了教师专业化所必备的各项参数。这对我国幼儿教师走向职业化有重要的意义。因此，教师发展必然成为课程实施效果评价的重要组成部分。

（二）教师发展评价的方法

1. 自我反思

自我反思既是一种教师发展评价的方法，也是教师日常工作的组成部分。它不仅有利于教师对工作及时进行自我监督，同时也促进了教师自身的不断发展和自我超越。组织教师进行自我反思的方式主要有两种：一是教师个人的自我反思；二是集体研讨式的自我反思。幼儿教师在平时的工作中，具体有以下几种进行自我反思的方式：

（1）教学活动后记。

教师在组织的一项活动结束之后，有针对性地对活动的设计和过程实施进行回顾和总结，将活动中的经验或教训记录在活动方案之后。它是教师平时工作中进行自我反思的一种较简便的方式，一般记录活动的成功或失败之处并分析其原因。

【案例 4-30】

有位教师在让小班幼儿按颜色进行分类的活动中，提供了红、蓝、绿三种颜色的雪花片作为学具，但幼儿在操作时，要么不能分辨蓝、绿色，要么就是玩起了游戏，没有达到教师预期的效果。在活动后记中这位教师进行了自我反思，写道：

在今天的分类活动中，幼儿操作失败的主要原因有二：

第一，学具选择不当，分散了幼儿的注意力。拿平时幼儿进行结构游戏时的雪花片当学具，孩子们自然玩起插花片的游戏。

第二，对本班幼儿的发展水平了解不够。小班上学期大多数幼儿还不能分辨近似色，因此，蓝色与绿色不能同时投放。

（2）反思日记。

教师在一天或一段时间的工作结束后，对自己的教育教学工作有些心得体会，可以通过日记的方式记录下来，并阐述自己的认识和思考。反思日记通常是用随笔的形式，书写格式比较随意。可以是对自己的工作中事件的记录与思考，也可以是对别人工作事件的记录及自己的看法。一般适用于教师个人的自我反思。

【案例 4-31】 幼儿教师工作反思日记

第一次用棉签画小草时，总有孩子下不了手。"老师，我不会画。"李涵在一边轻声地说。看到老师还没过来，他又讲了一遍。我来到他身边："试一试吧。""我不会。"李涵依然没有动手，两眼盯着老师看。"我们一起来画。"李涵听了我的话，拿起棉签看着我。我蹲下来，抓住他的手放在画纸上，一边和他一起画，一边说："就这样，从下往上，一棵小草，换个地方，从下往上，两棵小草，再换个地方。"我和他一起画了两笔，再换个地方后，松开手，李涵迟疑了一下，画了第三笔。然后看了看我停了下来。"真好，你自己画了一棵小草，很好看，就这样再画吧！"李涵看看画纸，看到我还在身边，继续画了起来。一笔，两笔……他画得很慢，线条有点歪。我轻轻走开了，李涵没有再叫老师，一个人画好了小草。

细细分析，"只帮两笔"体现的是一种教育理念，既体现教师对孩子的关注和理解，在适当的时候给予孩子适当的支持，又给予孩子一定的空间，鼓励孩子大胆地活动。其实孩子的"不会画"里面包含着许多原因，有的是不想画，有的是不敢画，有的是确实不会画。教师要了解问题背后的具体原因，依据孩子的特点提供适宜的支持。在活动中，我在和他一起绘画的同时，用行动和语言相结合的方法讲述绘画小草的要领，这既符合小班孩子的思维特点，又给孩子的学习提供了支架。同时，我在帮了两笔后松手陪他画了一会，让他感受到我对他的关注和信任，使他获得了心理支持。教师的循循善诱让孩子感受到被尊重、被理解，呵护了孩子的自尊，让孩子拥有了独立作画的勇气。

从案例 4-30 和案例 4-31 教师的活动后记和工作反思日记中可以发现，教师对自己工作的及时记录和反思，有助于教师以记促思，以思促进教师的专业成长与发展。

（3）案例研究。

案例是教师教育教学中真实、典型的事件，它含有具体的问题和丰富的信息，为教师的反思提供了真实的素材。案例的来源可以是教师自己的教育事件,也可以是其他教师的典型事件。根据案例所提供的信息,教师可以从教育理念、教学策略、教学方法等多角度进行分析,从而促进教师反思教育观念、改善教育方法。

【案例 4-32】小班案例分析与反思"鞋子也有小耳朵"

案例描述:

每天中午午睡以后,有好多孩子把鞋子穿反了。小班幼儿的思维还处于形象思维阶段,左右这样的方位词对他们来说太抽象,他们还不能理解和分辨,我经常琢磨,该如何解决这个问题呢?

案件分析:

这天,我忽然发现几乎每个孩子的鞋子都有搭袢,翘着的搭袢看上去还真像两个小耳朵,我灵机一动说:"请小朋友们摸摸自己的小耳朵,它们在身子的中间还是两边?""两边。""你们的鞋子也有小耳朵,不信摸摸看。翘起的搭袢就是它的耳朵,小耳朵如果长到鞋子中间就说明你把鞋子穿反了。"嘿……这一招真灵!许多孩子马上就能判断自己有没有把鞋子穿反,自此以后,我班的孩子很少有穿反鞋子的了。

案件反思:

对于低年龄的孩子来说,枯燥的技能训练或一味地灌输知识并不能解决问题,而一个简单又形象的比喻也许就能轻松地解决问题。

2. 专项测查

教师的教育观念和情感态度伴随着整个课程实施的过程,而观念与态度是存在于教师内部的东西,仅仅通过观察其外部行为来进行判断是不够的,需要通过专门的测查才能了解到。

(1)论文体测验。

论文体测验是根据要测查的内容,给出一个或几个题目,让评价对象作自由表述,从而考察其持有的观念与态度。这种测验类似于命题写作,但测验的重点是评价者关心的主题,因此,可以要求评价对象做更加集中的表达。例如,要考察被评价教师对"课程"概念的认识及对课程改革的态度,可以出这样的题目:"课程改革进行到现在,你对'课程'的理解有什么变化?"

(2)专题访谈。

评价者就自己所关心的评价内容,与教师进行专门的沟通交流,并在交流过程中,观察记录教师的各种表情反应和语言陈述,以便对他们的观念、情感、态度的性质或程度等进行判断或鉴别。

访谈的形式可以是个别访谈,也可以是团体座谈或公开讨论。一般情况下,对一所幼儿园或一个地区若干所幼儿园的教师进行发展性评价时,采用团体座谈、公开讨论的方式更加可行,而个别访谈则适用于了解教师发展的深度信息。

评价者为得到真实而丰富的信息,必须在访谈之前做好充分的准备工作。要准备大量清晰、简要的开放性问题,并尽可能把这些问题由浅入深地做适当分组、编排,以便在访谈时做灵活的选择。在访谈过程中,评价者要以恰当的方式进入谈话的场景,要保持与评价对象之间相互信任、融洽的交往关系,做到既尊重对象的权利,又开诚布公,努力学会把访谈过程变成一个自然的交流过程。

3. 作品分析

所谓作品分析，是指通过对教师在工作过程中积累的成果或作品进行分析，以评价教师课程观念与实施能力的变化发展。

（1）常规工作作品分析。

对幼儿教师来说，日常的工作作品主要包括教师的工作计划、活动方案（教案）、环境设计、教玩具的制作等。

活动方案（教案）设计是教师日常工作内容的重要组成部分，教师所设计的日常活动方案是评价教师发展的重要依据。同样的活动主题，不同老师由于观念的不同，所设计的活动方案会有很大的差异；同一教师，由于自身观念的变化，不同时期方案的设计也会发生很大的改变。

【案例4-33】

南京市实验幼儿园教师组织幼儿进行"野营活动"，以前的活动方案设计是：

①教师根据活动目标认真选择野营活动的时间和地点；

②教师根据所选地点的环境特征和条件，确定两天野营活动的内容；

③做好家长工作，教师列出幼儿参加野营活动所需物品的清单，请家长配合准备。

现在的活动方案设计是：

①在幼儿明确了野营活动的时间安排和地点后，让幼儿自己想一想，需要做哪些准备——让幼儿主动思考；

②让幼儿自己把野营活动所需的物品用图画画下来——提高绘画、表达技能，学习记录方法；

③幼儿相互交流野营活动需要带些什么——幼儿相互学习，发展口语表达和分析能力；

④确定所带物品内容，并制订计划表——调整自己原有计划，体现个人、小组、集体间的相互关系；

⑤对照所需物品计划表，自己准备相应物品——从小学会生活自理；

⑥野营活动结束后对照计划表自己整理物品——从小学会管好自己的物品。

案例4-33表明，在过去的方案设计中，幼儿野营活动所需的物品都是由教师考虑、家长配合准备的。虽然每次活动都能顺利有序地进行，但我们可以看出，在整个活动中幼儿都处于被动的地位，幼儿的主动性、积极性没有调动起来，幼儿的自主性和活动能力也未能得到充分的发挥。而现在的活动方案设计，真正把活动准备的过程变成了幼儿主动发展的过程，教师思考更多的是创造条件让幼儿走自主、创新的学习之路。比较分析教师前后设计的不同活动方案，可以看出教师教育观念的变化和组织实施能力的提高。

（2）科研成果。

近年来，很多幼儿园都开始关注教育教学研究对提高教育质量、促进教师成长的作用。一般情况下，一个善于进行科研工作的教师，往往对教育教学工作有更加深刻的理解，也往往具有较高的课程实施水平。因此，对教师在课程实施过程中的专业成长进行评价，可以通过分析他们的科研成果进行。

需要注意的是，幼儿园教师的科研成果并不一定是公开发表的作品。教师个人平时撰写并收集起来的作品、幼儿园组织汇编的教师作品、教师在各种层次的课题研究中形成的作品等，都能反映教师专业成长的轨迹。

在对教师的科研作品进行分析评价时，一方面要整理统计作品数量及发表层次；另一方面要明确，幼儿园教师进行的科研是一种实践的、行动的研究，他们研究的目的不是取得这些成果，而是改进自己的教育教学工作。因此，应该注重考察作品所反映出来的教师教育观念是不是符合课程改革的方向和要求，考察作品内容对改进教学实践的意义，坚持实践导向，防止出现单纯的理论导向。

4. 利用其他参与者的反馈信息

要全面评价一位教师在课程实施中的变化与发展，我们就要全面搜集来自课程参与者的反馈信息。其中，来自幼儿、同事、家长的反馈信息是评价教师发展的重要依据。

（1）幼儿的反馈。

幼儿对教师的感受与评价直接反映课程中的师幼关系。我们可以通过调查幼儿对教师的喜爱程度、幼儿对教师组织活动的兴趣、幼儿遇到问题或冲突时教师处理的方式等，来考察师幼关系是否良好，从而判断与评价教师在实际教育教学活动中的观念和能力。

（2）同事的反馈。

这里的同事不仅指同班的教师，还包括园长、教学管理者及其他教师，因为每位教师的日常工作都离不开同事之间的相互配合。对幼儿教师实际工作能力与效果的了解与评价，可以通过同事间的互评来进行。评价的方法可以是针对某一方面的口头访谈，还可以是比较全面的书面打分评价或等级评定。

（3）家长的反馈。

家长是幼儿园的服务对象，也是幼儿教育的合作者。来自家长的反馈信息和评价，可以从另一个侧面反映教师的教育状况，以及课程实施的效果。同时，家长的评价也为教师提供有关幼儿发展状况的信息，家园协同，真正发挥家长评价对教师发展的促进功能。

相关链接 **"学习故事"蕴藏的教育精彩**

"学习故事"是一种评价儿童的方法，也是一种研究方法，由新西兰学前教育学者卡尔提出。

目前，对广大幼儿教师来说，最艰巨的挑战是如何适当地评价个体儿童、做好观察记录，并运用评价和观察的结果来开展有效教学、构建幼儿园课程体系。我们以高校学前教育专业教师、幼儿园园长和幼儿教师为主体成立了"学习故事"研究共同体，采用协同式行动研究方法，以幼儿自主游戏活动为观察切入点，以"学习故事"为借鉴，以园本课程体系为依托，进行了历时一个学期的"学习故事"观察记录行动研究。

"学习故事"是一种叙事性的观察记录方式。一个学习故事通常由三个部分组成，包括"注意""识别"和"回应"。下面是幼儿教师所做的观察记录"图形接龙游戏"，观察对象是小（2）班的木木、昊昊、恒恒、康康（以上均为化名）。

注意：描述发生了什么

智慧屋里热闹非凡，孩子们在玩接龙游戏。恒恒用老师以前演示过的方法熟练地玩了起来。他用接龙卡片一张一张地对接，就像一条长龙。玩着玩着，他抬头看了一眼木木。木木的接龙卡片排列得像有层次的台阶。恒恒觉得木木摆的和老师演示的不一样，可又觉得木木的排列很有趣，就问他："你是不是摆错了？老师摆出来的是长长的，像火车一样。""你看我的圆形接圆形，三角形接三角形，很对呀！"木木想了想说。恒恒还是不太认同，依旧按照老师的摆法玩。谁知,坐在一旁的昊昊看了木木的佳作后,立即模仿起来。

同样在玩接龙游戏的康康在认真观察木木的佳作之后,觉得非常有趣,也想摆一个特别的图案。但他不想和木木的一样,于是想了想,摆了一个大大的问号。

这时候,恒恒发现了大家的变化,转而向木木"求教",请木木教他怎么用接龙的规则摆出阶梯形。木木非常热心地和恒恒一起玩了起来。

注意部分主要描述"发生了什么",回答"是什么"的问题。即教师采用视频、照片和文字等多种形式,采集幼儿在某一时间段或事件中的行为、语言和情绪等细节表现,并据此做观察描述记录,重点关注儿童能做的、感兴趣的事情。

在本案例中的注意部分,教师用手机及时把幼儿进行接龙游戏的精彩瞬间连贯、完整地捕捉下来,并采用白描式的语言对幼儿在接龙游戏中的语言和行为表现进行描述和记录,生动呈现了幼儿游戏中发生的学习故事原貌。

识别:分析什么样的学习有可能发生

恒恒,你是一个遵守规则的孩子。你原则性强,遇到不同意见会判断和思考,不人云亦云,遇到问题或疑惑时也会主动寻求答案,当通过观察和论证确定某件事正确的时候,也愿意接受。

木木,你是个善于思考的孩子。你思维灵活性较强,能够通过事物的表象找准实质性规律,在把握核心原则的基础上敢于创新,能够紧紧抓住接龙游戏的规律并改变原有模式,创造性地摆出了阶梯接龙的图案。你还善于分享,乐于把自己的好方法教给同伴。今天的你真的很棒!

昊昊,你乐于接受新事物,模仿能力强。虽然你和木木都用了阶梯形状玩接龙游戏,但是老师发现,你们的排列顺序并不相同,你也是开动了脑筋,掌握了好方法的。

康康,你的思维独创性令老师赞赏。你在木木的启发下独立思考,完成了另一种不同的接龙游戏。你善于探索、勇于尝试,在活动中获得了成就感。

识别部分主要分析该情境中幼儿"什么样的学习有可能发生",回答"为什么"的问题,即教师对幼儿学习与发展状况进行分析、评价和反思。核心是调动自身已有实践经验以及幼儿学习与发展的相关理论,有针对性地分析幼儿在游戏中分别学习到了什么,遇到了什么困难,解决了什么问题,表现出了哪些优秀、可贵的学习品质。

在本案例中的识别部分,教师基于注意部分的深入观察,根据不同幼儿在图形接龙游戏中的个性化表现,把握幼儿的最近发展区,准确识别出幼儿认知发展过程中的同化、顺应和平衡化历程。

回应:如何支持幼儿在这方面的学习

请四位小朋友向全班幼儿分享和推广他们的经验,帮助幼儿深入理解图形接龙游戏的特征。为满足孩子们现阶段对接龙游戏的浓厚兴趣,教师在跟家长沟通后,鼓励家长和孩子在家玩各种不同形式的接龙游戏,如词语接龙、卡片接龙、动作接龙等,并在智慧屋里增加了接龙游戏的数量和种类。

在回应部分,教师计划的是"如何支持幼儿在这方面的学习",回答"怎么办"的问题,即教师提出进一步促进和拓展幼儿学习与发展的设想和方案。可以从家园合作、环境创设和课程内容等多方面提供回应的策略。

在本案例的回应部分,教师所提供的设想和方案均建立在注意、识别的基础上,基于当前幼儿的学习兴趣、能力以及学习品质，提出如何丰富游戏材料和认知经验，把这一学习经验与其他形式的学习内容联系起来，如通过家园合作来进一步促进幼儿学习与发展。

"学习故事"是为了支持幼儿进一步学习所进行的观察记录，它关注幼儿的学习过程，是幼儿园课程体系的重要组成部分。在"学习故事"研究共同体中，通过"学习故事"的观察记录行动研究，教师们在多种不同情境中尝试进行多次观察，迅速把所学教育理论迁移到自己的教育实践中，以一种更富有情境性、故事性和过程性的方式来观察、记录和评价儿童，并在此基础上为幼儿提供个性化的关注、支持与引导，不断生成和完善幼儿园课程体系。

一个"学习故事"的注意、识别和回应环环相扣，注意影响着识别与回应，识别决定着回应的方向，识别与回应共同推动幼儿的学习与发展。在"学习故事"中，幼儿的兴趣和行为是逻辑的起点，教师的识别与回应是在对幼儿学习兴趣和发展准确了解基础上的进一步支持与提升。了解"学习故事"的叙事性观察记录方式，对幼儿教师的保教工作很有帮助。让我们一起走近孩子、了解孩子、发现孩子并支持孩子的发展吧。

议一议

请你根据下面的案例，试着评价一下案例中的王老师。

【案例4-34】婷婷换牙

实录一：早晨，孩子们在爸爸、妈妈的带领下陆陆续续地来到幼儿园。活动室门口，婷婷拉着妈妈的手不愿松开，我发现了，急忙迎上去。"王老师，婷婷的牙要掉了，吃饭不太方便。"听了婷婷妈妈的话，我一边安慰婷婷，一边把她带进活动室，并把她的情况告诉了保育教师。

实录二：中午，我坐在婷婷的旁边和大家共进午餐，并提醒她用两边的牙齿咀嚼饭菜。突然，她大哭起来："王老师，我的牙掉了！"孩子们一片哗然，嘈杂声从各个角落传来，有的孩子面露恐惧，有的跑过来看热闹，这时班里的机灵鬼然然跳起来说："我的牙也掉了。快把你的牙扔到房顶上，这样新牙才会长出来。"面对孩子们的不同反应，我一边安抚婷婷不要怕，一边对小朋友说："为什么婷婷的牙齿会掉呢？是不是每个小朋友的牙齿都要掉呢？大家刚才说的对不对呢？我们先吃饭，等下午我们再来讨论这些问题。"

练一练

（1）你如何利用观察法对幼儿发展进行评价？

（2）幼儿成长记录袋应该记录哪些内容？

（3）自我反思是教师发展评价中重要的一种方法。请你谈一谈可以通过哪些方式进行自我反思，并举例说明。

做一做

请你试着对你执教的一个教学活动案例，进行教学反思并和小组的同学进行集体反思。

参 考 文 献

[1] [美] 贾珀尔·L·鲁普纳林, 詹姆斯·E·约翰逊. 学前教育课程 [M]. 黄瑾, 裴小倩, 柳倩, 等, 译. 上海: 华东师范大学出版社, 2011.
[2] 任长松. 课程的反思与重建——我们需要什么样的课程观 [M]. 北京: 北京大学出版社, 2002.
[3] 李季湄, 冯晓霞. 3~6岁儿童学习与发展指南——解读 [M]. 北京: 人民教育出版社, 2013.
[4] 王海燕. 幼儿园课程 [M]. 北京: 教育科学出版社, 2015.
[5] Edwards, 等. 儿童的一百种语文 [M]. 罗雅芬, 等, 译. 台北: 心理出版社, 1998.
[6] 高敬. 幼儿园课程 [M]. 浙江: 教育出版社, 2010.
[7] 阮素莲. 幼儿园课程概论 [M]. 北京: 高等教育出版社, 2014 (8).
[8] 陈文华. 幼儿园课程 [M]. 北京: 科学出版社, 2010.
[9] 浙江省幼儿园课程指导编写委员会. 幼儿园课程指导 [M]. 北京: 新时代出版社, 2009.
[10] 线亚威. 3~6岁儿童学习与发展指南——实践指导手册 [M]. 北京: 高等教育出版社, 2013.
[11] 朱家雄. 幼儿园课程 [M]. 上海: 华东师范大学出版社, 2011.
[12] 王春燕. 幼儿园课程概论 [M]. 北京: 高等教育出版社, 2007.
[13] 李季湄. 幼儿教育学基础 [M]. 北京: 北京师范大学出版社, 1999.
[14] 虞永平, 张辉娟, 钱雨等. 幼儿园课程评价 [M]. 南京: 江苏教育出版社, 2009.
[15] 冯晓霞. 幼儿园课程 [M]. 北京: 北京师范大学出版社, 2000.
[16] 但菲, 赵小华, 刘晓娟. 幼儿园说课、听课与评课 [M]. 北京: 北京师范大学出版社, 2012.
[17] 顾荣芳. 学前教育诊断与咨询 [M]. 大连: 辽宁师范大学出版社, 2002.
[18] 王坚红. 学前教育评论——理论·方法·实践 [M]. 北京: 人民教育出版社, 1994.
[19] 刘焱. 幼儿园游戏教学论 [M]. 北京: 中国社会出版社, 1999.
[20] 于渊莘. 主题活动和角色游戏相融合的探索与实践 [M]. 北京: 北京师范大学出版社, 2009.
[21] 丁海东. 幼儿园教师职业的专业性及其发生根基 [J]. 学前教育研究, 2015 (11).
[22] 李慧, 陈时见. 英国幼儿园的课程设置及其发展趋势 [J]. 外国教育研究, 2012 (9).
[23] 杨莉君, 康丹. 对幼儿园集体教学活动中教师提问的观察研究 [J]. 学前教育研究, 2007 (2).
[24] 王智生. 解决共性问题转变教师教育行为——以中班数学活动"5以内序数"研讨为

例［J］．早期教育（教师版），2015（12）．

[25] 张晓红．英幼儿教师专业标准之对比分析及其借鉴意义［J］．教育导刊，2015（1）．

[26] 苍翠，池晓霞．幼儿园教师课程调整现状与发展对策［J］．学前教育研究，2015（11）．

[27] 葛志芳．"互联网＋"时代的家园共育［J］．早期教育（教师版），2015（12）．

[28] 王芳．澳大利亚幼儿园"自然生成课程"管窥——以墨尔本大学学前教育系附属幼儿园为例［J］．教育教学论坛，2012（16）．

[29] 王芳，陈时见．澳大利亚幼儿园课程设置的特点与发展趋势［J］．比较教育研究，2011（12）．

[30] 易凌云．幼儿园教师专业理念与师德的定义、内容与生成［J］．学前教育研究，2012（9）．

[31] 谢春姣．教育要关注儿童的生活世界［J］．当代教育论坛（学科教育研究）．2007（5）．

[32] 吕燕．精心设计提问，提高教学实效［J］．早期教育（教师版），2015（12）．

[33] 张凌云．教师的提问策略与促进幼儿自主学习之我见［J］．幼儿教学研究，2012（7）．

[34] 彭俊英．幼儿园教育的基础性［J］．幼儿教育（教育教学）2010（11）．

[35] 沈敏．教学反思——幼儿教师成长的催化剂［J］．幼儿教学研究，2009（4）．

[36] 原晋霞．《3～6岁儿童学习与发展指南》对园本课程发展的价值［J］．早期教育（教师版），2015（4）．

[37] 田婷婷．学前教育专业学生"说课稿"分析——以重庆市T大学为例［J］．宁波教育学院学报，2015（4）．

[38] 倪琳．在音乐活动中渗透数学游戏的实践与思考［J］．早期教育（教师版），2015（12）．

[39] 虞永平，彭俊英．对我国幼儿园课程评价的现状分析和建议［J］．人民教育，2003（11）．

[40] 史晓波，桂诗章．多元评价视角下的幼儿园课程评价［J］．江西教育科研，2007（6）．

[41] 张琴．融《指南》实施于一日生活促幼儿自主管理能力发展［J］．幼儿教育，2014（3）．

[42] 王佩华．对小班"游戏化一日生活"的真切感悟［J］．学前教育，2012（10）．

[43] 朱晓梅．多元智能化主题探究活动中幼儿学习评价的研究［D］．武汉：华中师范大学，2012．

[44] 徐艳贞，杨新好．幼儿园区域活动中儿童行为的观察与评价［J］．南昌教育学院学报，2015（3）．

[45] 蔡红梅．幼儿园课程实施中的教师发展评价［J］．南京晓庄学院学报，2006（5）．

[46] 陈国强．从野营活动的组织看教师从理念到行为的转化［J］．早期教育（教师版），2003（11）．

[47] 万小飞．管子总动员［J］．幼儿教育（教育教学版），2015（1-2）．

[48] 李雅琴, 周晓霞. 我园融合式区域活动的探究 [J]. 早期教育 (教师版), 2015 (6).
[49] 吴彩霞. 小游戏大学问 [J]. 幼儿教育 (教育教学版), 2015 (10).
[50] 杜小凤. 儿童视角的幼儿园教育质量评价研究 [D]. 成都: 四川师范大学, 2013.
[51] 王翠萍, 陈小峰, 孙锡霞. 回归儿童本源设计教学活动——以中班健康活动 "牙虫快走开" 教研为例 [Z]. 早期教育 (教师版), 2016 (3).
[52] 王海燕. 渴出来的道理 [J]. 幼儿教育, 2010 (10).
[53] 追风的沙子. 一句话改变命运 [J]. 幼儿教学研究, 2012 (10).
[54] 阿夏. 和孩子一起成长 [J]. 幼儿教学研究, 2012 (1).
[55] 高丽泽, 王彦, 周萍. 中班数学活动: 设计围墙 [J]. 早期教育 (教师版), 2016 (1).
[56] 陈永红. 提升移植课移植效益的策略 [J]. 早期教育 (教师版), 2016 (1).
[57] 陈一郎. 大班体育活动: 有趣的徒手游戏 [J]. 早期教育 (教师版), 2016 (6).
[58] 海燕. 寻找鞋子的主人 [J]. 早期教育 (教师版), 2016 (2).
[59] 范风华. 拥抱时间 [J]. 幼儿教育, 2010 (25).
[60] 乐言. "厨房教育" 成早教新理念 [J]. 幼儿教育 (教育教学), 2010 (3).
[61] 徐俊波. 捉迷藏 (小班) [J]. 幼儿教育, 2010 (10).
[62] 丁月玲. 大班美术欣赏活动: 米罗爷爷的礼物 [J]. 早期教育 (教师版), 2014 (4).
[63] 吴小红. 大班社会活动: 做事不拖拉 [J]. 早期教育 (教师版), 2015 (6).
[64] 黄菲. 中班半日主题活动: 数字乐园 [J]. 早期教育 (教师版), 2012 (12).
[65] 孙小渊. 小班阅读活动: 抱抱 [J]. 早期教育 (教师版), 2016 (2).
[66] 朱凤. 大班综合活动: 波基上校进行曲 [J]. 早期教育 (教师版), 2016 (1).
[67] 庞剑敏. 大班社会活动: 我的游戏计划 [J]. 早期教育 (教师版), 2016 (2).
[68] 汤晶晶. 大班绘本阅读活动: 好长好长的名字 [J]. 早期教育 (教师版), 2014 (9).
[69] 唐韧. 最不好玩的玩具是玩具 [N]. 文摘报, 2015 - 12 - 31.
[70] 亓示. 画家的诞生 [N]. 报刊文摘, 2016 - 02 - 29.
[71] 张书琴. 支招比批评更有效 [N]. 中国教育报 (学前周刊), 2016 - 02 - 28.
[72] 纪秀君. 用适宜的材料鹰架师幼发展 [N]. 中国教育报 (学前周刊), 2016 - 03 - 31.
[73] 陶短房. 中西家庭的 "教育差异" [N]. 世界博览, 2015 (3).
[74] 王英飞. "问题" 宝宝 [N]. 东方早报, 2013 - 06 - 04.
[75] 张亚妮, 王朝瑞, 钱琳娜. "学习故事" 蕴藏的教育精彩 [N]. 中国教育报, 2015 - 03 - 22.
[76] 宋金峰. 幼儿园生活活动评价研究初探 [N]. 人教网, 2013 - 09 - 24.
[77] 纪秀君. 评价, 幼儿园发展的神奇 "路标" [N]. 中国教育报, 2016 - 08 - 21.
[78] 张亚妮, 王朝瑞, 钱琳娜. "学习故事" 蕴藏的教育精彩 [N]. 中国教育报, 2015 - 03 - 22.
[79] 宋金峰. 幼儿园生活活动评价研究初探 [N]. 人教网, 2013 - 09 - 24.
[80] 颠倒的世界. http: //www.docin.com/p - 717447480.html.
[81] 周亚君. 《3~6岁幼儿成长与发展指南》案例 http: //www.docin.com/p - 717447480.html.

［82］一个案例引发对幼儿发展评价的再思考．http：//rj. 5ykj. com/html/42206. htm.

［83］形式多样的离园活动，发挥离园环节的教育功能．http：//www. jy135. com.

［84］有效提问下的师幼互动——《开心的狼》案例分析．www. 7139. com.

［85］让墙面带给孩子另一个世界．http：//www. jy135. com/jiaoyu/159931. html.

［86］主题活动案例分析：纸的妙用．www. yojochina. com.

［87］生活化的游戏环境与材料．http：//www. jy135. com/html/changyongziliao/anli. html.

［88］对主题活动《秋》的目标的确定的分析．http：//www. jy135. com/kindergarten/zonghe/2011/0118/32563. html.

［89］陈丽．开展中班建构游戏点滴尝试——以建构主题"我的幼儿园"为例．DOI：10. 16550/j. cnki. 2095 - 9214. 2016. 17. 132.

［90］小班案例分析与反思：鞋子也有小耳朵．www. jy135. com.